Es war + ist schön,
Dir wieder zu
begegnen!

Für Heidi
mit herzlichsten
Grüssen und
Segenswünschen
für Deine Lebens-
Geschichte!
2014
Ursula
– Uschi

Dr. Ursula Riedel-Pfäfflin, Andrea Siegert, Heidrun Novy (Hrsg.)

Ich schreibe mein Leben.

Kriegsfolgen im Frieden.

Frauen der Wende erzählen Familiengeschichten.

biografieVERLAG
ruth damwerth

1. Auflage Dezember 2013
Redaktion: Andrea Siegert, Dr. Ursula Riedel-Pfäfflin, Heidrun Novy

Umsetzung und Endlektorat: biografieVerlag ruth damwerth, www.biografieverlag.de
Einbandgestaltung: Atelier für Gestaltung Stefanie König, Köln
Fotos: Titel unten links (Trümmerfrauen) © Süddeutsche Zeitung Photo ID00683784, Titel unten Mitte (Dresdner Frauenbewegung) aus dem Archiv des Dresdner Frauenzentrums *sowieso*. Alle Autorinnenportraits wurden von Cathleen Cramer angefertigt. Alle anderen Bilder stammen aus Privatbesitz der Autorinnen.
Printed in Germany

Dr. Ursula Riedel-Pfäfflin
Andrea Siegert
Heidrun Novy (Hrsg.)

Ich schreibe mein Leben.

Ich schreibe mein Leben

Ich schreibe mein Leben

Ich schreibe mein Leben

Ich schreibe mein Leben

Ich schreibe mein Leben

Kriegsfolgen im Frieden.

Frauen der Wende erzählen Familiengeschichten.

DANKE!

Der Druck dieses Buches wurde gefördert vom Sächsischen Sozialministerium für Familie und Verbraucherschutz Landesdirektion Sachsen.

Inhaltsverzeichnis

Vorworte

Ursula Riedel-Pfäfflin
Wo eine Geschichte ist, ist eine Person

'Wir hören einander in die Existenz hinein', sagt die nordamerikanische Theologin Nelle Morton. Dieses Hören auf die Geschichten von Frauen und das Wissen jeder einzelnen Frau wurde zum Leitfaden eines Netzwerkes, das 1996 von einer Gruppe gegründet wurde. Wir nannten unser Projekt: Interkulturelle Frauen Netzwerk Universität. Ziel war und ist es, Frauen aller Altersstufen und Lebensformen einen Raum des Austausches, der Vermittlung eigenen Wissens und gemeinsamer Kreativität zu erschließen. In diesem Raum des Zuhörens ist jede Frau eingeladen, ihre Stimme einzubringen, ihre eigenen Erfahrungen mitzuteilen und ihre Fertigkeiten und Anliegen weiterzugeben. Frauen aus verschiedenen Lebens- und Arbeitsbereichen treffen sich nun seit sechzehn Jahren jeden Monat und führen jedes Jahr eine Konferenz als Sommeruniversität zu unterschiedlichen Themen des Lebens und der gesellschaftlichen Entwicklung durch. Zusätzlich zu den monatlichen Treffen wurden in den ersten Jahren auch besondere Wochenendseminare durchgeführt, zum Beispiel zur Beziehung zwischen Töchtern, Müttern und Großmüttern. Bei diesen Intensivkursen kamen viele Probleme zwischen den Generationen zu Tage, aber auch viele Quellen von Kraft.

Die Bedeutung der Zeuginnen

Nach einiger Zeit wurde deutlich, dass alle Frauen neben ihren vielen Gaben auch extreme Verletzungen in ihrer Kindheit und Jugend erlebt hatten. Es ist wichtig, dass andere ihnen zuhören, dass sie Zeuginnen ihres

Schmerzes und ihrer Lebenskraft finden. Auf den jährlichen Konferenzen haben wir daher jedes Jahr die Arbeit mit reflektierenden Teams eingeführt. In dieser Arbeitsweise hat jede Frau eine Stunde Zeit, in einem geschützten Raum die Kraft des Zuhörens und der Würdigung ihrer Geschichte und ihres subjektiven Wissens zu erleben. Die anderen Frauen hören zu, sie unterbrechen nicht und nehmen auf, was sie hören; sie achten auf Gefühle und darauf, was sie beeindruckt. Am Ende solcher Tage reflektierender Teams fühlten sich die Frauen voller Energie, denn ihnen war zugehört worden und auch sie selbst hatten anderen Geschichten zugehört. Das wurden in den sechzehn Jahren die begehrtesten Tage der Sommeruniversität.

In späteren Jahren hatten einige Frauen auch den Mut, von ihren Lebensgeschichten vor der ganzen Gruppe zu erzählen und dabei auch die Erlebnisse und Erfahrungen ihrer Familien in der Entwicklung der DDR mitzuteilen. Dabei wurden natürlich auch die Unterschiede zwischen den Frauen deutlich. Einige kamen aus Familien des Widerstandes gegen die gesellschaftliche Entwicklung, andere waren selbstverständlich bei den jungen Pionieren, manche waren sowohl in christlichen Jugendgruppen als auch in der FDJ, wieder andere arbeiteten eine Zeitlang in der SED mit und waren dann wieder ausgetreten; einige entdeckten, dass ihre eigenen Väter oder Mütter in der SED oder bei der Stasi, auch in leitenden Positionen, mitgearbeitet hatten. Andere kamen aus streng christlichen Elternhäusern. Es gab eine Fülle von vielfältigen Geschichten und manchmal war es nicht einfach, offen in der Gruppe zu sprechen. Eine kleine Gruppe war in den alten Bundesländern sozialisiert und erzählte auch von ihrer Kindheit, Jugend und weiteren Schritten als Studentinnen und jungen Müttern, als Ordensschwestern oder Aktivistinnen. Manche hatten auch sehr schwere Traumatisierungen zu verarbeiten und brachten ihre Aufmerksamkeit für die Schmerzen und Möglichkeiten der Verarbeitung mit in die Frauenuniversität ein.

In den Sommeruniversitäten bearbeiteten wir persönliche und politische Themen, auch Themen der Macht, der Ökonomie und der Folgen des zweiten Weltkrieges. Nie werde ich das reflektierende Team vergessen, in dem eine Professorin der Pädagogik aus Moskau über die Erfahrungen ihrer Großmutter und Mutter in Stalingrad mit den deutschen Soldaten und Offizieren berichtete, die auch ihre eigene Geschichte entscheidend geprägt haben. Sie setzte sich ihr Leben lang für eine Pädagogik der Achtung vor Kindern ein.

2007 luden wir die Journalistin Sabine Bode als Referentin in die Sommeruniversität ein. Sie las aus ihrem Buch „Die verlorene Generation. Kriegskinder brechen ihr Schweigen" und berichtete von ihrer Arbeit mit Gruppen, in denen Kinder von ihren Erlebnissen in der Zeit des Nationalsozialismus und im Zweiten Weltkrieg und den Folgen in ihren Familien erzählten. Darin wurden die Traumatisierungen und Spätfolgen deutlich, die durch die direkten Kriegserlebnisse und nach dem Krieg durch Strategien des Verdeckens, Vertuschens und Verschweigens verursacht wurden. Auswirkungen haben jedoch nicht nur die im Krieg oder kurz nach dem Krieg geborenen Kinder als Jugendliche oder noch heute als alternde Erwachsene erfahren, sondern auch ihre Kinder, die Kriegsenkel. Unsere eigenen Erfahrungen wurden von den Gesprächen so angeregt, dass wir nach dieser Woche eine Biografiearbeitsgruppe gründeten. In dieser Gruppe schufen wir Raum für die Fragestellung: Wie haben Familien in der DDR die Folgen der beiden großen Weltkriege in Deutschland verarbeitet? Wie haben wir die Spuren dieser Weltkriege in unseren eigenen Lebensgeschichten erlebt und woran werden sie für uns noch heute deutlich? Welches Wissen wurde in unseren Familien weitergegeben? Wurde eher geschwiegen und verschwiegen? Oder gab es Erzählungen, Mitteilungen und eine bewusste Auseinandersetzung?

In der Gruppe befassten wir uns zunächst mit unseren Fragestellungen und mit Ansätzen der Biografieforschung und Interviewarbeit. Zuerst erzählten wir uns gegenseitig unsere Lebensgeschichten. Dann wagten einige Frauen den Schritt, andere Personen oder Angehörige ihrer eigenen Familien einzuladen, ihre Geschichte zu erzählen. Sie begannen, historische Ereignisse und Fakten der Familienentwicklung zu recherchieren, wie sie sich im 20. Jahrhundert ereignet hatten und in den Entwicklungen des Lebens ihrer Großeltern und Eltern widerspiegelten. In der Gruppe lasen wir uns die Ergebnisse vor und arbeiteten auch hier mit reflektierenden Teams, in denen ein Raum des Hörens, der Würdigung und der erweiternden Fragestellungen geschaffen wurde. Eine der Autorinnen, Andrea Siegert, wagte es auch, ihre Mutter und ihren Neffen zu einer Sitzung einzuladen, um ihre Forschungen zur Familiengeschichte vorzustellen. An diesem Nachmittag waren wir alle zutiefst berührt. Wir spürten die Kraft der Arbeit des Verstehens, die tiefe Liebe zwischen den Generationen und verwandelnde Bedeutung der Offenheit, des Nicht-Schweigens, der Transparenz. Wie lösend es sein kann, wenn Mütter und Töchter, Frauen und Männer einander zuhören und dabei auch ihr Eigenes zur Sprache bringen können, in einem Kreis von Zeuginnen. Mir wurde hier auch deutlich, wie wichtig es für alle Menschen ist, mit ihrer Person und ihrer Geschichte nicht ungehört und ungesehen zu bleiben, sondern Zeuginnen ihrer spezifischen, besonderen Situationen und ihres Gewordenseins zu finden. Und für die Zeuginnen selbst ist es ein Geschenk, teil zu haben an der unverwechselbar einmaligen Prägung eines Lebens, das gleichzeitig mit Familienangehörigen geteilt wird. Diese Offenheit hat vielen in der Gruppe Mut gemacht, sich auch näher mit den Erfahrungen und Kontexten ihrer eigenen Mütter und Väter auseinanderzusetzen, besonders nach den Kriegen und in neuen politischen Umbrüchen.

Dabei wurde deutlich, dass viele Frauen immense Probleme mit ihren Müttern auszutragen hatten. So griffen wir eine Anregung auf, uns das Leben unserer Mütter so zu erzählen, als seien wir sie selbst. Diese Treffen haben immens viel zur Verarbeitung der Spannungen beigetragen, denn plötzlich war die Mutter nicht mehr nur problembeladenes Gegenüber, Bedrohung oder Gegnerin, sondern auch ein Teil von uns selbst. Auch ein Mittagessen gestalteten wir so, als träfen wir uns in Gestalt unserer Mütter. Dabei haben wir viel gelacht und ein ganz neues Gefühl für sie und ihre Geschichte erlebt. Anschließend fiel es viel leichter, vom Erlebten zum Erzählen und vom Erzählen zum Schreiben zu kommen.

Allerdings spiegelten sich die historischen Konflikte zwischen Müttern und Töchtern in androzentrischen Strukturen auch in den Dynamiken der Biografiegruppe. In einer Sitzung kam es zu einem gewaltigen Knall, als eine Teilnehmerin ihre tiefen seelischen Probleme in die Gruppe brachte und die anderen sich überfordert fühlten. Wir sind keine Therapiegruppe, wir brauchen eine klarere Struktur und Leitung, hieß es, sonst werden wir genauso verstrickt in etwas, das nicht zu uns gehört, wie viele Töchter in die nicht bewältigten Konflikte ihrer Mütter. Daraufhin gab es noch einige Spannungen, aber auch gute Klärungen und bewusstere Abwechslung in der Leitung und Vorbereitung der Gruppe.

Von der Vignette zum Text

Im nächsten Schritt wählten wir thematische Impulse und begannen in der Gruppenzeit, kleine eigene Texte zu entwerfen und sie uns gegenseitig vorzulesen. So erinnere ich mich lebhaft an eine Schreibsitzung zum Thema „Russen". Die Vignetten zu diesem Stichwort waren sehr vielfältig, sehr beeindruckend in ihrer Unterschiedlichkeit und bestätigten keine Vorurteile. Sie regten eine Frau zu einem sehr guten Anfang und Leitfaden für ihren Text an. Leider hat sie sich entschieden, diesen Text nicht zu veröffentlichen, da sie sich der Reaktion der Familie nicht sicher ist. Andere haben überlegt, ihre Geschichte zu anonymisieren, da ihre Familien noch präsent sind. Einige haben ihre Texte den ihnen wichtigen Familienmitgliedern zum Lesen gegeben und ein gutes Echo erhalten, das auch wieder das Schreiben vertieft hat.
So liegen in dem Band die Texte von sechs Autorinnen vor, die alle in Dresden und Umgebung leben und deren

Wurzeln im Osten liegen. Darin liegt die Besonderheit dieser Veröffentlichung. Über die Aufarbeitung der Weltkriege wurde im Westen schon viel geschrieben, vor allem auch von der Enkelgeneration. Aber wie die Kriege und die anschließenden politischen Entwicklungen in den Familien der DDR und bei 'Heimatvertriebenen' verarbeitet wurde, ist noch nicht so ausführlich beschrieben worden, vor allem nicht von Frauen, die aktiv an der friedlichen Revolution der DDR mitgewirkt haben, selbst Projekte der neuen Zeit mitgegründet haben oder vom Westen in den Osten Deutschlands zurückgekehrt sind.

'Ich schreibe mein Leben' heißt unser Leit-Thema, weil wir mit diesem Motto einen Ansatz des narrativen Arbeitens aufnehmen: Wir sind Autorinnen unseres Lebens, wenn wir Verantwortung für die Auswahl unserer Art des Erzählens und Schreibens übernehmen. Das Leben, die Umstände, die Fakten, die Ereignisse prägen Menschen von außen in ihren Kontexten. Jedoch erlebt jede ihren Kontext anders und jede von uns schreibt ihre eigene Geschichte, indem sie selbst gestaltet, welche Themen, welche Schwerpunkte, welche Art des Erzählens ihr wichtig sind. So hat Heidi Novy die direkte Anrede an ihren verstorbenen Vater in zwei Briefen gewählt, in welchen sie in einer beeindruckenden dichterischen Form die historischen Fakten, ihre eigenen Suchbewegungen und Erzählungen ihrer Mutter und Tante zusammen flicht und damit ein tiefenscharfes Bild der Kriegsjahre und Nachkriegszeit entstehen lässt. Andrea Siegert stellt die historische Aufarbeitung ihrer Familienzweige zusammen mit eigenen Reflexionen zu Themen der DDR und Frauengeschichte dar; Hansi Merkel beginnt der Bedeutung ei-

nes historischen Dokumentes über ihre Kindheit nachzuspüren und findet dabei Erstaunliches über ihre Familie heraus. Liane H. setzt sich damit auseinander, wie sich das Schweigen der Vorfahren im Nationalsozialismus auf ihr eigenes Denken und Fühlen ausgewirkt hat und das ihrer Mutter, während Brunhild W. ein berührendes Zeugnis ihrer Auseinandersetzung und Versöhnung mit einer tiefen Verletzung beschreibt. Ich selbst habe die Bedeutung der Ressourcen der Großmütter in meinen beiden Familienzweigen in den Mittelpunkt gestellt und die Liebes- und Beziehungsmuster als roten Faden durch die Geschichte der vielfältigen Trennungen gesponnen.
Jeder und jede schreibt ihr Leben anders und doch werden wir von den Geschichten anderer berührt, weil sie in uns selbst Vertrautes ansprechen oder neue Sichtweisen anregen. Wir hören einander in die Existenz hinein. Und wir lesen uns selbst in neues Verstehen unseres Lebens hinein.

Andrea Siegert
Dresdner Frauen schreiben Geschichte

Das vorliegende Buch ist ein Projekt von Frauen, die vorwiegend in der Dresdner Frauenprojektelandschaft beheimatet sind, die sie zum Teil seit Anbeginn mitbegründet haben und mitgestalten. Wir erforschen seit vielen Jahren unsere Familiengeschichten, um uns und unsere Familien besser zu verstehen, um zu erfahren, wie Zeitgeschichte auf Familiengeschichte eingewirkt hat und inwiefern wir selbst und unsere Familien in der Zeitgeschichte gewirkt haben und zu handelnden Subjekten geworden sind. Wir sind Frauen aus zwei Generationen: Frauen der Kriegskindergeneration, die als Kinder im zweiten Weltkrieg geboren und entscheidend geprägt wurden. Und Frauen der Kriegsenkelgeneration[1], die im Nachkrieg geboren wurden und die die Kriegserlebnisse ihrer Eltern und Großeltern bewusst oder unbewusst in sich tragen. Insbesondere geht es uns darum, zu verstehen, wie die Kriegsgeneration und die Kriegskindergeneration den Zweiten Weltkrieg erlebt und bewältigt haben und inwieweit sie dabei Bewältigungsmuster entwickelt haben, die die Kriegsenkelgeneration und zum Teil sogar deren Kinder und Enkel „geerbt" haben. Wir denken darüber nach, wie wir mit diesem Erbe umgehen und welche Wege wir gehen und gegangen sind, um konstruktive Bewältigungsmuster zu entwickeln. Es ist wichtig und wertvoll, dass Projekte wie unseres an vielen Orten in der Bundesrepublik entstanden sind. Wir haben den Akzent auf die Sicht von uns als Frauen gelegt, die seit Jahrzehnten frauenbewusst und frauenbewegt leben, von denen einige vor, während und nach der Wende in der Dresdner Frauenbewegung aktiv waren. Dabei haben wir uns intensiv auseinander gesetzt mit unseren sehr unterschiedlichen frauenbewussten Sichtweisen auf Kriegs-, Nachkriegs- und Friedensgeschichten. Die weiblichen Traditionen und Überlieferungen wurden zum Teil stärker beleuchtet und gewürdigt. Es war zudem zutiefst bestärkend und bereichernd, unsere Selbst- und Familien-Erforschungen nicht allein zu unternehmen, sondern in einem Kreis Gleichgesinnter, mit denen wir unsere

---

[1] Sabine Bode, Kriegsenkel. Die Erben einer vergessenen Generation, Stuttgart 2009

Fragen, Erkenntnisse, Erschütterungen teilen konnten. Ein weiterer Akzent, den wir setzen, sind unsere DDR-Erfahrungen, die wir erzählen. Der mainstream der öffentlichen Beschreibungen der DDR ist vielen von uns oft zu eintönig. Unsere Erzählungen werfen in ihrer Unterschiedlichkeit und Buntheit Schlaglichter auf das Leben in der DDR. Wir wollen erinnern, Geschichte und Geschichten aufschreiben und bewahren.

Frauen erheben ihre Stimme gegen den Krieg

Frauen erheben ihre Stimme gegen Aufrüstung und Krieg. So begann frauenbewegtes Engagement in der DDR im Jahr 1982. In diesem Jahr kündigte die Regierung der DDR an, Frauen zum Wehrdienst heranzuziehen. Es war die Zeit des atomaren Wettrüstens in Ost und West. Wir hatten Angst, dass die Menschheit kurz davor steht, sich selbst zu zerstören. Die internationale Aufrüstung, die Atomkatastrophe in Tschernobyl und das Waldsterben um uns herum schienen uns Zeichen des Untergangs, die uns Angst machten. In dieser Situation gründeten Frauen republikweit Gruppen „Frauen für den Frieden". Ihre Aktivitäten wurden zu einer kraftvollen Strömung. Gemeinsam mit anderen Frauengruppen, mit Bürgerrechtsgruppen und Umweltgruppen wurden hier Grundsteine für die spätere Bürgerbewegung der DDR gelegt. Bis 1989 geschah dies mehrheitlich im halblegalen oder privaten Raum, zur Wende wurde das vielfältige bürgerschaftliche Engagement dann öffentlich.

1982 fand zugleich die 1. DDR-Fachtagung zum Thema Homosexualität statt. Bis dahin war das in der DDR ein Tabu gewesen. Dies änderte sich nun: Lesben und Schwule

begannen, sich unterm Dach der Kirche zu treffen, zu organisieren und für mehr gesellschaftliche Akzeptanz zu kämpfen.
Immer mehr Frauen diskutierten zusammen mit anderen Frauen in unterschiedlichsten Gruppen drängende Themen: die Situation von Frauen im Sozialismus, die ungerechte Arbeitsteilung zwischen Frau und Mann, die eine faktische Doppelbelastung der Frau beinhaltete, und die traditionelle geschlechtsspezifische Erziehung. Auch Tabuthemen wie Gewalt gegen Frauen und lesbische Liebe kamen zur Sprache. Darüber hinaus ging es immer auch um Wege der Abrüstung, um Umweltschutz, Glasnost und Perestroika.
In dieser Zeit erschienen Bücher wie „Kassandra" von Christa Wolf und „Amanda" von Irmtraud Morgner, die besonders für Frauen in der DDR ungeheuer wichtig waren. Irmtraud Morgner lässt ihre Troubadoura angesichts der bedrohlichen internationalen Aufrüstungspolitik im Grabe keine Ruhe finden, sie lässt sie in Sirenengestalt auferstehen. Sie muss ihre Sprachlosigkeit überwinden. Im Roman wie in der Wirklichkeit versuchen verschiedenste Frauen auf unterschiedlichen Wegen, ihre Lebensvorstellungen zu verwirklichen oder schlicht über die Runden zu kommen. Dabei erproben sie hexische, närrische Verhaltensweisen zur Erweiterung des Alltags-Repertoires und sie entwerfen Spielräume und Gegenwelten.
Mit der Wende kam es zu einem unerhörten Aufbruch der Frauen in der DDR.
Politisch engagierte Frauen gründeten im Dezember 1989 den Unabhängigen Frauenverband, in dessen Statut sich die Frauen definierten „als Bestandteil der weltweiten Frauenbewegung, die für die Abschaffung unterdrücken-

der Herrschafts- und Denkstrukturen kämpft, die eine gewaltlose, demokratische, ökologisch stabile, sozial gerechte und multikulturelle Welt schaffen will." In der ganzen Republik gründeten frauenbewegte Frauen Frauenprojekte, Frauen-Runde-Tische, politische Frauenzeitschriften, politische Frauengruppen. Wir Dresdnerinnen gründeten in unserer Stadt die Sezession der Frauen, das Frauenzentrum *sowieso*, das Frauenschutzhaus, das Frauenbildungszentrum, das Frauenförderwerk, das Frauen- und Mädchengesundheitszentrum, das Frauenstadtarchiv und vieles mehr - in einem Rausch des Beginnens, engagiert, aufmüpfig, mit Wut im Bauch gegen Ungerechtigkeiten und der Lust, mit anderen Frauen gemeinsam etwas anzupacken und zu verändern. Es war eine wilde Zeit des Experimentierens. Alles war neu: Arbeit an Runden Tischen, selbstbestimmtes politisches Handeln, Teamarbeit in selbstverwalteten Projekten. In dieser Zeit der Euphorie der Veränderungen und des Veränderns verbündeten sich Frauen, um gegen jegliches Unrecht an Frauen und Mädchen, gegen Gewalt und Diskriminierung etwas zu unternehmen. Diese gab es nicht erst seit der Wende, sie waren vorher versteckter, es gab noch nicht einmal eine Sprache dafür. Nun wurde es immer greifbarer, drohte, überdimensional zu werden: Die ersten Bordelle, die in Wohnwagen in Dresden Einzug hielten. Die ersten Pornomagazine in der Öffentlichkeit. Frauenverachtende Werbung überlebensgroß. Dies alles war so fremd wie der Satz „Hauptsache, ER hat noch Arbeit" aus dem Munde entlassener, einst kraftvoller Frauen, die wir jetzt kaum wiedererkannten. All das drohte sich zu befestigen. Mit der neuen Dimension der Gewalt gegen Frauen kam eine hochentwickelte Sprache und

Kultur der Kritik aus dem Westen. So konnte es vorkommen, dass Männer „von drüben“ hiesige Feministinnen baten, sich selbst nicht Wissenschaftler oder Mitarbeiter, sondern Wissenschaftlerin oder Mitarbeiterin zu nennen. Überall wuchsen neue Projekte und Initiativen wie Pilze aus der Erde. Reflexionen und Aktivitäten, die seit langem im Privaten und Halblegalen verborgen gewesen waren, kamen nun an die Öffentlichkeit: Der Wille, gegen Unrecht etwas zu unternehmen, wuchs und ebenso die Lust, an Veränderungen mitzuwirken, nicht mehr nur zu reden, sondern endlich etwas zu tun. Wir schufen Freiräume für Frauen, in denen wir unsere eigene Kultur entwickeln und leben konnten. Dies war durchaus sehr politisch gemeint. Wir lernten, unsere Sicht als Frauen auf uns und die Gesellschaft zu formulieren und fanden zu unserer eigenen Sprache als Frauen. Die Anfänge waren beflügelnd, kein Stuhl war frei bei abendlichen Diskussionen darüber, was wir anders gestalten wollten: anders als in der DDR und anders als in Westdeutschland, was wir bewahren und welche eigenen Wege wir gehen wollten.

Wir haben bis zum heutigen Tag eine bunte, vielfältige Frauenprojekte-Landschaft in Dresden. Einige Projekte des Anfangs gibt es nicht mehr, andere sind hinzu gekommen – wie 1995 die Interkulturelle Netzwerk-Universität Yoni, in deren Rahmen das vorliegende Buchprojekt entstand. Wir haben viel gekämpft und viel erreicht. Einige Frauen des Anfangs arbeiten heute noch in Frauenprojekten als Projekt-Managerinnen und Sozialpädagoginnen. Andere Frauen des Anfangs arbeiten in größeren Institutionen oder freiberuflich. Die Frauenbewegung hat sich institutionalisiert. Viele Themen des

Anfangs, um die wir vor dreiundzwanzig Jahren auf einsamem Posten gekämpft haben, sind gegenwärtig gesellschaftliche Selbstverständlichkeiten. Themen wie Geschlechtergerechtigkeit oder Schutz vor Gewalt an Frauen sind heute nicht mehr nur Anliegen eines Häufleins Aufrechter, sondern hier sieht sich der Staat in ganz anderer Dimension in der Verantwortung als vor zwanzig oder hundert Jahren. Das haben wir erreicht. Und dennoch gibt es weiterhin Gewalt in dieser Welt, schlimmste kriegerische Auseinandersetzungen, in denen immer neue Traumatisierungen auf alte gesetzt werden. Es gibt Gewalt gegen Frauen, es gibt den § 218, es gibt 22 % weniger Lohn für Frauen und die gläserne Decke, die Frauen hindert, die Belange der Gesellschaft an der Spitze in gleichem Maße mitzuleiten, mitzugestalten, um Beispiele zu nennen. Vieles ist also noch offen. Und selbst auf Erreichtes, das nun scheinbar selbstverständlich ist, haben wir ein wachsames Auge, denn es kann erstaunlich leicht wieder demontiert werden. Nicht wenige Frauen aus der Generation unserer Töchter engagieren sich längst in solchen Kämpfen. Andere erleben ihre Gleichberechtigung als so selbstverständlich, dass sie keinen Handlungsbedarf mehr sehen. Wir sind auch neugierig auf die Generation unserer Enkelinnen.

Familiengeschichte(n)

Andrea Siegert
Familiengeschichte

1998 begann ich, eine Familienchronik zu schreiben und befragte dazu meine Großmutter und meine Eltern. Mein Anliegen war, mich und meine Familie besser zu verstehen, was sich durch meine Interviews und deren Auswertung auch erfüllte. Seit 2008 erforsche ich im Rahmen des vorliegenden Projektes gemeinsam mit anderen Frauen, wie Zeitgeschichte auf Familiengeschichte eingewirkt hat und inwiefern wir selbst und unsere Familien in der Zeitgeschichte gewirkt haben. Insbesondere geht es uns darum, zu verstehen, wie die Kriegsgeneration und die Kriegskindergeneration Krieg und Nachkrieg erlebt haben und inwieweit sie dabei Bewältigungsmuster entwickelt haben, die die Kriegsenkelgeneration und deren Kinder und Enkel „geerbt" haben. Wir denken darüber nach, welche Auswirkungen dieses Erbe auf uns hat und welche

Bewältigungsmuster wir an unsere Kinder und Enkel weitergeben. Mein Text hat daher zwei Quellen: die Familienchronik und die Arbeit am Buchprojekt.

Als ich im Jahr 1964 geboren wurde, lag das Ende des Zweiten Weltkrieges 19 Jahre zurück. Als ich zehn war, waren es schon 29 Jahre seit Kriegsende, das Dreifache des Lebens einer Zehnjährigen – also ewig. Mit mir, so schien mir, hatte der Krieg gar nichts mehr zu tun. Wir lebten in die Zukunft. Das Vergangene lag weit hinter uns. Die Bösen, d.h. die deutschen Faschisten, waren - so erfuhren wir - nach Westdeutschland geflüchtet und sie saßen dort wieder auf hohen Posten. Wir waren die Guten. Wir bauten ein Land auf, so hörten wir, in dem es keine Ausbeutung, kein Arm und Reich, kein Privateigentum gab. Wir lernten in der Schule, dass wir als Deutsche riesige Verbrechen an anderen Völkern zu verantworten hatten. Von deutschem Boden sollte nie wieder ein Krieg ausgehen. Dafür standen wir. Die Generation meiner Eltern sollte den Sozialismus aufbauen und meine Generation würde dann bereits den Kommunismus gestalten. Das war unser Auftrag.
Mein Jahrgang 1964 war der geburtenstärkste Jahrgang in der deutschen Nachkriegsgeschichte im Osten wie im Westen. Wir waren 33 Kinder in der Schulklasse. Mein Name war einer der beliebtesten Namen für die 1964 geborenen Mädchen neben Kathrin, Annette und Sabine. Die häufigsten Jungennamen waren Thomas, Steffen, Michael und Frank. Wir waren immer viele. Uns gehörte die Zukunft.
Meine Großmutter **Margarethe** (1916 – 2005) mütterlicherseits zog als junges Mädchen nach ihrem Schulab-

schluss raus aus dem Dorf in die große Stadt. Ihre Vorfahren lebten in Lungkwitz bei Dresden und waren Arbeiterinnen und Arbeiter, Handwerkerinnen und Handwerker. Zunächst wollte Margarethe das Bäckereihandwerk erlernen wie eine ihrer Tanten, aber sie wollte nicht so früh aufstehen. Daher suchte sie nach einem anderen Beruf. Eine Freundin vermittelte sie an eine Fleischerei. So lernte sie Fleischerin in der Fleischerei Platanenstraße in Dresden am Wilden Mann. Margarethe war eine schöne, tatkräftige und fröhliche junge Frau. Ihren künftigen Mann Alfred, Sohn eines Fleischermeisters, lernte sie auf einem der zahlreichen Fleischerbälle kennen. Sie waren ein schönes Paar und heirateten 1937, da war Margarethe 21 Jahre alt. Im gleichen Jahr eröffneten sie zusammen ihre eigene Fleischerei in Dresden-Strehlen, am Wasaplatz in der Kreischaer Straße am Kaitzbach. Alfreds Vater, Fleischermeister Otto (1881 - 1936) hatte die beiden großzügig finanziell unterstützt, so dass sie keinen Kredit aufnehmen mussten. Margarethe weiß, was sie will, sie wird eine richtige Geschäftsfrau. Diese märchenhaft schöne Geschichte, wie meine Großmutter als tatkräftige, gut aussehende junge Frau vom Dorf in die Stadt zieht, sich ein eigenes Leben aufbaut und viele Jahrzehnte erfolgreich eine Fleischerei leitet, klingt stolz, glücklich und zuversichtlich. Sie gehört zum positiven weiblichen Traditionsschatz meiner Familie.

Meine Großmutter Margarethe ist mitten im Ersten Weltkrieg geboren, sie ist ein Kriegskind. Margarethes Mutter **Frieda** (1893 - 1980) arbeitete als Hutnäherin, Kindermädchen und später als Näherin. 1917, mitten im Krieg, heiratete sie **Paul** (1894 - 1937), einen kriegsverletzten Zimmermann aus ihrem Dorf. Da war sie 24. Es wird erzählt, dass sie am Tag der Hochzeit noch gearbeitet haben. Im Jahr davor, im März 1916 brachte Frieda ihre Tochter Margarethe zur Welt. Warum die Hochzeit erst ein Jahr nach der Geburt der Tochter stattfand, wurde nicht überliefert. Denkbar wäre, dass Paul in dieser Zeit im Krieg oder im Lazarett war. Margarethe sieht ihren Eltern allerdings überhaupt nicht ähnlich mit ihren vollen dunklen Haaren. Es wird gemunkelt, dass Paul nicht der Vater von Margarethe ist. Ich erfuhr von diesem Gerücht erst nach dem Tod meiner Großmutter Margarethe. Wie Frieda Paul, ihren späteren Ehemann, kennen lernte, ist nicht überliefert. Man sagt, Paul kam nervenkrank und kriegsverletzt, mit einem Kopfschuss, aus dem Ers-

Meine Großfamilie mütterlicherseits: In der 1. Reihe Mitte Großmutter Margarethe, links von ihr ihre Mutter Frieda und ihre Schwester Marianne, rechts von ihr Ehemann Alfred und Tochter Karin.

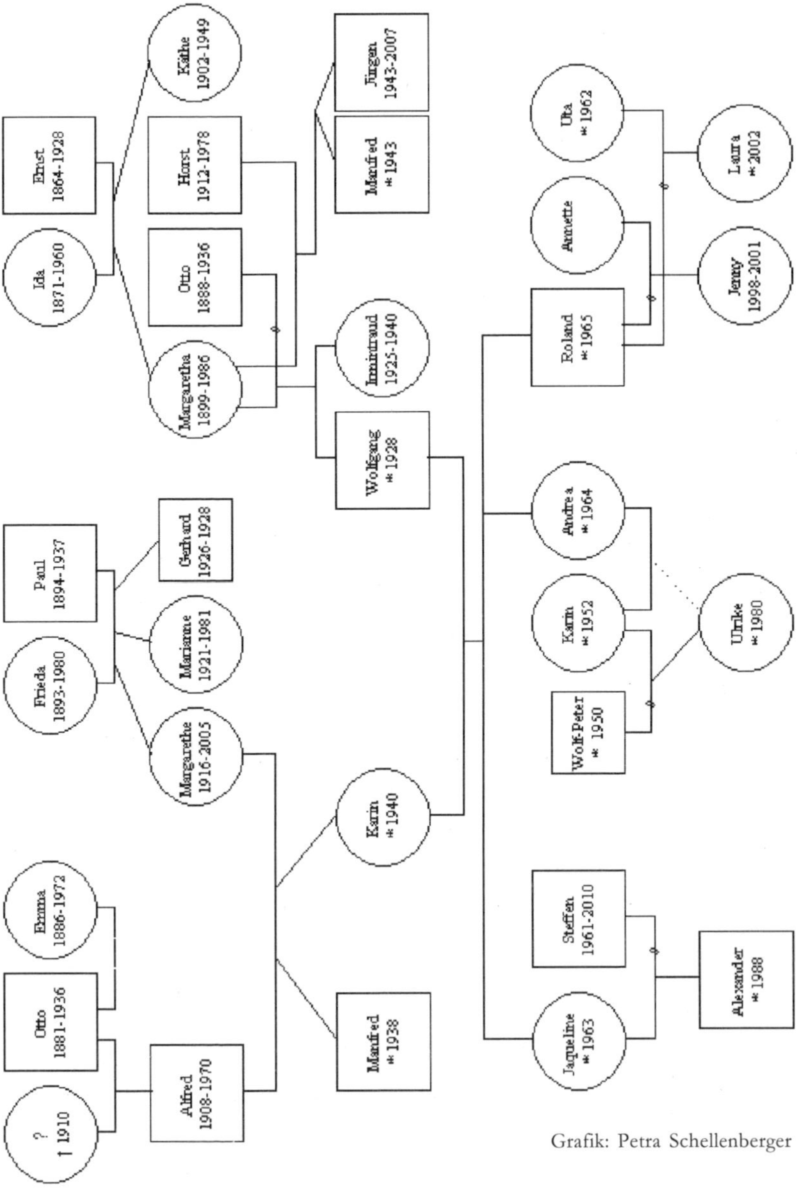

Grafik: Petra Schellenberger

Genogramm

ten Weltkrieg nach Hause. Was es genau war und wie es passierte, ist unbekannt. Auch darüber wurde nicht geredet. Das zweite Kind, Marianne, kommt 1921 zur Welt, also fünf Jahre nach ihrer älteren Schwester Margarethe. Das dritte Kind, Gerhard, ertrank einjährig 1928, als der psychisch kranke Vater ihn versehentlich in den Bach schob. Da war Margarethe zwölf. Sie erzählte später nur Schönes von ihrem Vater, über seine Erkrankung wurde nie gesprochen. Paul war fast sein gesamtes restliches Leben auf dem Sonnenstein in Pirna, wo Frieda ihn bis zu seinem Tod im Jahr 1937 jedes Wochenende besuchte. Der Sonnenstein war bis zum Nationalsozialismus eine Vorzeige-Klinik für Psychiatrie gewesen, die PsychiaterInnen aus ganz Europa besuchten, um sie kennen zu lernen. Später, in der Zeit des Nationalsozialismus wurden dort viele psychisch Kranke per Euthanasie als „unwertes Leben" abgestempelt und ermordet. Das begann 1940. Das heißt, Paul ist wohl noch eines normalen Todes gestorben. Er starb 1937, mit 43 Jahren, und wurde in Kreischa beerdigt. Als Paul starb, war Frieda 44 Jahre alt. Sie bekam nach dem Tod ihres Mannes mehrere Heiratsangebote im Dorf. Sie schlug sie alle aus, wollte von Männern nichts mehr wissen. Warum das so war, ist nicht bekannt. Wie sie all die Schicksalsschläge verkraftete, den psychisch kranken Partner, allein die beiden Töchter groß zu ziehen und den Tod des kleinen Sohnes – das können wir uns nur vorzustellen versuchen. Frieda verdiente Geld mit Nähen und Stopfen, sie war sehr arm und galt als fleißig und akkurat. Die Tochter Marianne holte sie 1956 in ihr Haus, das sie gemeinsam mit ihrem Ehemann bewohnte, damit sie keine Fremden einquartieren mussten.

Zurück zu **Margarethe** und **Alfred,** meinen Großeltern mütterlicherseits. Es hatte hoffnungsvoll begonnen. Eine Hochzeit aus Liebe. Ein schönes, junges Paar, das 1937 eine Fleischerei in Dresden-Strehlen eröffnet. Eine Erfolgsstory. Margarethe gebar zwei Kinder: Manfred (1938) und Karin, meine Mutter (1940). Doch Ehemann Alfred (1908 – 1970) war alkohol- und spielsüchtig und der Zweite Weltkrieg stand bevor. Alfred betrank sich häufig und verspielte viel Geld bei Pferderennen. Es ist zu vermuten, dass er wenig Mutterliebe bekam. Seine leibliche Mutter starb 1910 an Lungentuberkulose, da war Alfred zwei Jahre alt. Sein Vater heiratete erneut. Das Verhältnis zur Stiefmutter war kein gutes. Alfred wurde von seiner Stiefmutter benachteiligt, die Stiefbrüder Helmut und Erich wurden bevorzugt. Die drei Brüder blieben sich oft selbst überlassen, während die Eltern arbeiteten. Wenn die Lehrer das Verhalten der Söhne kritisierten, schickten die Eltern den Lehrern Wurstpakete. Die Brüder hatten keine Hobbys, sie tranken später viel, gingen oft in Kneipen und verspielten ihr Geld. Alfred soll ein fröhlicher Mann gewesen sein, der auf Feiern ganze Gesellschaften mit seinen Späßen unterhalten konnte.
1941 meldete sich Alfred freiwillig als Soldat in den Zweiten Weltkrieg, da war er 33 Jahre alt. Margarethe blieb allein mit ihren beiden kleinen Kindern und der Fleischerei. Im gleichen Jahr musste sie die Fleischerei verkaufen, weil es in Kriegszeiten und als Alleinerziehende immer schwerer wurde, eine Fleischerei zu betreiben. Vier Jahre zuvor hatte sie sie erst zusammen mit ihrem Ehemann eröffnet. Ich würde meine Großmutter Margarethe heute gern fragen, wie ihr damals zumute war. 1941 zog sie in die August-Bebel-Str. 33, eine schöne große Woh-

nung über der Apotheke am Wasaplatz. Es wäre nachzuforschen, wer vorher dort wohnte und wem die schönen Möbel vorher gehörten, die Margarethe gebraucht kaufte. Den Krieg erlebte sie als Alleinerziehende, von ihrem Mann hörte sie oft sehr lange nichts. Von Oktober 1944 bis Februar 1945 musste meine Großmutter mit ihren zwei kleinen Kindern häufig zweimal pro Nacht wegen Bombenalarms in den Luftschutzkeller. Die Bombennacht am 13. Februar 1945 erlebte Margarethe mit ihren Kindern bei ihrer Mutter Frieda in Lungkwitz. Der nächtliche Himmel war hell von den Raketen. Sie hatte große Angst, dass auch ihre Wohnung mit ihrem Hab und Gut zerstört würde. Als Margarethe mit ihren Kindern im späten Frühjahr 1945 zurück nach Dresden fuhr, war sie erleichtert, dass nicht nur ihre Wohnung am Wasaplatz über der Wasa-Apotheke heilgeblieben war – sondern dass auch die benachbarten Häuser in Dresden-Strehlen noch standen. Ihre Wohnung war allerdings besetzt von Russen und Deutschen und Margarethe kämpfte, bis sie mit ihren Kindern wieder einziehen konnte. Nach Kriegsende arbeitete sie ein Jahr lang als Trümmerfrau. Sie musste zwei Tage in der Woche zum Enttrümmern ins Stadtzentrum, und sie erinnert sich z.B. an Einsätze auf der Grunaer Straße. (Die Nazi-Frauen dagegen mussten drei Tage in der Woche enttrümmern.) Die Familie unterhielt einen kleinen Gemüsegarten im Großen Garten, um etwas Essbares anzubauen. Wenn man ein paar Tage zu spät kam, hatten Fremde alles geerntet, was man angebaut hatte.

Als Alfred sich freiwillig in den Krieg meldete, war Sohn Manfred drei und Tochter Karin ein Jahr alt. Als er seine Kinder nach dem Krieg 1946 wieder sah, waren sie acht und sechs Jahre alt und erkannten ihn nicht wieder. Er hatte fünf Jahre ihrer Kindheit verpasst. Im Zweiten Weltkrieg war Alfred in Norwegen und später in Stalingrad, dort war er im Kessel eingeschlossen. Seiner Tochter Karin ist nicht in Erinnerung, dass er je darüber erzählt hätte. Wie Alfred von Russland nach Frankreich und in Gefangenschaft geriet, aus der er 1946 entlassen wurde, ist nicht rekonstruierbar. Er sprach nicht darüber.

Nun schaue ich zur väterlichen Linie. Auch **Otto**, mein Großvater väterlicherseits (1888 - 1936), wurde im Ersten Weltkrieg verletzt, er erlitt einen Schulterdurchschuss. Seine Eltern kamen aus Hirschberg (Jelena Gora) im Riesengebirge. Otto war Mechaniker, Dreher und lebte in Dresden. Seine erste Frau starb an Tuberkulose. 1924 heiratete er Margaretha, seine Nachbarin, und brachte Sohn Rudi mit in die Ehe. Otto bekam als Kriegsverletzter günstige Bau-Kredite und so baute er ein Haus in der Kriegersiedlung Rodung 16 in Dresden-Trachau. In der Zeit der Weltwirtschaftskrise wurde er arbeitslos. „Meine Kinder sollen sich einmal satt essen an Schokolade", soll er gesagt haben. Er versuchte, sich selbstständig zu machen. Dies misslang, er machte Schulden, später musste er sein Haus verkaufen. Im Siedlerverein der Kriegsverletzten war er beliebt, er verbreitete oft gute Stimmung und war gesellig. 1932, nach acht Ehe-Jahren trennte sich seine Frau Margaretha von ihm, weil er fremdgegangen war. 1936 beging er 48jährig Selbstmord. Die Gründe dafür sind nicht überliefert. Es kann vermutet werden, dass er verzweifelt darüber war, dass ihm weder in der Liebe noch im Beruf ein Neustart geglückt war.
Beide, mein Urgroßvater mütterlicherseits und mein Großvater väterlicherseits, sind im Ersten Weltkrieg verletzt

und keine fünfzig Jahre alt geworden. Auch Großvater mütterlicherseits ist nicht alt geworden. Im Unterschied dazu wurden sehr viele Frauen der gleichen Generationen in meiner Familie weit über achtzig Jahre alt.

Mein Vater Wolfgang bedauert sehr, keine Informationen über seinen Vater und dessen Herkunftsfamilie zu haben. Mein Vater fühlte sich zeitlebens vaterlos und abgeschnitten von seinen Vorfahren väterlicherseits. Bis zuletzt haderte mein Vater mit seiner Mutter, die ihm den Kontakt zu seinem Vater sehr erschwert hatte und stets abwertend über den Vater sprach.

Auch meine Großmutter väterlicherseits heißt **Margaretha** (1899 -1986). Sie war zeitlebens stark sehbehindert (durch starke Kurzsichtigkeit und später den grauen Star) und hörte schwer. Margaretha war eine schöne Frau, sie sang wunderschön, sie probierte viele Anstellungen aus, blieb nirgendwo lange. Sie galt als eigensinnig. Es fiel ihr schwer, „hintereinander weg zu arbeiten". Auch die Betreuung ihrer Kinder, sagte man, fiel ihr oft schwer. Von ihrer Mutter **Ida** (1871 -1960), die als Köchin bei „besseren Leuten" arbeitete, hatte sie die Verehrung der „besseren Leute" geerbt. Idealisierung und Abwertung blieb ein Grundmuster in diesem Zweig der Familie, bei meiner Großmutter gekoppelt mit einer mehrfach behinderten Wahrnehmung der Realität. Margarethas Mutter Ida war verheiratet mit **Ernst** (1864 - 1928), einem Maurerpolier und Sozialdemokraten, der aktiv in der SPD war. Er trug z.B. mit Tochter Margaretha Zeitungen und Wahlzettel aus. Im Schützenhof sprach er auf Veranstaltungen der SPD. Ernst und Ida hatten völlig unterschiedliche politische Vorstellungen: sie in ihrer Verehrung der „besseren Leute" – und er als Sozialist. Ernst galt als gutmütig und zurückhaltend und seine Frau als resolut. Margaretha war ein Vaterkind, leider starb der Vater frühzeitig. Zwischen Margaretha und ihrer Mutter war das Verhältnis zeitlebens angespannt.

1924 heiratete Margaretha Otto, ihren Nachbarn auf der Baudissinstraße in Dresden-Trachau, und gebar 1925 ihre Tochter Irmintraud. 1928 folgte Sohn Wolfgang. 1932 trennte sich Margaretha von Otto, weil er fremd ging. Seit der Trennung bekam sie von der Kriegerfürsorge Geld, weil ihr Mann im Ersten Weltkrieg verwundet worden war. Nach dem Selbstmord ihres Ex-Mannes im Jahr 1936 ging Margaretha wieder arbeiten. Da war die Tochter zwölf und der Sohn acht Jahre alt. Sie arbeitete zunächst in einer Wäscherei. 1939 wurde sie kriegsverpflichtet und arbeitete in der Waffelfabrik bei Hörmanns, die Nahrungsmittel an die Front lieferte. Margaretha hatte einen harten 12-Stunden-Arbeits-Tag und musste schwere Waffelbleche tragen. 1940 nahm sich die sechzehnjährige Tochter Irmintraud das Leben – vier Jahre nach ihrem Vater. Die Gründe bleiben unbekannt. Margaretha war 41 Jahre alt, in der Mitte ihres Lebens, ihre erste Ehe war gescheitert, ihr Exmann, ihr Stiefsohn Rudi und ihre Tochter hatten Selbstmord begangen. Der Tod der ersten

Meine Großmutter väterlicherseits

beiden hatte sie scheinbar wenig berührt, nach dem Tod ihrer Tochter brach sie zusammen und weinte lange Zeit jeden Tag. Margaretha heiratete zwei Jahre später erneut und gebar 1943 Zwillinge.
Gegenüber Hitler hatte Margaretha eine eher ablehnende Haltung. „Wie der schon aussieht!", soll sie gesagt haben. Margaretha sprach gut von den Juden. Ihr Rechtsanwalt war z.B. ein Jude gewesen, und auf den hielt sie große Stücke. „Die Juden sind feine Menschen", pflegte Margaretha zu sagen. Auch ihre Schwester Käthe bedauerte den öffentlichen Umgang mit den Juden. Sie hatte in ihrem Kolonialwarenladen in Radebeul, einer ehemaligen Kaffeerösterei in der Bismarckstraße (später Karl-Marx-Str.) viele jüdische Kunden, die sie schätzte. Sie ließ ihren Sohn heimlich Taschen mit Lebensmitteln für die jüdische Kundschaft austragen, die nicht mehr in ihrem Laden einkaufen durfte. Beide Frauen äußerten ihre Haltungen allerdings nur im privaten Raum. Der Vater von Margaretha und Käthe war Sozialist, er war aktiv in der SPD. Es ist anzunehmen, dass seine politische Haltung die Weltsicht seiner Töchter beeinflusst hat. Leider starb er bereits 1928 mit 64 Jahren.

Die Kindheit und Jugend meines Vaters **Wolfgang**, Jahrgang 1928, war militarisiert und von der Vorbereitung und Durchführung des Zweiten Weltkrieges geprägt. Wolfgang war Pimpf im Alter zwischen sechs und zehn Jahren, also zwischen 1934 und 1938. Im Alter zwischen zehn und vierzehn – also bis 1942 - war er Jungvolkjunge. Mit vierzehn Jahren wurde Wolfgang Hitlerjunge. Er erinnert sich an viel Kampfsport und viel Gemeinschaftlichkeit. In der Schule und bei der Hitlerjugend wurde mein Vater mit ständigen Behauptungen darüber konfrontiert, dass die Juden schuld seien an den Problemen Deutschlands, ja dass sie Deutschland „bedrohen" würden. Später hieß es, so erinnert sich Vater, die Juden seien „eben alle abgehauen". In den Schaukästen, in denen der „Stürmer" hing, las er Gräuelhaftes über Juden und „jüdische Bolschewisten". Es hat Jahrzehnte gedauert, bis mein Vater begriff, dass man ihn belogen hatte und dass sich Deutschland am jüdischen Volk „überaus schuldig gemacht" hatte. Wolfgang musste ab 1944 fünfzehnjährig sechs Wochen lang zum Volkssturm auf die Hellerberge. Hier wurden Schießen und Mann-gegen-Mann-Kämpfe geübt. Es folgte die Einberufung ins Wehrertüchtigungslager nach Straschütz in der Hohen Tatra. Ein Hungerlager. Es gab verfaulte Kartoffeln und viel Schikane, es war die Hölle. Im Anschluss ging es für sechs Wochen zum Reichsarbeitsdienst nach Klues bei Güstrow. Danach kam Wolfgang per Einberufung als Rekrut zu den Panzergrenadieren nach Carlshagen auf der Insel Usedom. Diese Ausbildung dauerte sechs Wochen. Wolfgang war einerseits nie gern Soldat, andererseits war er stolz, Panzergrenadier zu werden. Für einen Sechzehnjährigen hatten Panzer und Waffen wohl auch etwas Faszinierendes. Usedom war Standort der legendären „Vergeltungswaffen" V1 und V2. Wolfgang glaubte bis zuletzt an diese „Wunderwaffen". Er hoffte bis zum Schluss, dass diese „Vergeltungswaffen" Deutschland doch noch zum Sieg verhelfen würden. Seine Aufgabe im Krieg sah er darin, Deutschland gegen die Feinde zu verteidigen, insbesondere gegen die englischen und amerikanischen Flugzeuge, die Bomben auf Dresden und andere deutsche Städte warfen. Dass die Deutschen den Krieg begonnen und vorher andere Länder zerbombt hatten, blieb in dieser Weltsicht abgespalten. „Den Fahneneid haben wir nicht mehr leisten können", sagt Wolfgang, und es klingt bedauernd. Die Schlacht auf den Seelower Höhen in der unmittelbaren Nähe band alle Kräfte, Wolfgangs Einheit wurde nach Güstrow gefahren. Hier sollten sie gegen die Engländer kämpfen. Doch dann kam schon der 8. Mai. Der Krieg war zu Ende, war verloren. Wolfgang fühlte sich erschöpft, ausgelaugt und ausgehungert, er fühlte „abgrundtiefe Niedergeschlagenheit, dass das Böse gesiegt hatte". Dass das NS-Regime das Böse war, konnte er lange nicht verstehen. Alles, woran er als Jugendlicher geglaubt hatte, was ihm wertvoll gewesen war, war zusammengebrochen und galt plötzlich als verbrecherisch. Er brauchte viele Jahre, um das zu begreifen. Bis zuletzt hatte man ihn in dem Glauben gelassen, dass der Krieg noch zu gewinnen wäre. Danach glaubte er zunächst an gar nichts mehr. Nach dem 8. Mai 1945 löste sich seine Einheit auf. Wolfgang war sechzehn Jahre alt, als der Krieg vorbei war. Zusammen mit anderen Kameraden schlug er sich nach Dresden durch. Aus dem Wehrpass riss er die ersten zwei Seiten heraus, auf denen zivile Daten standen, und steckte sie in eine Hülle. So kam er durch jede Kontrolle, weil er so jung war und die Alliierten sich nicht vorstellen konnten, dass solch ein halbes Kind kurz davor gestanden hatte, mit der Waffe in der Hand gegen sie zu kämpfen.

Meine Mutter **Karin**, Jahrgang 1940, hat als kleines Kind in Dresden am Wasaplatz die Bombardierungen Dresdens miterlebt. 1944/45 war oft mehrmals in einer Nacht Fliegeralarm. Mutter erinnert sich, dass sehr viele Menschen in einem kleinen Luftschutzkeller eingepfercht saßen, manche schrieen und weinten, es war finster. Die Bombennacht am 13. Februar 1945 hat die fünfjährige Karin bei der Großmutter in Lungkwitz bei Dresden erlebt. Der Himmel war hell erleuchtet, 20 km vom Stadtzentrum Dresden entfernt. Karin sah rote und grüne Bomben hinter dem Spitzberg fallen. Sie hatte Angst. Überhaupt hatte sie oft Angst. Ich stelle mir vor, dass zu den ersten einprägsamen Eindrücken im Leben meiner Mutter im Alter von drei bis fünf Jahren Bombennächte und Trümmer gehört haben. Dies verneint meine Mutter und erzählt Erinnerungen an einen ersten Freund im Alter von vier Jahren, der ihr Veilchen schenkte. Und sie erzählt von dem dörflichen Frauenhaushalt mit Großmutter, Mutter und dem Bruder – also mit drei Generationen. 1946, Karin war sechs Jahre alt und spielte im Hof auf der August-Bebel-Str. 33 am Wasaplatz, da trat ein fremder Mann in Soldatenuniform auf sie zu und sagte: „Du bist bestimmt die Karin. Ich bin Dein Vater." Er kam aus der Gefangenschaft und sah ziemlich fertig aus. Sie hatte ihn nicht erkannt.

Die Folgen des Nationalsozialismus in unserer Familie

Über eigene Täteranteile und eigene Schuld als Deutsche im Zweiten Weltkrieg herrschte in meiner Familie wie in den meisten Familien Schweigen. Niemand setzte sich meines Wissens mit seiner **Mittäterschaft** auseinander. Niemand erklärte seine Mitverantwortung. Dass sich Großvater Alfred freiwillig in den Krieg gemeldet hatte, nicht zuletzt um seinen Spielschulden zu entkommen, erfuhr ich erst im Jahr 2010 von meiner Mutter. Darüber, was er als Soldat in Russland erlebt hat, ob er auf Menschen geschossen hat, hat er nie gesprochen. Mein Vater erzählte viel vom Krieg. Er betonte, dass seine Erziehung zu Hause, als Hitlerjunge und später als Rekrut ein Höchstmaß an Anstand, Stolz, Würde und Kameradschaft beinhaltete. Aus diesem Grunde konnte er sich nicht erklären, wie es je zu Verbrechen der Deutschen an anderen Völkern hatte kommen können. Er leugnete sie nicht in der Öffentlichkeit – das war in DDR-Zeiten undenkbar – aber zu Hause äußerte er seine Zweifel. Wir drei Kinder glaubten ihm voll und ganz, was er erzählte. So standen jahrzehntelang gänzlich unverbunden zwei Versionen über den deutschen Nationalsozialismus nebeneinander: die meines Vaters und die, die ich in der Schule lernte. Als Kind habe ich meinen Vater nie gefragt, ob er auf Menschen geschossen habe. Diese Frage stellte sich mir nicht. Da er nichts derartiges erzählte, war es nicht passiert. 40 Jahre später fragte ich und erfuhr, dass er nie wirklich an der Front gewesen war, sondern kurz davor stand, als der Krieg endete.

Opfergeschichten wurden in meiner Familie häufiger erzählt: Hunger und Überlebenskämpfe spielten in den Erzählungen von Vater und von der Großmutter mütterlicherseits eine große Rolle. Es gab auch Tote zu beklagen: den geliebten Cousin meines Vaters und einen Bruder meines Großvaters mütterlicherseits. Über Fronterlebnisse und das Eingekesseltsein seiner Einheit in Stalingrad hat Großvater Alfred nie gesprochen. Das teilt er mit vielen anderen Frontsoldaten. Es lässt sich vermuten, dass es dabei traumatische Erlebnisse gab, die er – wie so viele – nur verdrängen und vergessen wollte und konnte. In der DDR-Öffentlichkeit gab es für die Reflexion eigener Opfererfahrungen kaum einen Raum. Sie wurden als gerechte Strafe dafür, dass Deutschland den Krieg angezettelt hatte, betrachtet.

Frauen unserer Familie überlieferten **traumatische** Geschichten. Margarethe, meine Großmutter mütterlicherseits, erzählte hin und wieder, wie sie allein mit ihren zwei kleinen Kindern wegen Bombenalarm mitunter zwei mal pro Nacht in den Luftschutzkeller musste, wie sie die Bombennächte in Dresden erlebte und wie ihre Begegnungen mit russischen Soldaten waren. 1945 – 46 lagerte die russische Armee rund um Dresden. Meine Großmutter Margarethe traute sich daher lange nicht, aus ihrem Elternhaus in Lungkwitz nach Hause zum Wasaplatz in Dresden zurückzukehren. Sie hatte Angst, überfallen, ausgeraubt und vergewaltigt zu werden. Die Angst vor Vergewaltigung verfolgte die Frauen in den Dörfern lange. Sie versteckten sich, verkleideten sich als alte, zerlumpte, rußverschmierte Frauen und sie warnten einander bei Gefahr, zum Beispiel mit Seilen, die aus den Schlafzimmerfenstern hingen. Was meine Großmutter da mitunter erzählte, war ein vielfaches Tabu. Vergewaltigungen waren in jener Zeit auch in anderen Ländern ein Tabu. In der DDR kam für die Opfer erschwerend hinzu, dass die Vergewaltiger die gleichen sowjetischen Soldaten warten, die öffentlich als Befreier des deutschen Volkes vom Hitlerregime begrüßt wurden. Jede öffentliche Kritik an ihnen wurde als politischer Angriff bewertet und konnte streng bestraft werden. So standen die Erzählungen meiner Großmutter für uns Kinder unvermittelt neben den staatlichen Glorifizierungen der Sowjetarmee, die das deutsche Volk von den deutschen Faschisten befreit habe und unser großer Bruder und Vorbild sei. Es waren zwei extreme Polaritäten ohne Grautöne dazwischen, die nicht zueinander passten. Und so gerieten die Erzählungen meiner Großmutter über die Jahre meiner Kindheit und Jugend immer mal wieder in Vergessenheit oder sie schmolzen in der Erinnerung zu einer einzigen schlimmen Begebenheit zusammen, die einzeln und losgelöst neben der offiziellen Darstellung der sowjetischen Armee stand. Hinzu kommt, dass Großmutter diese Geschichten „kindgemäß" erzählte, dass sie betonte, wie lange das alles her sei, dass sie selbst heil geblieben war und wie sie die Russen, die sie beklauen wollten, hin und wieder überlisten konnte. Das hatte etwas Kraftvolles, Verschmitztes. So überwog selbst in diesen Erzählungen letztendlich das Gefühl von innerer Stärke und Unverletzbarkeit. Meine Mutter erzählte mir erst im Jahr 2000 eine Episode, die sie 55 Jahre zuvor erlebt hatte und die sie bis dahin noch nie erwähnt hatte: Sie hat als Fünfjährige 1945 miterlebt, wie russische Soldaten ihrer Großmutter eines Nachts in der Schlafstube ein Gewehr an den Kopf hielten, um sie zu zwingen, zu verraten, wo sich ihre Töchter verstecken. Offenbar wollten die Soldaten die jungen Frauen vergewaltigen. Die Soldaten seien die halbe Nacht lang geblieben. Karin erinnert sich an das Gefühl furchtbarer Angst. Dass sie es mir so spät erzählte, lässt mich ahnen, wie lange sie das verdrängt haben mag und wie allein sie jahrzehntelang mit diesem Erlebnis war. Wenn in DDR-Zeiten dieses Tabu einmal öffentlich angesprochen wurde, dann war der Kommentar von öffentlicher Seite: „Die deutschen Faschisten haben noch viel Schlimmeres getan." (Das stimmte.) Oder es hieß sogar, das geschähe den deutschen Frauen recht, schließlich hätten sie Hitler gewählt. So blieben die vergewaltigten Frauen und die Zeuginnen und Zeugen von Gewalt durch sowjetische Soldaten jahrzehntelang allein mit ihrem Trauma.

Mein Vater erzählte uns Kindern häufiger Geschichten, in denen er mutig, stark und furchtlos war. Für uns waren das **Heldengeschichten**, denen wir gebannt lauschten. Die eindrucksvollste Geschichte, die mein Vater in diesem Zusammenhang erzählte, ist eher die Geschichte eines traumatisierten Retters. 1944 wurde Wolfgang in seinem Lehrbetrieb, der Spedition Seifert und Kreyer in der Schweriner Str. 56 ausgebombt. Er war 15 Jahre alt. Überall lagen Trümmer und Leichen herum. Eine Frau stand im ersten Stock einer Ruine, in den Resten ihres Wohnzimmers vor grünem Kachelofen und Plüschsessel. Und sie schrie: „Meine Schwester! Sie liegt unter den Steinen! Räumen Sie sofort die Steine weg!" Der 15jährige Wolfgang half der Frau aus dem ersten Stockwerk herunter. Sie schrie dabei unaufhörlich. Die Schwester konnte unter den Trümmern nicht gefunden werden. Als er nach Hause kam und von dem Grauen erzählen wollte, nahm seine stark seh- und hörgeschädigte Mutter zunächst nicht wahr, dass ihr Sohn Schlimmes erlebt hatte und jemanden zum Zuhören brauchte.

Die **Heldinnen-Geschichten** der Frauen meiner Familie mütterlicherseits erzählen von der Beschaffung von Nahrungsmitteln auf dem Lande, vom Kampf ums Überleben. Die für mich eindrucksvollste Geschichte meiner Großmutter Margarethe mütterlicherseits dabei war, wie sie – damals dreißigjährig – bei Bauern in den umliegenden Dörfern Kartoffeln gestoppelt oder gegen Tischtücher getauscht hatte. Auf der Rückfahrt war die Eisenbahn derartig überfüllt, dass meine Großmutter außen auf der letzten der drei Stufen eines Waggons stehend und sich am Außen-Geländer festhaltend heimfuhr. Auf dem Rücken hatte sie einen schweren Rucksack voller Kartoffeln. Es begann, heftig zu regnen. Der Rucksack mit den Kartoffeln wurde immer schwerer und das schmutzige Wasser lief ihr die Beine herunter. Margarethe erzählte diese und ähnliche Geschichten immer kraftvoll und stolz mit einem Ton, in dem die Botschaft mitschwang: „Ich habe mich und meine Kinder auch in schlechten Zeiten über Wasser gehalten." Diese Bodenständigkeit und Kraft ist über die weibliche Linie meiner Familie bis heute überliefert.

Nachkriegs- und Friedenszeiten

Im September 1945 ging Wolfgang auf die Wirtschaftsoberschule. Die ersten drei Monate kostete das noch 60 DM, die er aufbringen konnte, weil es für Geld ohnehin nichts mehr zu kaufen gab. Dann kostete es nichts mehr. Er beendete die Wirtschaftsoberschule mit der mittleren Reife (10. Klasse). Es war wie ein Traum, dass kein Krieg mehr war, dass er einfach nur zu lernen brauchte. Mitte 1947 war er fertig mit der Schule. Mitte 1948 hat er ausgelernt in seiner Speditionsfirma.

1948 sollte Wolfgang in die Wismut, den Uran-Bergbau eingezogen werden. Der sowjetische Staat ließ in Sachsen (und Thüringen) Uran als Rohstoff für die sowjetische Atomindustrie abbauen und versuchte, dafür Arbeitskräfte auch per Zwangsverpflichtung zu gewinnen.

Wolfgang wollte da nicht hin. Bei Weigerung – so wurde ihm angekündigt – würden ihm die Lebensmittel-Marken entzogen. Daher floh er heimlich aus der sowjetischen Besatzungszone nach Westdeutschland. Beim ersten Versuch wurde er verhaftet und eine Nacht lang eingesperrt, der zweite Flucht-Versuch glückte. Im Oktober 1948 kam er nach Bremen zum Onkel Erich, einem Cousin seiner Mutter, der ihm Arbeit in seiner Firma anbot. Er war in dieser Zeit auch im Bremer Gesangverein, wo er z.B. die 9. Sinfonie von Beethoven mitsang. Später fand Wolfgang eine Stelle in Düsseldorf bei der Rheinbahn, die Leute suchte und gut bezahlte. Er arbeitete vier Jahre bei der Rheinbahn – zunächst als Schaffner und bald als Fahrer. Wolfgang machte viele Überstunden und verdiente 400 DM netto im Monat. Die Miete für ein möbliertes Zimmer kostete damals 100 DM.

Nach vier Jahren machte Wolfgang sich selbständig, das war schon immer sein Traum gewesen. Er kaufte einen Lkw, baute ein Lager-Haus und wurde Kartoffelgroßhändler. Er stellte zwei Mitarbeiterinnen ein, fuhr die Kartoffeln aus und verkaufte sie in kurzer Zeit. Er verkaufte sehr billig, sodass er viele Kunden hatte, aber keinen großen Gewinn erzielte. Aus Geldknappheit hatte er ein sehr kleines Lager-Haus gebaut, er wäre damit nicht über den Winter gekommen.

Gleichzeitig meldete sich eine Freundin aus der Heimat, aus Radebeul. Sie schrieb ihm, er solle in den Betrieb ihrer Familie einsteigen und mit seinem Lkw zurückkommen. So kehrte er in die Heimat zurück. Er war 26 Jahre alt. Im Dezember 1954 – nach sechs Jahren – kam er nach Dresden zurück und zog wieder zu seiner Mutter, die mit ihrem zweiten Ehemann in einer Zwei-Zimmer-

Wolfgang 1960

Wohnung auf der Baudissinstraße in Dresden-Trachau wohnte. Wie er Dresden vorfand, schockierte Wolfgang. Im Westen war der Wieder-Aufbau nach dem Krieg schon viel weiter vorangeschritten, unterstützt durch den Marshallplan. Die DDR hatte dagegen Kriegsreparationen an die Sowjetunion zu leisten, hier kam der Aufbau weit mühseliger voran.

Die Beziehung zwischen Wolfgang und seiner Verlobten zerbrach kurze Zeit später, worüber mein Vater sehr lange zutiefst unglücklich war. Er schrieb sich die Geschichte seiner verlorenen Liebe von der Seele, schrieb einen Roman „Matthias, der Schäfer", ging damit zum Dresdner Literaturzirkel und wurde Mitglied im Schriftstellerverband des Bezirkes Dresden. Seinen Roman fanden viele „dekadent" – das war damals eine häufig genutzte Bezeichnung für Literatur, die nicht vorrangig den Arbeitsalltag im Sozialismus wertschätzend thematisierte. Im Literaturzirkel bekam Wolfgang viele Lese-Anregungen. Darunter die Russen: Tolstoi, Dostojewski, Turgeniew, Gogol, Tschechow. Er las sie, war beeindruckt und er begann zu ahnen, dass das nicht stimmen konnte, was man ihm als Hitlerjungen über die Russen erzählt hatte, wenn sie solch wunderbare Literatur schrieben. Er fühlte sich der russischen Seele tief verbunden.

Bis 1962 arbeitete Wolfgang als selbstständiger Fuhrunternehmer, er belieferte insbesondere Geschäfte für den Großbetrieb „Obst, Gemüse, Speisekartoffeln." In dieser Zeit entstanden seine „Großmarkthallengeschichten", in denen er sich mit seinem Arbeitsalltag auseinander setzte. Eine dieser sechs Geschichten mit dem Titel „Herr Direktor, werde ich sagen" wurde in einer Tageszeitung abgedruckt. Die Anregung, über seine Arbeitserfahrungen zu schreiben, erhielt Wolfgang im Schriftstellerverband. Schriftsteller und Schriftstellerinnen, schreibende Arbeiter und Arbeiterinnen wurden damals ermuntert, über den Alltag der Werktätigen beim Aufbau des Sozialismus zu schreiben. Einerseits war es für Wolfgang faszinierend, Mitglied des Dresdner Schriftstellerverbandes zu sein. Andererseits erwähnte er schwere Kränkungen, die ihm die harschen, teils stark abwertenden Diskussionen über seine Texte im Verband zufügten. Es gehörte damals zum Gesprächsstil, einander die Texte zu verreißen und um die Ohren zu hauen. Als Wolfgang wenig später ein Abendstudium neben seiner Arbeit begann, beendete er seine Arbeit im Schriftstellerverband, schrieb aber weiterhin.

Die meisten Menschen konnten nicht verstehen, warum Wolfgang aus dem Westen in den Osten zurückkehrte. Sie hatten keinerlei Verständnis dafür, wie jemand „so dumm" sein konnte. Später machte Wolfgang die Erfahrung, dass der neue Staat ihm mehr Entwicklungsmöglichkeiten bot. Er wurde ermuntert, Ökonomie berufsbegleitend zu studieren. Diese Chance ergriff er: zu studieren, sich Wissen anzueignen und die Armut seiner Kindheit hinter sich zu lassen. Für Wolfgang war soziale Gerechtigkeit wichtig. Seine Großmutter und Mutter hat-

ten die „besseren Leute“ verehrt – ihm war das zuwider. Er war für die Abschaffung der Ausbeutung und der Unterschiede von arm und reich. Als Kind hatte er viele Kränkungen erlebt, im Wilder-Mann-Villen-Viertel in Armut aufgewachsen, als Sohn einer alleinerziehenden ungelernten Mutter, umgeben von wohlhabenderen Schulkameraden, die nicht täglich Hunger hatten wie er. Wolfgang arbeitete nach dem Studium als Abteilungsleiter im Großhandel, er kämpfte heftig gegen Missstände, fand aber meist kein Gehör. So verließ er die Leitung des Kombinates im Großhandel bald wieder und übernahm die Leitung einer großen Verkaufsstelle des gleichen Kombinates. Als Verkaufsstellenleiter war er Leiter von etwa zehn Verkäuferinnen und Ausbilder von 24 Lehrlingen. Diese Arbeit mit vielen jungen Leuten – meist Frauen – machte ihm Freude. In gewisser Weise war er hier sein eigener Herr. Ob Wolfgang im Westen Deutschlands auch studiert hätte, ist wenig wahrscheinlich. In jedem Falle hätte er sich selbstständig gemacht, sagt er.
Seinen Traum, Kaufmann zu werden, hat Wolfgang sich erfüllt. Seinen Traum, Schriftsteller zu werden, hat er sich zum Teil erfüllt. Da er von der Schriftstellerei nicht leben, geschweige denn damit finanziell für seine Kinder sorgen konnte, hat Wolfgang die Schriftstellerei schweren Herzens an den Nagel gehängt. Viele Jahrzehnte arbeitete Wolfgang tagsüber als Verkaufsstellenleiter und schrieb nachts seine Texte: Essays, Romane, Erzählungen, Drehbücher. Viel Schlaf schien er nicht zu brauchen. Leider suchte und fand er zeitlebens kaum einen Menschen, mit dem er auf Augenhöhe über seine Texte diskutieren konnte. Es ist zu vermuten, dass er sich oft ungehört fühlte.

Zurück zur Familie mütterlicherseits. Meine Mutter beschreibt ihre Kindheit in der Nachkriegszeit als schön: Alle waren gleich arm, niemand war etwas Besseres, alle hielten zusammen, die Kinder wie die Erwachsenen, sie waren viele Kinder im Haus und spielten gut miteinander. Im Krieg hatte meine Oma mehrmals zu meiner Mutter gesagt: „Wenn Frieden ist, dann wird es wieder Torte geben." Karin wusste damals nicht, was Torte war, aber es hörte sich verheißungsvoll an. Die fünfziger Jahre bedeuteten dann Aufbau, Neuanfang. Alle hatten große Hoffnung, dass nun alles besser werden würde. 1955 konnten meine Großeltern Margarethe und Alfred endlich eine eigene HO-Fleischerei[2] übernehmen. Doch 1956 wurde Alfred von der HO wegen Alkoholismus entlassen. Margarethe drohte Alfred zwar mitunter, dass sie sich wegen seiner „ewigen Trinkerei" von ihm trennen würde, aber sie blieb und sie stand nach außen immer zu ihrem Mann. Im gleichen Jahr eröffnete Margarethe eine HO-Fleischerei in Dresden-Bühlau in der Bautzener Landstraße. Das war zunächst nur ein leerer Raum. Margarethe richtete das Geschäft zusammen mit einem Gesellen ein. Später wurde ihr Sohn Geselle bei ihr. Margarethe leitete viele Jahre das Geschäft, später übergab sie die Leitung ihrem Sohn.

Margarethes Tochter Karin absolvierte ihre Lehre von 1954 - 56 beim Tabakwarengroßhandel in der Tiergartenstraße gegenüber dem Carolaschlösschen ganz in der Nähe der elterlichen Wohnung am Wasaplatz. Sie hatte nicht

---

[2] HO=Handelsorganisation, staatliches Einzelhandelsunternehmen

gewusst, welchen Beruf sie ergreifen sollte. Viel Auswahl an Lehrberufen und Lehrstellen gab es nach dem Krieg nicht. Vielleicht war es die Idee ihrer Eltern, die selbst Kaufleute waren. Der Kaufmannsberuf galt als angesehener Beruf und als Grundlage für eine spätere berufliche Weiterentwicklung. 1957 flüchteten Karins Lehrausbilder heimlich in den Westen, ohne sie zu informieren. So ging Karin mit ihrer Mutter zur Industrie- und Handelskammer, die übernahm Karin, und so setzte sie 1956-58 ihre Lehre in einer staatlichen Firma: im Großhandelskontor Lebensmittel fort. Der OGS (Obst Gemüse Speisekartoffeln) war eine Abteilung davon. Karin bekam eine gute Ausbildung und ging durch alle Abteilungen. Nach der Lehre wurde sie übernommen und arbeitete seitdem im Großhandel.

Mit zwanzig absolvierte Karin die Fahrprüfung für Auto und Motorrad und fuhr als junge Frau einen Berliner Roller.

Karin auf ihrem Berliner Roller 1962

Karin und Wolfgang lernten sich Anfang der sechziger Jahre in der Großmarkthalle kennen. Aus der Ferne gesehen haben sie sich weit eher, da war Karin noch in der Lehre. Wolfgang – der Mann mit Hut – so wurde er von den anderen genannt. Er hatte immer einen grünen Hut auf dem Kopf, einen Berufsmantel an und seine schwarze Schäferhündin Asta dabei. Irgendwann hingen an Karins Berliner Roller häufiger rote Rosen. Sie begannen, miteinander auszugehen, z.B. ins „Astoria", ein feines Tanzlokal in der Nähe des Wasaplatzes. Sie heirateten 1962. Da war Karin 22 und Wolfgang 33 Jahre alt.

Hochzeit meiner Eltern 1962

Karin brachte drei Kinder zur Welt: 1963 Tochter Jaqueline, 1964 mich und 1965 Sohn Roland. 1964 bekamen sie eine kleine Dreiraumwohnung in Dresden-Trachau zugewiesen und zogen aus einem kleinen Zimmer in der Wohnung von Karins Eltern endlich in eine eigene Wohnung. Nun konnte das eigene Leben beginnen.

1969 - 72 studierte Karin als Mutter dreier Kinder im Direktstudium Ökonomie. Das war ein Frauensonderstudium. Mit drei kleinen Kindern, die ab 1967 Kindergartenplätze bekamen, war ein solches Studium eine beachtliche Leistung. Zu diesem Studium wurde sie durch ihre Betriebs-Leitung motiviert und ermutigt. Gute junge Leute würden gebraucht. Ob sie studieren wolle, sie würde in der Zeit des Studiums von der Arbeit freigestellt und bekäme ein Stipendium. Sie würde das schon schaffen, auch mit drei Kindern. Karins Eltern und Großmutter mütterlicherseits waren dagegen: Wozu Karin denn studieren wolle, sie als Frau hätte doch genug Arbeit und ihre drei Kinder zu betreuen. Aber Karin hörte nicht auf sie. Ihr Ehemann war dafür, dass sie studierte. Wenn Karin im Westen Deutschlands gelebt hätte, dann hätte sie mit großer Wahrscheinlichkeit nicht studiert, kein Betrieb wäre auf sie zugekommen, um sie zum Studieren zu motivieren. Die DDR brauchte dringend gute junge Leute. Viele Menschen hüben und drüben hatten ihr Leben im Zweiten Weltkrieg verloren, studierte Fachleute mit Nazi-Vergangenheit wurden in der DDR häufig aus ihren Ämtern entlassen, nicht wenige Fachleute verließen die DDR und gingen in den Westen. Ab 1972 arbeitete Karin als Einkaufsleiterin im Kombinat Obst, Gemüse, Speisekartoffeln, später war sie stellvertretende Abteilungsleiterin in der Abteilung „Verarbeitetes Obst und Gemüse". Anfangs durfte sie einkaufen fahren, was wirklich gebraucht wurde. So fuhr sie gern in den Spreewald, in die Lausitz oder nach Leipzig zur Messe, aber auch in andere Orte durch die halbe Republik. Später gab es immer mehr Vorgaben von oben, was man einkaufen musste – egal, ob es gebraucht wurde oder nicht. Die Vorgaben wurden mit den Jahren immer einengender. Das machte müde. Es ging eher um die Auslastung der Produktionsbetriebe als um den realen Bedarf der Bevölkerung. „Berlin war der liebe Gott: unhinterfragbar und allmächtig." Karin blieb fast 30 Jahre lang. Es gab vieles, was sie nicht gut hieß, aber nicht ändern konnte. Ihre Chefs kamen und gingen, sie blieb. Dabei sprach sie häufig davon, wegzugehen, etwas Eigenes zu machen. Sie war kein Bürotyp. Sie blieb, weil sie hier viele Freiheiten hatte und aus Angst vor dem Ungewissen. Außerdem werden wohl wir drei Kinder ihre Kräfte beansprucht haben.

In den sechziger und Anfang der siebziger Jahre glaubte Karin daran, dass der Sozialismus eine Zukunft hat. Sie spürte, dass da etwas aufwärts ging. Später, in den achtziger Jahren dachte sie: Es müssten andere Leute an die Macht. Sie fragte sich, wie lange das noch gut gehen kann: viel zu kleine Preise für Grundnahrungsmittel und viel zu viele starre Anweisungen von oben, die wenig Realitätssinn verrieten. Sie sah aber keine Alternative. Der Westen war für sie keine Alternative.

Mein Vater begann ab Anfang der achtziger Jahre, sich intensiv mit deutscher Geschichte zu beschäftigen. Er las nach der Arbeit als Verkaufsstellenleiter nächtelang

bis früh Bücher über deutsche Geschichte. Anlass waren die sehr einseitigen Darstellungen des deutschen Volkes und der deutschen Wehrmachtssoldaten im Zweiten Weltkrieg im Fernsehen der DDR. Es empörte meinen Vater, dass die deutschen Wehrmachtssoldaten in Fernsehfilmen als Verbrecher und die sowjetischen und polnischen Soldaten verabsolutierend als Helden dargestellt wurden. So fing mein Vater an, Bücher über deutsche Geschichte zu lesen und Essays über deutsche Geschichte zu schreiben. Mangels versierter Gesprächspartner hielt er zu Hause abendelang und bei jeder Familienfeier – ob uns Kinder und die Gäste das nun interessierte oder nicht – Vorträge über deutsche Geschichte und insbesondere über den Zweiten Weltkrieg. Wir Kinder wurden nun von beiden Seiten bedrängt: in der Schule und zu Hause. Die Folge war: Wir konnten es nicht mehr ertragen und reagierten mit Desinteresse und Aversion.
Im Jahr 2002 gab mein Vater einen Roman im Eigenverlag heraus. Dieser Roman „Die schwarze Sonne" ist Ergebnis jahrzehntelangen Schreibens über sein Leben im Zweiten Weltkrieg, in der DDR und zur Wende. Ich bin stolz, dass mein Vater dieses Buch herausgegeben hat und habe es mehrmals gelesen. Darüber und über deutsche Geschichte miteinander zu reden, bleibt weiterhin schwierig. Andererseits habe ich Vater, Mutter und Großmutter über lange Zeiten oft stundenlang für meine Familienchronik und für das vorliegende Buch-Projekt interviewt. Dieses intensive interessierte Zuhören schien allen gut zu tun. Die Gespräche waren für mich erhellend und berührend, ich erfuhr viel Neues von Menschen, die mir sehr nahe sind und von denen ich glaubte, ich würde so ziemlich alles über sie wissen. Vor kurzer Zeit

übergab mir mein 84jähriger Vater ein dickes Manuskript mit seinen Geschichten über den Alltag in der DDR, der mir beim Lesen sehr lebendig vor meinem inneren Auge erstand. Ich werde ihm behilflich sein, sein zweites Buch zu veröffentlichen.

Kinder-Erziehung

Unsere Erziehung war stark von meinem Vater geprägt. Die Erfahrungen seiner militarisierten Kindheit und Jugend, der Hitlerjugenderziehung hat er an seine drei Kinder Jaqueline, Roland und mich weitergegeben. Wir wurden mit Härte erzogen. Vater wollte uns nicht durch zu viel Lob verweichlichen. Er wollte uns abhärten fürs Leben. So wurden wir reichlich und hart kritisiert und wenig gelobt. Auch Vaters persönliche Erziehung floss ein: Seine Mutter hatte ihn als Kind mit dem Sieben-Riemen geschlagen. Und auch zu unserer Erziehung gehörten Schläge, als wir klein waren. In Vaters Familie hatten sich drei Menschen selbst umgebracht: sein Stiefbruder, sein Vater und seine Schwester. Es ist zu vermuten, dass Vater mit Disziplin und Härte gegen diese „innere Labilität und Schwäche" kämpfen wollte – nicht nur bei sich selbst, sondern auch bei uns Kindern.

Wir fühlten uns im Grunde nie gut genug, um vor Vaters Augen zu bestehen. Genauso wenig wie er selbst zeitlebens vor seinen gnadenlosen Selbst-Ansprüchen bestehen zu können glaubte. Er hatte wiederum als Kind stets das Gefühl gehabt, vor den Augen seiner Mutter Margaretha nicht bestehen zu können. Und diese hatte sich oft von ihrer Mutter Ida abgewertet gefühlt. Während mein Vater im hohen Alter immer wertschätzender zumindest der Mutter und uns Töchtern gegenüber wurde, blieb er sich selbst (und seinem Sohn Roland) gegenüber hart.

Meine Mutter Karin stand einerseits mit realistischem Blick und beiden Beinen im Leben. Andererseits habe ich sie mitunter „wie weggeträumt" erlebt. Sie saß dann da und schien gar nicht richtig bei der Sache zu sein. Wo sie gerade war, war nicht herauszufinden. Es könnte sein, dass es für meine Mutter ein Schutz gewesen war, sich wegzuträumen, nicht alles wahrzunehmen: die Bombennächte, das zertrümmerte Dresden, die Waffe am Kopf ihrer Großmutter... und dass diese Fähigkeit zu dissoziieren auch später in Stress-Situationen da war. Eine Kehrseite des Wegträumens ist, dass man sich kaum gegen Zumutungen in der Gegenwart wehrt.
Grundlegend haben wir drei Kinder von Vater und Mutter viel Gutes und Brauchbares gelernt. Das füreinander Einstehen in der Familie, das sich Engagieren in der Welt, das Zupackende, Aktive – das haben wir drei Kinder von ihnen gelernt. Von meiner Mutter habe ich den Realismus und die Fähigkeit, den Augenblick jetzt zu genießen, übernommen. Von meinem Vater habe ich den Drang, mich nie ganz zufrieden zu geben, geerbt. Wenn ich es in mir gut ausbalanciere, ist das ein gutes Erbe.
Ich habe als Co-Mutter von Ulrike und als Tante von Alexander zwei Kinder intensiver begleitet und heftige Erziehungs-Debatten miterlebt und mitgeführt. Ab Mitte der achtziger Jahre gab es in meiner Generation starke Tendenzen, die eigenen Kinder antiautoritär zu erziehen. Das war die absolute Entgegensetzung zur autoritären Erziehung, die meine Generation häufig als Kind erlebt

hat. Seit etwa 2000 erlebe ich mit Erleichterung einen Erziehungsstil, der neben Respekt und Selbstbestimmung auch gute Grenzen beinhaltet. Die Polarität von autoritärer und antiautoritärer Erziehung scheint damit aufgehoben.

Der zweite Weltkrieg als Schulstoff

Über meine gesamte Schulzeit wurde uns beständig eingetrichtert, wie schuldig wir Deutschen uns am sowjetischen Volk und an anderen Völkern gemacht hatten. Ich hatte tiefe Schuldgefühle. Es spielte keine Rolle, dass ich erst 19 Jahre nach dem Ende des Zweiten Weltkrieges geboren wurde. Die Berichte, Filme und Veranstaltungen frischten diese Verbrechen und meine Schuldgefühle als Deutsche immer wieder auf. Auf der anderen Seite wurde uns suggeriert, die Nazis seien alle in den Westen abgehauen. Das erzeugte in uns das Gefühl, mit den Nazis in der Gegenwart nichts zu tun zu haben. Es wurde auch wenig von Nazis und häufig von Faschisten gesprochen, wahrscheinlich weil das Wort Sozialisten im Wort Nationalsozialisten steckt und man jeden Vergleich ausschließen wollte. Mit den jüdischen Opfern war es ähnlich: Sie kamen im DDR-Alltag nicht vor. Als gäbe es sie nicht mehr bei uns. Es gab sie nur im Geschichtsunterricht – und auch da nur am Rande. Deutlich mehr Aufmerksamkeit als die jüdischen Opfer des zweiten Weltkrieges bekamen die Kriegsopfer der Sowjetunion und der europäischen Kommunisten. Irgendwann, ich schätze mit 15 Jahren, schlugen meine Schuldgefühle in Ärger und Überreizung um. Ich wollte nichts mehr hören. Ich war aus diesem Grunde z.B. in keinem einzigen Konzentrationslager. Ich verweigerte mich. Mein Interesse für diesen Teil deutscher Geschichte kehrte zurück, als auf uns nicht mehr so eingehämmert wurde. Das war zum Teil schon während meines Studiums in den achtziger Jahren, besonders dann aber nach der Wende und ganz intensiv nun im Rahmen dieses Projektes.

Die DDR-Führung idealisierte die **Sowjetunion** als den großen Bruder der DDR im Ostblock gegen den Westblock, als Vorbild beim Aufbau des Sozialismus. Dies ging extrem polarisierend vor. Die Sowjetunion und der Sozialismus durften keinen Makel haben. Es war die Zeit des kalten Krieges. Die Machtfrage hieß damals: Wer besiegt wen? Und zwar auf beiden Seiten. Daher das Gefühl, sich keinen Fehler erlauben zu dürfen. Und das war der Anfang vom Ende. Die Gesellschaft für Deutsch-Sowjetische Freundschaft (DSF) war eine Massenvereinigung, der man einfach beitrat, wenn man sich nicht unmöglich machen wollte. Was gab es schon dagegen einzuwenden? Die Frage stand gar nicht. Nachdem wir uns so schuldig am Sowjetvolk gemacht hatten, war die Mitgliedschaft in der DSF ein kleiner Beitrag der Wiedergutmachung und eine Chance, dass die Völker einander näher kamen. Dies geschah sehr folkloristisch und sehr staatlich und wenig persönlich. Es war wie der Solidaritätsbeitrag, den man jeden Monat zahlte – nicht aus eigenem Entschluss, sondern weil Solidarität mit anderen Völkern ein Grundwert in der DDR war und sich von selbst verstand. Ich kam gar nicht auf die Idee zu fragen, was mit meinen Geldbeiträgen geschah, welchem Volk damit geholfen wurde, ob damit Panzer oder Brot bezahlt wurden. In der Schule wurde uns die Sowjetunion als unser großes Vorbild dargestellt. Wir erfuhren von den Verbrechen, die wir Deutschen dem sowjetischen Volk angetan hatten. Ich wollte als Kind meinen Beitrag leisten, dies wieder gut zu machen und dafür zu sorgen, dass von deutschem Boden nie wieder ein Krieg ausging. Wenn unsere Russischlehrerin Adressen von SchülerInnen aus der UdSSR mitbrachte, dann meldete ich mich häufig und hatte meist mehrere Brieffreundinnen. Der jeweiligen Brieffreundin und mir war klar, dass dies keine rein private Brieffreundschaft war, sondern dass wir Repräsentantinnen unserer Staaten und einer Deutsch-Sowjetischen Freundschaft waren. Ich glaube, der Briefwechsel erfolgte in Russisch. Russisch fiel mir leicht. Diese Brieffreundinnen in Wolgograd oder Kiew habe ich nie besucht.

Im Alltag der DDR sah man häufig sowjetische Offiziere und deren Ehefrauen. Die einfachen Sowjetsoldaten waren blutjung, halbe Kinder und durften die Kasernen nicht verlassen. Sie waren hier als Siegermacht und als unsere Beschützer „vorm feindlich-kapitalistischen Ausland". Die massenweisen Vergewaltigungen deutscher Frauen durch russische Soldaten nach dem Krieg wurden in der DDR verschwiegen. In den siebziger und achtziger Jahren war das ziemlich ins Vergessen geraten. Und doch hatten wir als junge Mädchen ein komisches Gefühl, an einer sowjetischen Kaserne vorbeizulaufen. Bewusst lief da keine Verbindung von diesen kahlgeschorenen kleinen kindlichen Soldaten zu den sehr selten erzählten Erinnerungen der Großmutter an ihre Ängste vor Vergewaltigung. Und sowieso ging da ja einiges durcheinander: die kindlichen Beschützer, die Männerwelt Kaserne, man munkelte, welch hartes Leben die armen Kerle in den Kasernen hatten, die russischen Ehefrauen der Offiziere mit ihrem grellrot gemalten Lippen, den eigenartigen Mützen, den sirenenhaft hohen Stimmen. Ich kannte niemanden in Dresden mit persönlichen Beziehungen zu ihnen. Meine Mutter wusste aus ihrem Berieb, dass die sowjetische Armee in Dresden das Vorkaufsrecht für Weißkohl hatte. Da taten mir die Soldaten einfach leid. Die russischen Volkslieder liebte ich. Wir sangen sie mit unserer sangesfreudigen Russischlehrerin, und ich fand sie viel schöner als unsere deutschen Volkslieder. Die russische Seele – da war sie zu hören.

Lebensgefühl als Kriegsenkel

Im Vergleich zu unseren Eltern ist meine Generation in existentieller Sicherheit aufgewachsen. Kein Krieg, kein Hunger, relativer, allmählich wachsender Wohlstand, kostenlose Bildung. Umso erstaunlicher war es, dass ich mich als junge Erwachsene so unsicher fühlte, mit wenig Vertrauen ins eigene Leben, so als fehlte mir fester Boden unter den Füßen. Ich kämpfte mit Ängsten, fühlte mich verloren und konnte mir das nicht erklären. Ich gab mir selbst die Schuld: zu sensibel, zu verträumt und ging hart mit mir ins Gericht. Im Vergleich zu meinen Eltern, die den Krieg noch mit erleben mussten, hatte ich doch nichts auszustehen. Ich müsste mich nur mal zusammenreißen, mich am Riemen reißen, nicht so viel grübeln und mich nicht so wichtig nehmen.

Von außen gesehen war mein Weg erfolgreich. Ich lernte in meiner gesamten Schulzeit relativ mühelos und hatte sehr gute Zensuren. Nach der Polytechnischen Oberschule besuchte ich die Erweiterte Oberschule. Dann studierte ich Germanistik – mein Traumstudium. Als Lektorin am Verlag liebte ich meine Arbeit. Eigentlich war alles wunderbar: Ich hatte einen tollen Beruf, tolle KollegInnen und war als Lektorin erfolgreich und geschätzt. Aber innerlich kam ich nicht hinterher. Ich fand auch keinen Partner, ich war ständig auf der Suche und fühlte ich mich häufig unglücklich, unlebendig und blockiert. Mitunter war ich richtig verzweifelt. In dieser Zeit wurde mir auf einmal klar, dass ich kein eigenes Kind zur Welt bringen würde. Bis dahin war das fraglos und selbstverständlich gewesen, dass ich zwei Kinder haben würde, denn alle meine Freundinnen um mich herum bekamen in dieser Zeit ihre Kinder. Aber wer so oft so (grundlos wie mir schien) verzweifelt war, sollte kein Kind in die Welt setzen, dachte ich auf einmal.

Studium und Frauenforschung

Im Jahre 1983, mit 19 Jahren, begann ich, in meinem Germanistikstudium Frauenforschung zu betreiben. Ich wollte wissen, wie das war und ist mit Frauen und Männern in verschiedenen gesellschaftlichen Epochen bis zur Gegenwart. Und ich hörte nicht wieder auf zu forschen. Mich interessierte, inwieweit es in der DDR tatsächlich eine Gleichberechtigung gab und warum ich viel mehr Schriftsteller als Schriftstellerinnen kannte. Ich wollte wissen, warum es kaum Professorinnen und Leiterinnen in obersten Spitzenpositionen der DDR gab. Ich wollte gern eine richtig gute Literaturwissenschaftlerin werden. In diesem Wunsch war ich von meinem Vater geprägt, der sich seinen Wunsch, Schriftsteller zu werden, nicht gänzlich hatte erfüllen können. Den ganzen Tag bis in den späten Abend zu lesen und zu forschen – das war damals meine Vorstellung von einem guten und erfolgreichen Leben als Wissenschaftlerin. Andererseits

wollte ich später gern ein Kind haben. Wie das zu vereinbaren wäre – davon hatte ich keine Idee.
Es war die Zeit des atomaren Wettrüstens in Ost und West. Wir hatten Angst, dass die Menschheit kurz davor steht, sich selbst zu zerstören. Die internationale Aufrüstung, die Atomkatastrophe in Tschernobyl und das Waldsterben um uns herum schienen uns Zeichen des Untergangs, die uns Angst machten. Seit 1982 gründeten sich in der DDR überall Frauen-Gruppen, z.B. die Gruppen „Frauen für den Frieden", Lesbengruppen, kirchliche Frauengruppen. Dieses frauenbewegte Engagement in der DDR der achtziger Jahre bildete den Grundstein für die ostdeutsche Frauenbewegung, die zur friedlichen Revolution von 1989/90 ihren Aufschwung nahm.
Gemeinsam mit Bürgerrechtsgruppen und Umweltgruppen wurde seit Anfang der achtziger Jahre der Boden bereitet für die spätere Bürgerbewegung der DDR. Bis 1989 geschah dies mehrheitlich im halblegalen oder privaten Raum, zur Wende wurde das vielfältige bürgerschaftliche Engagement dann öffentlich. Meine Jenaer Studien-Zeit von 1982 bis 87 war einerseits eine tolle Zeit: Den ganzen Tag Bücher lesen zu dürfen erschien mir paradiesisch. Andererseits war es eine politisch verhärtete Zeit. Die kleinste politische Kritik wurde mit Exmatrikulation bedroht. Resignation lastete auf uns. Wer an der Uni etwas Kritisches sagen wollte, sagte es in einer verklausulierten Sprache, die nur Eingeweihte verstanden. Wir hatten das Gefühl, uns im elfenbeinernen Turm zu befinden.

Wie kam ich zu Irmtraud Morgner? Mich trieb die Frage um, warum es so wenige Wissenschaftlerinnen, Literatinnen und Künstlerinnen gab. Ob Frauen weniger oder genauso produktiv wie Männer waren. Wir waren eine kleine Gruppe von sechs Studierenden, die über das Thema „Frauen in der DDR-Literatur“ oder „DDR-Frauenliteratur“ schrieben. Wir forschten zu DDR- Schriftstellerinnen wie Christa Wolf, Maxi Wander, Brigitte Reimann, Sarah Kirsch, Helga Königsdorf – und ich schrieb über Irmtraud Morgners Roman „Amanda“. Viele Literatinnen beklagten Missstände. Die Morgner lachte und parodierte. Sie schuf inmitten der Realität Phantasiereiche und Phantasiefiguren, mit denen sie Alternativen ausprobierte. Das hat mir imponiert. Der Rest der Fakultät schüttelte den Kopf über uns: Was das denn solle: In der DDR sei die Gleichberechtigung realisiert. Auch Männer hätten sensible Seiten und würden hin und wieder gern und ausgezeichnet kochen, sagte ein sonst sehr kluger Literaturwissenschaftler. Andere waren gleich mit dem Stempel der Männerfeindlichkeit zur Stelle.

Hoffnung auf die Perestroika

In Dresden geboren und aufgewachsen habe ich in DDR-Zeiten wenig Zugang zu West-Nachrichten gehabt. Erst seit den achtziger Jahren erfuhr ich immer Konkreteres über Verbrechen, die es im Sozialismus, sogar im Namen des Sozialismus gegeben hatte, insbesondere über die Stalin-Prozesse. Diese Nachrichten empörten und deprimierten mich. Dass so etwas auch im Sozialismus, um einer guten Sache willen, möglich war, war mir damals neu. Ich verlor die Orientierung. War so ein beschädigter Sozialismus noch zu retten? Ich wusste es nicht.

Beim Studium und später am Verlag war ich angewidert von den Lügen und Schönfärbereien unserer Regierung über die Situation im Lande. Ich konnte zu einem Sozia-

lismus mit seinen Fehlern stehen. Dass Informationen vorenthalten, dass öffentliche Diskussionen selbst über kleinste Probleme im Lande unterbunden wurden, erbitterte mich. Jedes Buch, das in unserem Verlag veröffentlicht werden sollte, wurde von oben genauestens auf seine politischen Aussagen hin kontrolliert. Selbst ganz vorsichtige Kritiken und Wahrheiten, die die Spatzen von den Dächern pfiffen, durften mitunter nicht gedruckt werden. Um jedes sozialismuskritische Wort im Manuskript wurde gefeilscht, die Verhandlungen waren zäh und langwierig. Die Bücher bekannter AutorInnen wie Volker Braun, Daniela Dahn oder Thomas Rosenlöcher wurden in unserem Verlag am Ende harter Kämpfe dann doch gedruckt: Von der Einreichung eines fertigen Manuskriptes bis zum Verkauf in der Buchhandlung vergingen dabei mindestens anderthalb Jahre. Der Leitungs-Stuhl unseres Verlegers wackelte wegen jedes zehnten Buches.
Die Stagnation war fühlbar. So konnte es nicht weitergehen. Mit großem Interesse schauten wir nach Osten. In der Sowjetunion hielt mit Gorbatschow gerade ein neues Denken, eine neue Art, Politik zu machen, Einzug: Glasnost, neues Denken, Perestroika. Wir diskutierten nächtelang darüber und waren hin und hergerissen zwischen Hoffnung und Resignation.

Friedliche Revolution 1989

Im Oktober 1989 begannen wir DDR-BürgerInnen, auf die Straße zu gehen und gegen die empörenden Zustände in der DDR zu demonstrieren. Ich reihte mich ab Anfang Oktober in die Montagsdemonstrationen in Halle ein. Die Leute skandierten gerade „Neue Männer braucht das Land!“ Ich schrie – so laut ich konnte: „Wieso denn nur neue Männer? – Neue Menschen braucht das Land!" Mein Demo-Block änderte unverzüglich den Text und wir skandierten nun alle: „Neue Menschen braucht das Land!" Ein zweiter unvergesslicher Ruf lautete: Wir sind das Volk! Als ich das erste Mal rief „Wir sind das Volk!", zitterte mir die Stimme vor Rührung und ich spürte einen Kloß im Hals. Dieses Wir-Gefühl hatte ich als Intellektuelle bis dahin nie gehabt. Und nun war es da im Augenblick der gemeinsamen Empörung. Als ich erfuhr, dass die Mauer offen ist, war mir, als würde es mich zerreißen. Einerseits freute ich mich riesig darüber, weil nun eine Erneuerung der DDR möglich schien. Andererseits war ich bestürzt, denn ich wusste sofort, dass damit das Projekt Sozialismus verloren war. Der Kapitalismus war für mich keine Alternative, sondern ein gesellschaftlicher Rückschritt. Ich wollte historisch gesehen nicht rückwärts gehen. Ich wollte Demokratie, aber keinen Kapitalismus und fand uns im Sozialismus gesellschaftlich viele Schritte weiter: das gesellschaftliche Eigentum, der freie Zugang aller zur Bildung, das Recht auf Arbeit, das moderne Familienrecht. Die Emanzipation der Frauen war bei allen Mängeln viel weiter fortgeschritten als in der BRD. Politisch dagegen erlebte ich die DDR rückständiger als den Westen, wie erstarrt und tot, mit ihren Dogmen und übermächtigen Funktionären. Einen dritten Weg, das wusste ich, gab es nicht. Und dennoch war es genau dieser dritte Weg, für den ich in den wilden Zeiten der Revolution kämpfte: für einen reformierten Sozialismus, mit Bürger-Rechten, Pressefreiheit, demokratischen Strukturen und mehr Gleichberechtigung von Frau und Mann. Das Ausmaß der Überwachung im eigenen Land durch die Staatssicherheit hatte ich unterschätzt. Ich hatte mir

nicht vorstellen können, dass tatsächlich so viele Menschen überwacht wurden, ich hatte Leute für paranoid gehalten, die mich baten, am Telefon oder in Briefen nichts politisch Kritisches zu sagen oder zu schreiben. Ich hatte persönlich keine Angst. Ich wusste, dass es öffentliche Situationen gab, in denen man lieber nichts Kritisches äußerte, und glaubte damals, Stasi-Leute würde man an ihrer auffälligen politischen Dummheit erkennen, was naiv war. Ich habe auch Glück gehabt.
Die Vereinigung der beiden deutschen Staaten erlebte ich dann als einen Beitritt – nicht als Vereinigung von zwei gleichberechtigten Staaten. Die westdeutsche Regierung trat als Sieger der Geschichte auf und nimmt sich seitdem die Definitionsmacht über die DDR. Der Sozialismus und die DDR werden dabei entwertet, ja delegitimiert. Ein hysterischer Anti-Kommunismus – gepaart mit Selbstüberhebung und Kritiklosigkeit dem eigenen System gegenüber – verhindern bis heute häufig die Verständigung zwischen Ost und West. Das ärgert mich.

Frauenbewegt

1990, inmitten der Wende, verliebte ich mich in eine Frau. Das veränderte mein Leben völlig. Ich war nun doppelt euphorisch, inmitten dieser aufregenden Wende-Zeiten, mit Frauen gemeinsam die Welt zu verbessern. Ich fand in Dresden Frauen, die Lust hatten, Frauenprojekte zu gründen, Frauenorte zu schaffen, wo wir zusammen etwas Neues, Eigenes erproben konnten. Gemeinsam begründeten wir die Dresdner Frauenbewegung 1989/90. Die Ereignisse überschlugen sich. Aus der Idee eines Dresdner Frauencafés vor der Wende, um das lange gekämpft worden war, wurde eine Landschaft von Frauen-

Im Juni 1990

projekten in Dresden. Wir erkämpften uns die Räume der ehemaligen SED-Stadtbezirksleitung in der Naumannstraße 8 und gründeten hier das Frauenbildungszentrum. In der Angelikastraße wurde die Villa der ehemaligen Stasi-Kantine frei – die eroberten sich die Frauen des künftigen Frauenzentrums *sowieso*. Überall wuchsen Fraueninitiativen wie Pilze aus dem Boden: Die Künstlerinnen der Sezession, das Sächsische Frauenforum, die Frauenschutzhauswohnung, das Frauenförderwerk, das Frauengesundheitszentrum und viele andere.Wir waren Pionierinnen des Anfangs. Wir lernten, Projekte mit gesellschaftsverändernden Zielen zu gründen und zu führen, indem wir es einfach taten. Es war eine Zeit des Experimentierens. Alles war neu für uns: die Arbeit an Runden Tischen, selbstbestimmtes politisches Handeln, Teamarbeit in selbstverwalteten Projekten. Unsere Entwicklung erfolgte wie in Siebenmeilenstiefeln. Viele Themen brannten uns unter den Nägeln: Patriarchatskritik, Gleichberechtigung, Feminismus, weibliche Identität, geschlechtersensible Erziehung. In der Gesellschaft waren wir mit vielen dieser Themen meist nicht willkommen: Zum Beispiel waren die Themen sexueller Missbrauch, Gewalt gegen Frauen und lesbische Lebensformen im Osten keine öffentlichen Themen gewesen. Bis 1990 gab es keinen Ort für sexuell missbrauchte Frauen und für Frauen mit Gewalterfahrungen. So wurden wir dieser Ort. Wir boten Frauen Beratung und Unterstützung und Fachkräften landesweit Fortbildungen an. Von unserem Frauenzentrum in der Angelikastraße gingen wichtige Impulse für die ganze Stadt aus, z.B. Fachtage zu aktuellen brisanten Themen. Ich habe die Einführung des Gewaltschutzgesetzes in Sachsen mit begleitet und war in sachsenweiten fachpolitischen Gremien tätig. Meine Berufung fühlte ich in diesen 14 Jahren bei der Stärkung von Frauen, dem Empowerment, im Kampf gegen Diskriminierung und Gewalt an Frauen. Mein Wunsch, Literaturwissenschaftlerin zu werden, war in Wendezeiten in den Hintergrund getreten, ich fühlte mich mehr bei mir selbst in der Zusammenarbeit mit Menschen, in der Unterstützung von Frauen und im Kampf für Geschlechtergerechtigkeit. So hatte ich Mitte der neunziger Jahre berufsbegleitend Sozialpädagogik studiert und 2006 eine Supervisionsweiterbildung abgeschlossen.

Heute

Wir haben bis zum heutigen Tag eine bunte Frauenprojekte-Landschaft in Dresden. Einige Projekte des Anfangs gibt es nicht mehr, neue sind hinzugekommen –

wie 1995 die Interkulturelle Netzwerk-Universität Yoni, die ich mitbegründet habe, und in deren Rahmen das vorliegende Buchprojekt entstand. Die Frauenbewegung ist längst keine Bewegung mehr, sie hat sich institutionalisiert. Vieles ist heute selbstverständlich geworden, wofür wir vor zwanzig Jahren noch wie auf einsamem Posten gekämpft haben. Themen wie Geschlechtergerechtigkeit oder Schutz vor Gewalt an Frauen sind heute nicht mehr nur Anliegen einer kleinen Gruppe engagierter Frauen, sondern hier sieht sich der Staat in ganz anderer Dimension in der Verantwortung als vor zwanzig Jahren. Das haben wir erreicht. Und dennoch gibt es weiterhin Gewalt gegen Frauen, es gibt den § 218, es gibt 22 % weniger Lohn für Frauen und die gläserne Decke, die Frauen hindert, die Belange der Gesellschaft an der Spitze in gleichem Maße mitzuleiten, mitzugestalten, um Beispiele zu nennen. Vieles ist also noch offen. Und selbst auf Erreichtes, das nun scheinbar selbstverständlich ist, haben wir ein wachsames Auge, denn es kann erstaunlich leicht wieder demontiert werden. Nicht wenige Frauen aus der Generation unserer Töchter engagieren sich längst in solchen Kämpfen. Andere erleben ihre Gleichberechtigung als so selbstverständlich, dass sie keinen Handlungsbedarf mehr sehen. Ich bin auch neugierig auf die Generation unserer Enkel.

Meine Mutter erkrankte mit 67 Jahren an einer Muskelerkrankung. Dies veränderte vieles in unserer Familie. Meine Eltern und meine Geschwister Jaqueline und Roland rückten näher zusammen. Meine Mutter hatte viele Jahrzehnte im Schatten meines Vaters gestanden. Jetzt steht sie auf einmal im Mittelpunkt. Vater ist ihr ein fürsorglicher, liebevoller Ehemann. Er betreut seine schwer kranke Frau, erledigt alle Küchenarbeiten und baut spezielle Möbel für sie – mit über achtzig. Er hatte meiner Mutter all die Jahre jede Woche Blumen geschenkt. Seit Mama das Haus kaum noch verlassen kann, gleicht ihr Wohnzimmer einem Blumen-Salon. Wir erleben uns als eine verlässliche, liebevolle Familie, die auch in Krisen füreinander einsteht. An meiner Mutter bewundere ich die Kraft, ja Größe, mit der sie diese furchtbare Krankheit durchsteht, nie klagt und ihre Fähigkeit, sich selbst in schlimmen Zeiten am Leben zu freuen. Während viele meiner Freundinnen klagen, wie fordernd und vorwurfsvoll ihre Mütter ihnen gegenüber seien, scheint meine Mutter die einzige zu sein, die auf allwöchentliche Besuchs-Ankündigungen antwortet: „Ach nein, mach doch lieber mal was Schönes!“

Inzwischen lebe ich fast zwanzig Jahre mit meiner Partnerin Karin zusammen, eine Beziehung geprägt von großer Liebe, tiefem Verstehen, von Geborgenheit, Humor und dem alltäglichen Auf und Ab, das wohl jeder Beziehung eigen ist.

Im Jahr 2005 verabschiedete ich mich vom Frauenzentrum und wurde freiberufliche Supervisorin. In der Supervision wird das eigene berufliche Handeln reflektiert, wird offene, wertschätzende Kommunikation geübt. Ich biete Struktur, Analyse und Perspektivwechsel an und unterstütze, ermutige bei der Bewältigung von Konflikten. Dabei geht es stets um die eigene Verantwortung bei der Mitgestaltung einer respektvollen Kultur der Zusammenarbeit, um eine gute Kommunikations-

und Streitkultur, um gute Führung und gute Kollegialität, um Respekt und Anerkennung. Hier sehe ich eine Möglichkeit, das, was mir wichtig ist, weiter zu tragen - und auch in mir selbst immer weiter zu entwickeln.

Ursula Riedel-Pfäfflin, Tochter von Erika Mühlen, Enkeltochter von Clara Hedwig Theophile, Schleswig-Holstein und Paula Gariboldi, Laibach, Österreich-Ungarische Monarchie

Die Glasspinnerin

Manchmal, wenn ich mit anderen zusammen bin, fühle ich mich, als säße ich daneben, wie hinter einem schwingenden Glasgewebe. Ich höre ihnen zu, wie sie plaudern, lachen, erzählen und diskutieren. Ich lausche den Stimmen, nehme den Raum wahr, die Farben der Umgebung, die Klänge, die Stimmung. Träume ich? Eher ist es ein intuitives Schweben; da sein und doch nicht ganz da sein. Zusammen und doch für mich sein. Es fühlt sich angenehm an; selbst viel zu sagen, wenn viele reden, strengt an. Ich liebe es, den Erzählungen anderer zuzuhören, wenn wir aufeinander konzentriert sind. Fäden spannen sich unsichtbar zwischen den Erzählenden und denen, die zuhören. Ein spinnenfeines Netz wird gewoben, Töne schwingen im Raum. Vieles erscheint in einem neuen Licht, wird durchscheinend, klarer, sichtbarer, verstehbar. Auch ich verstehe mich selbst besser. Ich empfinde Zugehörigkeit. Gleichzeitig spüre ich auch die Zerbrechlichkeit solcher Fäden. Spinnennetze werden zerstört, Verbindungen zertrennt. Ich selbst fühle mich fragil. Zerbrechlich. Leicht umzuwehen. Immer wieder krank, wenn ein Wind mir ins Gesicht bläst. Das war schon so, als ich noch klein war. Und gleichzeitig bin ich auch sehr kraftvoll. Voller Unternehmungsdrang, auch voller Kritik, voller Wut angesichts des Verrates, der Gefährdungen und Vernichtungen, die in unseren engsten Beziehungen und um uns herum geschehen. Das gibt mir immer wieder Kraft, mich hochzuziehen, mich einzusetzen, zu kämpfen. Ich beiße die Zähne zusammen, ich entwerfe etwas Neues, ich sammle andere um mich herum, es entstehen Projekte. Es ist unglaublich. Immer wieder werden die zartesten Fäden neu gesponnen. Und sie halten ein starkes Gewicht, auch mitten im Sturm. Ein Gedicht der amerikanischen Dichterin Adrienne Rich begleitet mich seit langem:

So bin ich: Ich schaue der Spinne zu
wie sie von neuem aufbaut – „geduldig“ sagen sie
aber ich erkenne in ihr
Ungeduld – meine eigene –
die Leidenschaft, wieder und wieder zu schaffen
wo solches Zerstören herrscht
(Catherine Keller 1989, S. 295)

Schon lange Jahre spüre ich immer wieder den zerrissenen Lebens- und Liebesfäden meiner eigenen Familie nach. Beide Familien aus mütterlicher und väterlicher Linie wurden auseinander getrieben und aus ihrer Heimat vertrieben. Andererseits kamen dadurch auch neue Verknüpfungen zustande. Schwestern und ihre Kinder wohnten auf engem Raum miteinander, die Großmutter hielt die Fäden zusammen. Leider hat meine Mutter nicht viel von sich erzählt. Vor allem bei den ganz wichtigen Fragen um Liebe und Tod, Wünsche, Zweifel, Ängste und Hoffnungen, bei Fragen nach den Jahren des Nationalsozialismus und ihrem eigenen Verhalten in dieser Zeit hielt sie sich bedeckt. Sie überging schwierige Themen mit dem ihr eigenen Charme und der Eleganz ihres Stiles, den sie sich als Aufsteigerin in eine reiche Familie angeeignet hatte. Sie hielt auch uns zwei Töchter und ihre eigene Mutter an, unser Gesicht zu wahren, uns standesgemäß zu kleiden und zu benehmen. Noch heute fällt es mir schwer, ganz normal Ärger auszusprechen, ohne es unterschwellig spüren oder abwertend herauskommen zu lassen. Es war schwer, Gefühle und wichtige Themen direkt anzusprechen. Deshalb habe ich wahrscheinlich immer das Gespräch mit anderen Menschen gesucht, die mit mir offen redeten und sich unverblümt zeigten, meine Freundinnen, Jugendgruppenleiterinnen, mein Jugendpfarrer, der mich zum Theologiestudium anregte. Später waren es die Frauen und Männer in meiner Gemeinde in Wilhelmsburg, einem Hamburger Arbeiterstadtteil, die mir unverblümt und ohne Fassade begegneten.

Erzählungen anderer Menschen haben mich schon immer fasziniert, sowohl im kleinen Umkreis wie auch in der

Entwicklung der Menschheitsgeschichte. Als Jugendliche verschlang ich Sachbücher zur Geschichte großer und kleiner Völker und den mythischen Wurzeln, z.B. symbolisiert in der Welteiche Ygdrasil und den Nornen, die den Schicksalsfaden spinnen. Die spannendste Literatur wurden Forschungen und fiktive Berichte über Lebensgeschichten aus fernen Zeiten, wie das Leben der Königin von Saba oder Biografien historischer Frauen wie Rosa Luxemburg oder Lou Andreas Salome.
Auch philosophische Texte haben mich so gefesselt, als ich sechzehn war, dass ich es nicht nur beim Lesen der Inhalte beließ. Mit neunzehn Jahren, nach dem Abitur, machte ich mich mit meiner Freundin Edith auf die Reise in den Norden Seelands, nach Gilleleije, um die Lebensumgebung und Landschaft Sören Kierkegaards kennen zu lernen. An seiner Philosophie interessierte mich gerade die Verknüpfung theologischer und philosophischer Themen mit tiefen Fragestellungen der Existenz. Angst. Gehorsam. Verzweiflung. Vertrauen.
Verschlüsselt waren die Dialoge, Briefe und Beziehungskonflikte, die er in verschiedenen Gestalten beschreibt, natürlich auch Ausdruck eigener existentieller Prozesse. Warum gelang es Kierkegaard nicht, die Liebe zu seiner Verlobten Regine in eine gelingende Wirklichkeit umzusetzen, obwohl er zeitlebens darum rang und sich nach ihr sehnte? Welche Bedeutung hatte es, dass er den Bruch mittels einer Täuschung herbeiführte, obwohl er nichts sehnlicher wollte als das Gegenteil? Welche Bedeutung hatte der Fluch seines Vaters für ihn? Und was meinte er mit der unbedingten Entscheidung Gott gegenüber? War es das Geheimnis, diese Zusammenhänge nicht aufdecken zu können, die ihn am Lieben hinderten?

Solche Fragen beschäftigten mich natürlich als Jugendliche und junge Frau wegen meiner eigenen Suche in den Fragen nach einer eigenen Existenz. Was war mein Weg? Die Verbindungen von eigener Suche, vom Werden und Leben der eigenen Eltern und ihrer Vorfahren, von Frauen und Männern im Kontext von Kultur- und Religionsgeschichte sollten für mein weiteres persönliches und für das professionelle Leben entscheidend werden.
Ich studierte Theologie und Pastoralpsychologie, machte mehrere psychotherapeutische Ausbildungen und verband auch später in meiner Berufstätigkeit immer die Praxis des Pfarramtes oder der theologischen Lehre mit dem Zuhören, dem Hören der Schilderungen von Alltagssituationen oder Lebensgeschichten aus unterschiedlichsten Kulturen. Die Frage nach der Bedeutung starker Traumatisierungen von Kindern und Erwachsenen spielte dabei eine immer größere Rolle, je mehr uns als Studierenden und jungen Erwachsenen bewusst wurde, wie stark gerade die Generation meiner Eltern und Großeltern von der Erfahrung zweier Weltkriege und ihrer Gewalt geprägt war. Und wie weit die Geschichte der Verletzungen, der jahrzehntelangen gewalttätigen Auseinandersetzungen und Verfolgungen in Europa schon zurückreicht. Ich erinnere mich noch, dass ich als junge Pastorin in Hamburg-Wilhelmsburg mit meinen Konfirmanden und Konfirmandinnen den Film Holocaust in mehreren Folgen ansah. So deutlich hatte ich die Wirkung von Brutalität und Zerstörung in den Alltag der Familien der Opfer der Shoah hinein noch nicht wahrgenommen, obwohl wir uns als Studierende der sechziger Jahre intensiv mit den gesellschaftlichen Auswirkungen von Diktaturen auseinandergesetzt hatten. Jahrelang haben

wir über die Folgen einseitiger Macht und Autorität von Universitäten bis Kindergärten diskutiert und alternative Ansätze und Projekte aufgebaut.
Als ich in die Praxis des Pfarramtes in Hamburg-Wilhelmsburg eintauchte, hörte ich täglich die Lebens- und Familiengeschichten von Männern, die in Wechselschichten bei der Bahn angestellt waren, und Frauen, die unter verschiedensten Problemen die Bewältigung des Alltags zu leisten hatten, vor allem auch Armut und schwierige Lebensbedingungen. Vor allem die Ängste und Erfahrungen von Bedrohungen der Frauen und Kinder, auch der migrierten Familien, haben mich zutiefst berührt und viele Aktivitäten, Projekte und neue Forschungsinteressen provoziert.
Anhand der wissenschaftlichen Frauenforschung in den siebziger, achtziger Jahren wurde immer deutlicher, dass die Schwierigkeiten und Krankheitsbilder vieler Frauen und Mädchen nicht nur in Einzelsituationen begründet waren, sondern auch in jahrhundertelangen Erfahrungen des Ausschlusses aus dem öffentlichen Leben, mit der Abwertung ihrer Arbeit und dem Erleben vielfältiger Gewalt und Demütigungen. Viele Jahre meiner Arbeit an Hochschulen habe ich der Forschung an diesen Zusammenhängen gewidmet und ein tieferes Verständnis gewonnen. Ich habe immer wieder in neuen Anläufen begriffen, wie mein eigenes persönliches Leben, meine eigenen Muster des Verhaltens, Fühlens und Handelns, meine Empfindlichkeiten und meine Stärken mit denen meiner Familie verknüpft sind. Diese Muster sind wiederum mit der Geschichte Europas, mit Kolonialismus, Faschismus und Rassismus verstrickt, aber auch mit Freiheits- und Friedensbewegungen verbunden.

Jeder Lebensweg folgt den Spuren der vorhergehenden Generationen, ist jedoch auch einmalig und unverwechselbar, selbst bei Geschwistern. Meine zwei Jahre alte Schwester Sibylle hat einen ganz anderen Weg genommen. Sie hat ihr Leben der Liebe und dem Sorgen um ihre Kinder und deren Kinder gewidmet. Für die geschichtlichen Hintergründe der Familie hat sie sich nicht so interessiert. Sie hat einen direkten Zugang gefunden, der für das Heilen der Seele wichtig ist: die gefühlsmäßige Beziehung zu denen, die sich jeden Tag begegnen und miteinander liebevoll umgehen, einander zuhören. Heute erlebt sie ein Weiterwachsen ihrer Familie in den Kindern der Kindeskinder: sie wird mit zweiundsiebzig Jahren schon Urgroßmutter und liebt es nach wie vor, mit kleinen Kindern zu sein.

Jeder Zugang zur eigenen Geschichte bringt immer wieder neue Aspekte. In manchen Phasen meiner Entwicklung habe ich mich ganz der Geschichte meiner Mutter zugewendet; in anderen viel mehr der Geschichte meines Vaters und seiner Mutter; auch tauchen immer wieder neue historische Dokumente und Zeugnisse aus verschiedenen Quellen auf. So fand ich zusammen mit meinen Söhnen Tycho und Vincent vor Jahren in einem Archiv in Washington DC in den USA die Unterlagen, die meine Eltern Erika und Arno bei der Beantragung ihrer Heirat 1940 als Ahnen- und Gesundheitsnachweis für die SS ausfüllen und abgeben mussten. Uns wurde deutlich, wie sich schon in der Art der Kategorien und Fragestellungen rassistisches Denken manifestierte. Als wir zurück nach Deutschland kamen, zeigten meine Söhne sofort meiner Schwester, dem Schwager und deren Kindern diese

Dokumente. Da habe ich gemerkt, wie tief die Scham der Nachkriegszeit auch in mir als nächster Generation sitzt. Ich fand es unmöglich, ich fand es beschämend, ich war zutiefst empört. Denn in der Familie hatten wir auch noch nicht über die Beteiligung meines Vaters in der Sport-SS gesprochen. Diese Dokumente habe ich jetzt wieder in die Hand bekommen und finde es auch spannend, einen handgeschriebenen Lebenslauf meiner Mutter zu finden, den sie mit zwanzig Jahren verfasst hat. Meine Mutter starb vor vier Jahren und so bekam ich auch Zugang zu weiteren Briefen und Zeugnissen, die mir wiederum neue Sichtweisen geöffnet haben: dass nämlich in all den Trennungen und Zerrissenheiten unserer größeren Familie doch immer wieder enge Verbindungsfäden und Verbundenheiten auftauchen, die uns und die nachkommende Generation tragen.

Ich möchte die Frage nach der Bedeutung der beiden großen deutschen Weltkriege und der Nachkriegszeit für meine Familie einmal sehr persönlich aufgreifen. Ich möchte sie in der Form eines Briefes aufschreiben, die ich an die Mutter meiner Mutter richte, die Frau, die in unserer Familie am intensivsten Zeugin beider Weltkriege und ihrer Folgen geworden ist und ihren Kindern und Enkelinnen gleichwohl am meisten Liebe und Zugehörigkeit inmitten aller Herausforderungen vermittelt hat. Jetzt bin ich fast siebzig Jahre und habe selbst noch keine Enkelkinder. Aber in den Begegnungen mit den Töchtern und Söhnen meiner Schwester und meines Cousins und unseren Gesprächen wird mir immer wieder deutlich, wie wichtig es ist, Leben ganz konkret zu erzählen. Und wie sehr im Privaten gesellschaftliche, religiöse und soziale Muster und Traditionen präsent und durchsichtig werden – wie gläsernes Gewebe.

Brief an meine Großmutter Clara Theophile

Meine geliebte Großmutter! Früher hätte ich geschrieben: mein liebes Omilein!

Mit Dir habe ich die schönsten Stunden meiner Kindheit verbracht. Ich erinnere Deine Wohnstube in unserem Zweifamilienhaus.

In der Mitte zwischen zwei Sesseln ein niedriger Tisch. Auf ihm ein Korb für Bienchen, unsere goldhaarige Dackelfrau. Sie liegt darin und schaut mit ihren wachen Augen in den Garten. Ich bin dreizehn Jahre, komme aus der Schule und gehe nach dem Essen zu Dir. Auf dem Schreibtisch steht ein rechteckiger Holzkasten mit einem Glasdeckel darauf. Darunter sind Hunderte von Photos zu sehen, Bilder aus der Welt Deiner Kindheit, Jugend und Familie. Ich frage Dich: Wollen wir Bilder anschau-

Großmutter Clara mit Bienchen

en? Ich liebe die gemütliche Zeit mit Dir am Nachmittag, wenn wir zu zweit zusammensitzen. Dein Mann, Wilhelm Mühlen, mein Großvater aus dem Rheinland, ist bald nach dem Umzug ins Allgäu verstorben.
Wir öffnen den Deckel des Erinnerungsschatzes und Du beginnst zu erzählen: von Deiner Mutter Minna, die Du als sehr liebevoll erinnerst und die bei der Geburt ihres vierten Kindes, eines Mädchens namens Gretchen, starb. Sie wurde ersetzt durch ihre Schwester Martha, die sehr streng war. Viele Geschichten gab es von Deinem Bruder Paul, mit dem Du sehr eng zusammen warst und viel mit ihm unternommen hast. Überhaupt liebtest Du auf Eurem gepachteten Gut an der Ostsee eher die Spiele draußen, das Erleben der Natur, die Pflege der Tiere und nicht die häuslichen Arbeiten, das Nähen und Sticken der älteren Schwester. Es gibt ein wunderschönes vergilbtes Bild von Dir, Clara, die Du gerne Clärchen genannt wurdest: Du kniest aufrecht in einem Gartenrondell

Großmutter Clara als junge Frau

mit Rosen vor Eurem Gutshaus, bekleidet mit einer weissen Schürze, die Ärmel hochgeschoben, mit hellem, luftigen Haar. In der rechten Hand hältst Du eine Flasche, über die ein Schnuller gezogen ist. Vor Dir stehen sehr zart auf dünnen Beinchen zwei frisch geborene Rehkitzen, die mit großen Augen in die Kamera schauen. Du wirst sie füttern und großziehen, denn sie haben ihre Mutter verloren. Daneben liegt friedlich eine Hündin, weiß, mit langen schwarzen gelockten Ohren. So habe ich Dich auch erlebt, zugewandt, nährend, unternehmungslustig, mit der Natur verbunden.
Später schreibt meine Mutter, Erika Olga Mühlen in ihrem Sippennachweis (1939): „Am 15. Dezember 1919 wurde ich als Tochter des Hofpächters Wilhelm Dietrich Mühlen und seiner Ehefrau Clara Hedwig, geb. Theophile, auf Krumbek bei Neustadt in Holstein geboren. Im Jahre 1925 übersiedelten wir nach Stoverhof bei Neumünster. Die Grundschule konnte ich nicht besuchen. Ich wurde von einer Hauslehrerin unterrichtet. Ich hatte immer eine besondere Vorliebe für Tiere."

Kriegs- und Nachkriegsfäden

Du, Clara, Mutter meiner Mutter, warst der Mittelpunkt unserer Familie, die aus dem Norden Deutschlands und dem Süden der Österreich-Ungarischen Monarchie zusammenwuchs und wieder auseinandergetrieben wurde. Zwei Weltkriege hast Du erlebt; den ersten Weltkrieg als junge Frau und Mutter. In dieser Zeit hast du zwei Mädchen geboren, Ilse 1914, als der Krieg begann und Erika Olga, kurz nachdem er geendet hatte, 1919. Im zweiten Weltkrieg wurden Deine Enkel und Enkelinnen geboren: Sibylle Ilse Ruth, meine Schwester, 1941; und Ursula,

die ich hätte ein Sohn werden sollen, 1943; im gleichen Jahr Marion, die Tochter von Ilse, und Michael, der Kleinste, 1945. So habe ich darüber noch nie nachgedacht: Alle Deine Kinder und Enkelkinder sind Kriegskinder. Und Du warst - vom Gefühl her - immer bei uns, im Wechsel im Norden, in Hamburg und im Süden, in Böhmen und später in Kaufbeuren, im Allgäu. Du hast beide Weltkriege erlebt, Deinen Bruder darin verloren, Deine Lebensgrundlage und Heimat verloren und warst gleichzeitig immer Heimat für uns.
Vor zwei Jahren traf ich einen alten Freund von mir wieder, den Sohn unserer Nachbarn. Er sagte: Deine Großmutter, die Oma Mühlen, an sie kann ich mich am besten erinnern. Sie war eine sehr freundliche, liebevolle Frau, die immer mit Eurem Hund ausging und gute Kontakte zu uns und allen Nachbarn hatte.

Meine erste Erinnerung ist, dass Du nach dem Krieg in Hamburg mit uns Kindern spazieren gehst. Auf der anderen Seite der Straße wächst eine riesige Buche, dort suchen wir Bucheckern und essen sie, die kleinen Dreiecke; wir vier, zwei Geschwisterpaare, gehen alle zusammen mit Dir in den Tiergarten, Elefanten füttern. Du bringst uns ins Bett und kochst für uns. Du liest uns vor, als wir wochenlang Keuchhusten haben, der uns durch und durch rüttelt. Ich sehe mich noch auf dem Klo sitzen, ganz verzweifelt. Irgendetwas stimmt nicht. Du hilfst mir, mich von einem langen Wurm zu befreien. Welch eine selbstverständliche, unaufgeregte Kraft Du vermittelst. Und du spielst mit uns Karten, Rommee, Bauernskat und legst Patiencen. Dabei habe ich dir auch gerne zugesehen.

Ich, meine Cousine Marion, und Schwester Sybille (v.l.) mit Cousin Michael nach dem Kriegsende in Hamburg.

Unsere Väter waren nicht anwesend. Mein Vater war bis 1950 in tschechischer Gefangenschaft und Ilses Mann Rolf beruflich unterwegs. Unsere Mütter haben gearbeitet, um uns durch die Nachkriegsjahre zu bringen. Die ersten zwei Jahre lebten wir mit drei Familien in einer kleinen Wohnung in Hamburg Farmsen: meine Mutter, Deine Tochter Erika mit uns zwei Mädchen, meine Tante Ilse mit ihren zwei Kindern und einem Sohn des Mannes aus vorheriger Ehe, und Du, Clara, mit Deinem Mann Wilhelm, der schlecht und recht versuchte, mit Schmierölen(?) als Vertreter etwas Geld zu verdienen. Eines Tages kam in der Eckerkoppel ein alter Mann die Treppe hoch. Er trug einen grünen Jägerhut und war uns fremd. Es war mein Vater, Arno, der nach fünf Jahren Kriegsgefangenschaft aus der Tschechoslowakei zurückkehrte. Von da an veränderte sich ziemlich viel. Das Zusammenleben im Clan der Mutterfamilie war zu Ende. Die Kleinfamilienzeit mit Dominanz der Väter fing wieder an. Du und Deine Töchter, auch die anderen Frauen kehrten zurück in die Hausfrauen- und Mutterrolle. Meine Schwester und ich waren kleine Mädchen und wurden auch als solche behandelt, bis wir achtzehn Jahre alt waren. Die inneren Ängste, das Schweigen, das „Sich Kleinmachen“ im persönlichen Bereich dauern jedoch viel länger an, bei mir und bei meiner Schwester bis heute. Gleichzeitig haben wir eine große Quelle von Kraft erlebt und geschenkt bekommen: das selbstverständliche füreinander da Sein und ziemlich viel Toleranz, Unterstützung und Großzügigkeit von den Frauen der Familie gegenüber Kindern und Heranwachsenden und viele schöne gemeinsame Reisen und Unternehmungen mit meinem Vater und meiner Mutter.

Das Schulkind Ursula

Wir zogen in eine andere Wohnung, zuerst in Hamburg und dann nach Oberursel am Taunus bei Frankfurt, wo mein Vater Arno Riedel eine Stelle als Ingenieur für Glasindustrie bei den Hessenglaswerken in Stierstadt einnahm. Auch Du und Großvater Wilhelm zogen mit uns, denn Ihr hattet in Hamburg im Krieg durch die Bombardierung Eure Wohnung verloren. Für uns Kinder war es schön, Euch Großeltern und vor allem Dich in der Nähe zu haben. Aber für Dich muss es ein Albtraum gewesen sein, in der Inflationszeit der Zwanziger/Dreißiger Jahre schon das Gut abgeben zu müssen und dann in Neustadt in einer kleinen Wohnung zu leben.

Diese Zeit von 1930 - 39 war von großer Armut geprägt und meine Mutter, Deine Tochter Erika hat mir einmal erzählt, dass Du in dieser Zeit auch oft seelisch am Ende warst. „Am besten, ich häng mich auf." Dieser Satz hat sie belastet, ganz tief im Untergrund. Sie hat es mir erst erzählt, als du gestorben warst und ich sie fragte, warum sie nicht zur Beerdigung gefahren sei. „Ich habe sie schon lange verabschiedet", erwiderte meine Mutter.

Nach dem Krieg hast Du nie wieder eine eigene Wohnung gehabt, Ihr wart immer abhängig von den Töchtern und vor allem den Schwiegersöhnen. Das muss für Dich sehr hart gewesen sein, nach all der Freiheit, die Du in Deiner Jugend auf dem Land genossen hast. Ich höre Dich noch heute den Satz beschwörend zu uns sagen, wenn einer unserer Väter oder Onkel in der Nähe war: „Bloss nichts sagen, pschsch, bloß nichts sagen." So lernten unsere Seelen und Körper, dass Angst nicht nur unser Gefühl war, das tief in uns hauste und uns lähmte. Sondern dass auch Du und unsere Mütter von dieser Angst besetzt waren. Denn auch sie mahnten uns immer wieder, still zu sein und vor allem: uns brav, wie es sich für Mädchen eben geziemt, zu verhalten.
Wie ganz anders sich unser Lebensfaden anfühlt, wenn ich mir klar mache, wo die eigentlichen Quellen von Kraft strömten. Wenn ich mir dieses Kästchen heranhole, das heute in meinem Bauernhaus steht, und die vielfältigen Schätze erinnere, die in Deiner Geschichte und in dem Leben meiner Mutter und ihrer Schwester verborgen sind.

Liebesfäden

Als Du achtzehn warst, bekamt Ihr auf dem gepachteten Gut Deiner Eltern einen Volontär aus den USA zu Besuch, der die Landwirtschaft in Deutschland lernen

Inmitten aller Zertrennungen: Resiliente Kraftquellen der Großmutter-Mutter-Tochter-Verbindung

wollte. Ihr habt Euch beide unsterblich ineinander verliebt. Er wollte Dich heiraten, aber Deine Eltern haben es nicht erlaubt, weil Deine ältere Schwester, Olga, noch nicht ´unter der Haube war´. Sie schickten den jungen Mann, dessen Name ich leider nicht kenne, zurück in die Staaten und Du bliebst Dir selbst und Deinem großen Herzenskummer überlassen. Später – so hast Du mir erzählt – hast Du dann Wilhelm geheiratet, weil er in der Nähe auf einem Gut lebte und Du somit auch nahe bei Deinem vertrauten Geburtsort bleiben konntest. Diese Geschichte Deiner unglücklichen Jugendliebe habe ich oft gehört und ich konnte Dich schon als Teenager gut verstehen. Hatte ich nicht die gleichen Erfahrungen, wenn auch nicht ganz so dramatisch. Aber das Thema „räumlich getrennt von meinem Liebsten“ hat mein ganzes Leben lang bis heute eine große Rolle gespielt.

Ich verliebte mich mit fünfzehn in den sechzehnjährigen Sohn von Freunden meiner Eltern, die wir jedes Jahr beim Skifahren in Österreich trafen. Er hieß Ekkehart, hatte ein sehr markantes Aussehen mit großen buschigen Augenbrauen und hellwachen Augen. Er war schon damals ganz auf Kunst und Sport ausgerichtet, spielte Klavier, zeichnete und malte. Wir unterhielten uns über Dichter, Literatur, Philosophie und Kunst. Wir fuhren zusammen Ski, wir tanzten zusammen. Aber wir sahen uns nur einmal im Jahr, wenn überhaupt. Ich erinnere mich noch genau: Jedes Mal, wenn eine Postkarte oder ein Brief in seiner Schrift mit großen, eckigen Buchstaben kam, war ich als Siebzehnjährige wie elektrisiert und begeistert. Umso enttäuschter war ich, wenn es nur ein paar kurze Zeilen waren und wieder keine Möglichkeit, sich zu treffen. Ekkehart blieb eine lange Zeit mein 'Traummann'. Selbst als ich mit dreiundzwanzig Jahren heiratete, hatte ich alle Vierteljahre wieder einen Traum, in dem es um das Suchen dieses fernen Ersehnten ging. Glücklicherweise hatte mein Mann genug Verstehen dafür und so hielten wir auch als Familien lange Kontakt miteinander. Vor einem Jahr ist dieser Jugendgeliebte gestorben und ich war sehr traurig, dass ich ihn vor seinem Tod nicht mehr getroffen habe. Wieder ein zerrissener Faden. Aber auch ein Teil des Gewebes meines Lebens, der immer wichtig sein wird. Seine Bilder begleiten mich täglich in den Räumen meines Hauses. In seinem letzten Lebensjahr hatten wir noch Kontakt miteinander und er schickte mir über email eine seiner neuen Zeichnungen aus den Goldberg Variationen, als ich mich von einer Hüftoperation erholte. In diesem Zusammenhang schrieb er auch über die Heimat seiner mütterlichen Familie und seine Geburt 1941 in

Zwickau, gar nicht weit entfernt von meinem jetzigen Wohnort. In dieser mail spricht er von der Stärke der Frauen seiner mütterlichen Familie und speziell seiner Mutter, ohne welche die Familie nicht die Kriegszeit und die Flucht nach Baden-Württemberg aus Angst vor den Russen überstanden hätte.

Liebe, die keine Erfüllung findet, sondern in der Sehnsucht verharrt – das ist ein Skript in unserer Familie. Es ist auch ein ganz vertrautes Skript deutscher Kulturgeschichte, wenn wir uns viele der alten Volkslieder und ihre Texte anhören. Eines meiner Lieblingslieder bei den Pfadfinderinnen hieß: Unterm Machandelbaum, da ist ein Platz, susele, dusele, da sitzt mein Schatz.... in der zweiten Strophe geht es dann darum, dass er so weit weg ist und in der dritten, dass es nun zu spät sei zum Lieben. Dieser traurige Faden zieht sich durch das Leben vieler Frauen und auch Männer; in Deinen Augen, liebe Großmutter, habe ich diese Traurigkeit oft gesehen. Und sie hat dann auch in meinem Leben in manchen depressiven Phasen eine Rolle gespielt, zum Beispiel als ich nach einer wunderbar aufregenden Studienzeit in Berlin nach Mainz zog und mir dort total verloren, isoliert und abgeschnitten vorkam. Auch meine Cousine hat immer wieder Zeiten der Depression durchzustehen, seit sie jung ist, und ihre Töchter auch heute noch. Das war nicht zuletzt einer der Beweggründe, warum ich mich später immer wieder vor allem für Mädchen und Frauen in meiner Arbeit eingesetzt habe. Warum mussten so viele Liebesgeschichten scheitern?

Aber es gibt auch einen anderen Liebesfaden in unserer Familie. So war und ist es für mich besonders beglückend, immer wieder zu merken, dass meine Mutter, Deine Tochter Erika, in ihren beiden Ehemännern eine erfüllte Liebe gefunden und gelebt hat, obwohl sie als junge Frau mit zwanzig Jahren 1940 voll in die schlimmste Zeit hineinkam, die Deutschland je erlebt hat. Zwar war meine Mutter sehr sparsam und scheu mit irgendwelchen Erzählungen über die Geschichte, wie sie meinen Vater kennen gelernt hat. In ihrem Sippennachweis schreibt sie nur knapp „Vom 26. Mai 1939 bis zum 14.12. 1939 war ich bei Familie Riedel in Unter-Polaun als Pflichtjahrmädel. Neben sämtlichen häuslichen Arbeiten half ich den beiden Kindern bei den Schulaufgaben." Aber aus den Briefen meines Vaters aus den Jahren 1945 – 1950 und den Antworten meiner Mutter, die ich nach langer Zeit endlich von meiner Schwester bekam, weiß ich, dass mein Vater meine Mutter tief geliebt hat und die Jahre des Absturzes vom Großindustriellen zum Bergarbeiter und Hausdiener nur überlebt hat, weil er auf die Rückkehr und das wieder Zusammensein mit ihr und uns beiden Töchtern gehofft hat. Im Unterschied zu Dir, Clara, hat meine Mutter mir nicht erzählen wollen, wie sie meinen Vater kennen gelernt hat und wie ihre Liebe begann. Aber ich habe glücklicherweise ihre Briefe geerbt, nachdem sie 2007 starb und auch viele Dokumente meines Vaters: seine Briefe aus der fünfjährigen tschechischen Gefangenschaft und ihre Antworten, Briefe meines Onkels aus russischer Gefangenschaft und Arbeit, und Briefe anderer Freunde meiner Eltern, die diese Situationen um 1945 herum und später aufklären.

Ein Brief meines Vaters Arno hat mich besonders beeindruckt. Er schreibt am 21. 4. 1947, im zweiten Jahr nach seiner Verhaftung:

„Meine geliebte Frau! Gestern war unser Verlobungstag. Schon in der Frühe habe ich in die kleine Hängevase unter Deinem Bild Himmelschlüssel, Buschwindröschen, Narzissen getan und habe richtig eine schöne Feierstunde mit Dir erlebt. Wir herrlich war es damals. Meine Reise nach Hamburg, ... wie wir dann in Neumünster gelandet Blumen gekauft haben und ich die Eltern zum ersten Mal sah, Omi und unsere Tantenbesuche, all Deine Freundinnen, Deine Schule und all Deine Umgebung. Wie hab ich das damals alles genossen, auch gestern hat es mir so wohl getan, an all das zu denken. Eines hat mich besonders gefreut: ich hab Deinen Brief vom 29. 3. bekommen. Aus all Deinen lieben Briefen strömt mir dieselbe warme Liebe entgegen, die uns beide vom ersten Moment unseres Beisammenseins gefangen gehalten hat. Diese „unsere" Liebe ist mir richtiger Lebenszweck geworden um so mehr als aus ihr unsere lieben süßen Kinder geboren sind und ganz in ihr eingeschlossen sind. Ja mein Schatz, auch ich habe dieses getrennte Leben schon so satt, dass ich schon eine geradezu krankhafte Unruhe in mir habe mit der ich alles unternehme um diesem Zustand ein möglichst baldiges Ende zu bereiten..."

Fünf lange Jahre waren meine Eltern getrennt, und doch haben sie durchgehalten und sind wieder sehr glücklich miteinander gewesen, als mein Vater zurückkehrte. Ich kann mich erinnern, dass ich manchmal sehr neidisch war, wenn ich sie beide unten in ihren Zimmern stundenlang miteinander reden hörte, und dachte: Da würde ich auch gerne dabei sein.

Meine liebe Großmutter, Du hast mit mir geredet, mit mir erzählt. Mit Dir durfte ich stundenlang zusammen sein. Das hat mir ein Gefühl für Nähe gegeben, das ich mit meinem Vater und auch mit meiner Mutter nie so erlebt habe. Kein Wunder, er kam als alter Mann zu uns zurück, gezeichnet von schwersten Traumatisierungen, und auch oft jähzornig, für uns unberechenbar, wann Freundlichkeit und wann Zorn angesagt waren. Gleichzeitig war er ein sehr charmanter, österreichisch geprägter, Musik liebender, inniger Mann. Meine Mutter war ihm zugewendet und hat ihm immer das Gefühl gegeben, ihr ein und alles zu sein.

Der wichtigste Faden: die Nabelschnur und die ersten Bindungen.

Auch zu Beginn Deines Lebens stand eine große Liebe. Deine Mutter und Dein Vater hatten schon zwei Kinder, Olga und Paul. Du bist als zweites Mädchen geboren und zwei Jahre nach Dir kam Gretchen. An dieser Geburt verstarb Deine Mutter. So war Verlust schon eine frühe Erfahrung, die sich später immer wiederholen sollte. Gleichzeitig hast Du die Liebe der ersten Lebensmonate erhalten, die so wichtig und prägend sind. Und Du hast sie an uns ausgestrahlt. Dein Vater heiratete daraufhin die Schwester Deiner Mutter, Martha. Sie war sehr streng, jedoch das innere Licht konnte sie nicht in Dir auslöschen und sie selbst war ja geprägt von dem Frauenbild des 19. Jahrhunderts.
Wie fing das Leben meiner Mutter an? Sie wurde 1919 geboren, auch als zweites Mädchen, so wie ich dann später auch, 1943. 1919 war kurz nach Ende des ersten Weltkrieges. Ihr lebtet noch auf einem wunderschönen Gutshof als Pächter, mit vielen Tieren. Daher hat meine Mutter von klein auf die Liebe zum Land erlebt, zu Hühnern und Enten, zu Hunden und vor allem zu Pferden. Auch

später, als sie zweimal in eine sehr wohlhabende Familie einheiratete, hat sie diese Liebe zum einfachen Leben inmitten von Natur, Blumen und Tieren nie verloren; heute wohne ich in einem Dorf, ziemlich am Ende der Republik, kurz vor Tschechien. Ich genieße, dass der Weg zu meinem Haus über einen kleinen Erdpfad führt, ohne Beton, ohne großartiges Design. Die Terrasse wölbt sich, Gräser sprießen, uralte Obstbäume versorgen mich den ganzen Winter mit Äpfeln, hinter dem Haus nur Wiesen und Wald. Lehmig ist der Boden, es wachsen Rosen, Himbeeren, Brombeeren, Wildrosen, mein mütterliches Paradies. Du würdest Dich hier wohl fühlen, Clara, und meine Mutter auch. Dabei waren die Anfänge ihrer Ehe alles andere als rosig.

Meine Mutter meldete sich 1939 nach dem Abitur in dem so genannten Pflichtjahr an; sie hatte Glück; sie kam in eine Familie ins Isergebirge, die eine der bedeutendsten Industriellenfamilien Böhmens waren, die Glasproduzenten Riedel. Seit Jahrhunderten hatten die verschiedenen Zweige der Familie an mehreren Orten des Isergebirges Glas hergestellt und der „Glaskönig“ Josef Riedel und sein Sohn Josef brachten die Firma so in Schwung, dass sie international überall vertreten waren. Josef, der Jüngere, heiratete eine Frau aus italienisch-slowenischem Adel, Paula v. Gariboldi und baute ihr eine wunderschöne Villa. Meine Cousine Sabine, Schwester von Hans-Christof und Klaus Riedel, hat eine spannende Geschichte eines jeden Zimmers dieses Hauses geschrieben, denn sie ist darin als Tochter des ersten Sohnes meiner Großmutter Paula groß geworden. Mein Vater Arno wurde am 15. Januar 1887 geboren und war von klein auf sehr interessiert am Skifahren und Skispringen, kein Wunder: Dort liegt fast die Hälfte des Jahres tiefer Schnee. Damals gehörte die Region um Reichenberg und Tannwald zur österreichisch-ungarischen Monarchie. Tschechen und Deutsche hatten Jahrhunderte lang zusammen gelebt und gearbeitet. Aber auch hier war im 19. Jahrhundert eine neue Strömung entstanden, der Nationalismus mit der Forderung nach Eigenstaatlichkeit eines jeden Volkes, das einer eigenen Sprache zugehörte.

Als der erste Weltkrieg 1914 begann, war mein Vater Arno gerade mal siebzehn. Die Tagebücher meiner Großmutter Paula Gariboldi erzählen von dieser Zeit. Tag für Tag hat sie Notizen gemacht. Und ich habe diese kleinen Tagebücher aus den Jahren 1914 und 1919 durch Zufall um die Jahrtausendwende in einem kleinen, völlig unscheinbar untergebrachten Archiv der nordböhmischen Glasindustrie in Most entdeckt. Dort schreibt meine Großmutter im Januar 1918, dass mein Vater und sein Bruder die Urgroßmutter in Laibach zum Geburtstag besucht haben und mein Vater daraufhin wieder nach Gottschee fuhr; das heißt, er war mit zwanzig dort bei den Truppen der österreichischen Armee und im Krieg.

Paula v. Gariboldi, Großmutter väterlicherseits aus Laibach, Slowenien (Ljubljana).

Am Sonnabend, den 9. Februar 1918, vermeldet ihr Tagebuch: Frieden mit der Ukraine; am 11. 2. 1918 Frieden mit Russland. Daraufhin kündigt mein Vater seine Abreise von Gottschee an. Am 14.2. spielt er schon wieder Cello in einem Trio in Polaun. Am Donnerstag, 7. 3., wird er telegrafisch wieder einberufen. Am Dienstag, 28.3., trägt Paula „herrliche Nachrichten über deutsche Siege aus Paris" ein. Am Donnerstag, 17. Oktober 1918, vermeldet sie die „Proklamation der Umwandlung Österreichs in einen nationalen Staatenbund, Kaisertum Österreich, Königtum Böhmen, Illyrien"; am 21. Oktober die Gründung Deutsch-Österreichs am 28. Oktober die Gründung des Tschechoslowakischen Staates und die Konstituierung Deutsch-Böhmens – am 8.11. einen Waffenstillstand unter schwersten Bedingungen. Am 9.11. dankt Kaiser Wilhelm ab und die Republik wird ausgerufen, auch Kaiser Karl dankt ab. Bayern, Österreich und Ungarn werden als Republiken proklamiert. Mein Vater kehrt aus dem ersten Weltkrieg zurück. Von der Tochter aus erster Ehe meines Vaters, Angelika, weiß ich, dass er dort verschüttet wurde und anschließend eine Magenoperation brauchte, die ihm den ganzen Magen wegnahm... eine gravierende Belastung für sein ganzes weiteres Leben.

Schicksalsfäden: Liebe zu Kindern und ihre Opferung

Meine Großmutter Paula war eine sehr weltoffene, gesellige Frau. Das geht aus ihrem Tagebuch hervor. Und ihre Liebe galt in erster Linie ihren drei Kindern, zu denen sie ständig Kontakt hielt und die sie gleichzeitig zusammen mit ihrem Mann Josef sehr förderte. Mein Vater studierte in den zwanziger Jahren in Dresden und spielte gleichzeitig immer Cello, Klavier und Orgel; während sein älterer Bruder Walter ein leidenschaftlicher Jäger war. Beide erbten die Firma und teilten sich deren Leitung, als ihr Vater Josef 1924 verstarb. Er heiratete eine Annelies aus Dresden und bekam in dieser Ehe zwei Kinder, Karl-Heinz und Angelika. Dieser Sohn war natürlich der ganze Stolz meines Vaters. Er teilte mit ihm die Liebe zum Sport, zum Skifahren und Skispringen. Und beide wurden in den dreißiger Jahren von dem Feuer des beginnenden Nationalsozialismus erfasst. Meine Stiefschwester meinte, mein Vater sei Idealist gewesen; er trat als Leiter des Skivereins der Sport-SS bei und lief sogar in Uniform mit Stiefeln im Dorf herum. Ein Photo zeigt die Villa meines Vaters von oben bis unten mit Flaggen des Dritten Reiches geschmückt, wahrscheinlich zur Begrüßung der deutschen Truppen in Böhmen 1939. Ich weiß aber von ihr auch, dass mein Vater ziemlich grausam sein konnte. Wenn sie abends nicht schlafen konnte und wieder die Treppe herunterkam, um getröstet zu werden, bedrohte er sie auch mit einer Peitsche, damit endlich Ruhe war. Mein Cousin Hans-Christof war im Unterschied zu meinem Halbbruder Karl-Heinz Kriegsgegner und wollte nach einem Heimaturlaub mit Kriegsverletzung auf dem Fahrrad mit seiner jungen Frau und mit seiner kleinen Tochter fliehen. Mein Vater drohte ihm, er würde ihn anzeigen, wenn er das tue. Das habe ich später auch von seiner ersten Frau erfahren, die ihn Ende der dreißiger Jahre mit einem seiner Freunde verließ.

Für mich ist das ein schweres Erbe. Wie kann man seine engsten Familienangehörigen, seine eigene Frau, seine eigene Tochter bedrohen? Andererseits hat mein Vater im zweiten Weltkrieg nie eine Waffe in der Hand gehabt. Er war bis zum Ende des Krieges in der Fabrik als Ingenieur und Leiter tätig und hat sich auch für tschechische Dienststellen, Bewohner und Mitarbeiter eingesetzt, was ihm später bescheinigt wurde, als er nach dem Krieg von russischen und tschechischen Milizen verhaftet wurde. Schwerer wiegt für mich noch, dass in dem Jahr vor meiner Geburt nicht nur die Gräuel der Deutschen an den Bewohnern und Bewohnerinnen von Lidiče verübt wurden, sondern dass mein Halbbruder Karl-Heinz als Elitesoldat, mit den speziell trainierten Gebirgsjägern, in den Kaukasus zog, um für Hitler einen Prestigesieg am Elbrus zu erreichen. Auch er war erst achtzehn, so wie unser Vater als der erste Weltkrieg losging. Und er war der Liebling und Hoffnungsträger meines Vaters, einer der potentiellen Firmenerben – ein Privileg, das nur für die Söhne der Familie galt. Inzwischen hatte mein Vater meine Mutter als Haushälterin kennen- und lieben gelernt. Er hatte sich scheiden lassen, weil seine erste Frau ihn verließ. Und nach Herstellung eines Ariernachweises hatten meine Eltern 1940 geheiratet. 1941 war meine Schwester Sibylle geboren worden. Und nun brach der Sohn auf, den erhofften Sieg zu erringen. Im September 1942 traf die entsetzliche Nachricht meinen Vater wie einen Schlag. Sein Sohn war gleich in den ersten Tagen von russischen Kugeln getroffen, hoch auf den Kaukasusgipfeln elendiglich in Eis und Schnee verblutet. Mein Vater brach zusammen. Er konnte nicht einmal am Trauergottesdienst teilnehmen. Sein Körper war über und über voll mit roten Pusteln.

Das folgende Jahr war ich unterwegs. Die Monate der Schwangerschaft müssen für meine Mutter voller Schrecken und Besorgnis gewesen sein. Wie konnte sie den untröstlichen Schmerz und die Depressionen ihres Mannes lindern? Was würde weiter geschehen? Was würde mit Dir, meine liebe Omi, und mit Deinem Mann geschehen in Hamburg, nun, da ihr ausgebombt wart und keine Wohnung mehr hattet? Wie würde es überhaupt weitergehen mit den zunehmenden Kriegsmisserfolgen? Später erfuhr ich von meinem Cousin, dass ich als Projekt Alfred, als Ersatzsohn für meinen Vater geplant war. Und dass die Geburt zuhause stattfand, mit dem Arzt des Krankenhauses, unter großer Scheinwerferbeleuchtung. Am 30. März 1943 wurde ich geboren, und – als – ein schielendes kleines Mädchen.

Glück und Glas

Anfang Februar 1943 stellten nach einem verheerenden Winter mit Niederlage in Stalingrad die Reste der 6. Armee unter Generalfeldmarschall Paulus die Kampfhandlungen ein und ca 108.000 deutsche und verbündete Soldaten gingen in Gefangenschaft.

Meinen Vater bewog das nicht, die Niederlage Deutschlands in Erwägung zu ziehen und etwaige Vorsichtsmaßnahmen für die Firma, die Arbeiterschaft, die Familie und sich zu treffen. Ich fragte mich oft, wie verblendet diese hoch gebildeten Menschen eigentlich waren? Warum haben weder er noch sein Bruder etwas zur Vorsorge unternommen, obwohl es doch ersichtlich war,

Mein Vater und ich vor seiner Verhaftung

dass der Krieg verloren und der Untergang sicher war. Die Abhängigkeit meiner Mutter kann ich verstehen: Sie war über zwanzig Jahre jünger als mein Vater. Aber die Verblendung meines Vaters kann ich nicht nachvollziehen. Der Sohn des Gärtners, der auf unserem Grundstück wohnte, erzählte mir mehrfach, mein Vater raffte in letzter Minute Sachen zusammen, packte sie in den Wagen und fuhr mit uns in die Gegend von Karlsbad, wo er in den dreissiger Jahren ein kleines Landgut gekauft hatte, Kruschina. Dort hatten er und meine Mutter ein paar Jahre ihre Liebe zusammen gefeiert und er die Jagd betrieben.
Hoffte er, dort auf die Truppen der Amerikaner zu treffen? Die Amerikaner blieben vor Karlsbad stehen.
Es gibt eine Geschichte dazu, die meine Mutter später aufschrieb und die in Readers Digest veröffentlicht wurde. Aber erst als ich Ende Fünfzig war, erzählte mir meine Mutter, was dort in den Tagen nach Kriegsende vor sich ging. Russische und tschechische Soldaten hatten Hinweise bekommen, wo wir seien. Sie kamen mit Gewehren im Anschlag. Wir mussten uns an die Wand stellen, Gewehr im Genick. Sie verhafteten meinen Vater und er musste die Papiere und Geheimrezepte der Glasherstellung herausgeben. Er wurde weggebracht, kam in schwerste Gefängnis- und Arbeitsbedingungen. Ich habe ihn meine ganze Kindheit nicht wieder gesehen, bis ich sieben Jahre alt war. Meine Erinnerung reicht nicht in diese Zeit. Aber mein Körper erinnert sich. Immer wieder spüre ich Schmerzen im Nacken. Mein Leben lang bis heute.
Kruschina gibt es immer noch. Beschreibungen meiner Mutter folgend habe ich den winzigen Ort mit dem Haus

in den neunziger Jahren einmal alleine aufgesucht. Ich habe mich bei Anwohnern erkundigt und Auskunft erhalten. Es ist ein idyllischer Ort – noch immer, ein schönes Haus mit vielen kleinen Zimmern. Mitten im Wald. Damals war die Situation lebensbedrohlich. Meine Mutter versteckte sich mit uns bei Bauern. Plötzlich sah sie im Dorf einen amerikanischen Offizier und da sie Englisch konnte, bat sie ihn, ob er uns mitnehmen würde. Er sah sie lange an und sagte schließlich nein – es ginge nicht. Sie war todtraurig, voller Angst. Nach einer halben Stunde kehrte er zurück. Sie solle ihren Rucksack und die zwei Kinder nehmen und mitkommen. Er versteckte uns in einem Leichentransport amerikanischer Soldaten und brachte uns nach Bayern. Ich wage nicht, mir auszumalen, was eine Mutter mit einem zweijährigen und einem vierjährigen Kind stundenlang in einem geschlossenen Wagen macht, um sie ruhig zu halten.
Haben wir später über solche Erlebnisse gesprochen? Ich kann mich nicht erinnern. Unsere Münder wurden verschlossen, unsere Ängste kamen auf vielfältige Weise zum Ausdruck. Bei mir in dem Zusammenbeißen der Zähne, den Krankheiten. Bei meiner Schwester im Nässen der Hose; sie hatte Angst, in der Schule aufs Klo zu gehen. Zuhause erwartete meine Mutter sie mit dem Kochlöffel und statt sie in den Arm zu nehmen, gab sie ihr Schläge. Für uns glücklicherweise lebtest Du, liebe Großmutter zu dieser Zeit noch mit uns, zusammen mit Deinem Mann. Ich liebte es, auf seinem Schoß zu sitzen und Du warst viel für uns da. Aber auch Du hättest Deinen Mund einmal aufmachen und Deine Tochter in die Schranken weisen können, wenn sie meine Schwester bestrafte – für eine Angst, die sie nicht einmal bemerkte. Für mich ist nach

wie vor das Schlimmste an diesen Erziehungspraktiken aus der deutschen Geschichte, dass den Frauen und Müttern die ganz einfache, normale Einfühlungsfähigkeit in das Kind abtrainiert wurde. Der Faden der Liebe zwischen Mutter und Tochter wurde in ein Gewirr aus Angst, Wut und Abwehr verkehrt. Wie sollten solche Mütter verstehen, was sie selbst und was ihre Kinder brauchten?

Heimliche Verstrickungen: Die Weitergabe der Muster über Generationen

Das Training zur Uneinfühlsamkeit hat eine lange Geschichte in Europa. Es begann nicht erst mit den Predigten und Traktaten des 17. Jahrhunderts, in denen Mütter aufgefordert wurden, ihren Säuglingen gleich von Geburt an den eigenen Willen zu brechen. Alice Miller und andere haben die Geschichte der schwarzen Pädagogik eindrücklich beschrieben und die Grausamkeit angeprangert, mit denen Kinder in der europäischen Geschichte schon lange zu zukünftigen Tätern und Täterinnen zugerichtet werden. Auch wir als Frauen und Mütter haben die Grausamkeit und Gewalt, die wir selbst erlebt haben, oft an unsere eigenen Kinder weitergegeben. Meine Mutter hat durch ihr Schweigen und ihr Umgehen des Vaters keine Möglichkeit vorgelebt, auch Konflikte offen und auf Augenhöhe zu bewältigen. Ich selbst habe viel zu wenig deutlich mit meinen beiden Söhnen gesprochen und habe unterschwellig viele Geschehnisse meines Lebens in ihrem Leben wiederholt. Vor allem habe ich die unsichere Erfahrung von Bindung weitergegeben und meine Kinder durch Umzüge in mehreren Altersstufen genau wieder der räumlichen und familiären Entwurzelung ausgesetzt, die ich auch als Kind erlebt habe.

Als mein älterer Sohn neun Jahre war und der jüngere gerade zwei, habe ich mich von meinem Mann getrennt, weil ich dessen wiederholte Affären mit anderen Frauen und den Vertrauensverlust nicht mehr ertragen wollte. Als meine Söhne elf und vier waren, bin ich für neun Jahre in die USA gegangen, wo meine Mutter inzwischen mit ihrer neuen Familie lebte, und dadurch wurde unsere Kleinfamilie wiederum getrennt: Mein kleiner Sohn blieb bei mir, mein älterer wollte unbedingt zurück nach Deutschland und lebte bis zum Abitur bei meiner Schwester und ihrer Familie.
Später, nach neun Jahren anregender und beruflich bereichernder Jahre in den USA zog ich zurück nach Deutschland, weil meine ganzen Freunde doch eher hier waren. Dadurch verwob ich mich wieder mit den Fäden der Familie, mit alten Freundes- und Kollegenkreisen. Aber mein jüngerer Sohn verlor seine neue Heimat und wurde völlig entwurzelt, gerade zu Beginn der Pubertät. Als ich diese Entscheidungen traf, waren sie existentiell für mich wichtig und haben sich als gut erwiesen. Aber zugleich habe ich damit meinen Kindern für ihr Leben auch ein schweres Erbe weitergegeben: das zerrissene Netz der kleinen Ursprungsfamilie, den Verlust des Vaters, den Verlust vertrauter Freundschaften und immer wieder neu gefordertes sich Einleben. Aber sie haben auch die Erfahrung eines Zusammenlebens in Unterschieden und in Achtung vor der Würde der anderen machen können. Heute haben wir alle ein großes tragendes Netz von Freundschaften, aber keine engen Familienverbindungen, die so tragend sind, wie bei anderen. Auf der anderen Seite sind meine Söhne und ich mit so vielen unterschiedlichen Kulturen zusammen gekommen und

haben Freundschaften entwickelt, berufliche Kontakte und Engagements in Veränderungen des Denkens und Handelns, dass wir uns „third culture kids“ annähern können, Menschen, die in keiner einseitigen Kultur festsitzend sind, sondern solche, die sich mehrsprachig zwischen unterschiedlichen Kulturen bewegen.
Meine liebe Großmutter, auch Du hast Dich zwischen den unterschiedlichsten Kulturen und Kontexten bewegt. Du lebtest zwischen Land und Großstadt, zwischen Armut und Reichtum, zwischen Norden und Süden, zwischen Frauenwelten und Militarismus, zwischen Wirklichkeiten alter, sich bekriegender Nationalvölker und neuen Koalitionen der Nachkriegszeit. Wie hast Du das alles verkraftet? Bis ins hohe Alter hast Du Garten, Natur, Kinder und Tiere geliebt. Als Du noch älter wurdest und auch nicht mehr alleine leben konntest, kam etwas aus Dir heraus, das Du Dein ganzes Leben lang nicht äußern durftest und zum Schweigen gebracht wurde: ein unendlich tiefer Zorn, ein Widerstand dagegen, in Deiner Freiheit eingeengt, von anderen bevormundet, von Deinem Herzenswunsch abgeschnitten und durch Väter und Fremde bestimmt zu werden. Du wolltest Deine Fesseln abwerfen. Du wurdest rebellisch. Alle erschraken. Aber ich konnte Dich so gut verstehen. Es tat mir so leid, dass Du jetzt nicht mehr Dein eigenes Leben gestalten konntest. Gerade an einem Weihnachtsfest mussten wir Dich in ein Pflegeheim bringen, da Du Dich nicht mehr orientieren konntest. Es war eine furchtbare Zeit für mich, denn ich hätte Dich gerne zu mir genommen. Die letzten Jahre Deines Lebens in einem Heim mit guter Pflege waren geprägt von Deiner Liebe, Deinem inneren Wissen, das Du uns mitgegeben hast.

Fäden zu Kulturen der Großmütter der Welt: Matriarchatsforschung und Stimmen aus indigenen Erfahrungen

Jede Befreiung beginnt damit, auf die eigene innere Weisheit zu hören und die eigene, noch so leise Stimme des Herzens ernst zu nehmen.

Zu den wichtigsten Erfahrungen in meinem Leben gehören die Begegnungen mit anderen Frauen. Als ich neunzehn war, hatte ich ein Studium gewählt, das traditionsgemäß von Patriarchen dominiert war. Themen, Inhalte und Methoden wurden ausschließlich von Männern gestaltet. Im ganzen Studium der evangelischen Theologie hörte ich nie eine Vorlesung einer Frau noch wurden irgendwelche geschichtlichen Ereignisse mit dem Denken, Handeln und Forschen von Frauen verbunden. Als ich in meine erste berufliche Anstellung kam, war ich die einzige Pfarrerin unter vierzig Männern, die bei Konventen mit ihren kräftigen Stimmen lautstark Kirchenlieder sangen. Bei einem der ersten Hausbesuche in Hamburg-Wilhelmsburg baute ein ehemaliger Kapitän eines Bootes sich vor mir auf, musterte mich, schüttelte den Kopf und meinte: „Nei, nei, nei, so wie Sie sieht kein Pastor aus." Zugegeben: Ich sah damals wirklich etwas ungewöhnlich aus, denn im Westen war die Minimode letzter Schrei und auch ich trug sehr kurze Kleider und Röcke, dazu schulterlange Haare und eine große Brille. Die ersten Jahre waren ein Spagat in jeder Hinsicht – zwischen junger Ehe und immensen Aufgaben, zwischen kirchlichen Traditionen und Menschen, die um ihr Existenzminimum kämpften, zwischen so genannten Gastarbeitern und Eingesessenen, die zum Teil auch erst um die Jahrhundertwende von Polen eingewandert waren, jetzt aber

„Türken raus“ auf die Häuserwände schrieben. Oft verließ ich heulend die Kirchenvorstandssitzung und fragte mich, wie meine Kollegen die Dinge so cool verkraften konnten. Was mir in dieser Zeit am meisten geholfen hat, waren die Begegnungen mit unterschiedlichsten Frauen in ihren alltäglichen Herausforderungen und die ersten Erlebnisse mit Frauen, die den Aufbruch in neue Welten wagten. Die Buchtitel der siebziger und achtziger Jahre spiegeln diese Veränderungen wider, von denen Du, liebe Großmutter, nicht gewagt hättest, zu träumen: Grenzgängerinnen; Der kleine Unterschied und seine großen Folgen; Aufbruch in neue Räume; Wer die Erde nicht berührt, kann den Himmel nicht erreichen; Göttinnen in jeder Frau; Meine Seele sieht das Land der Freiheit; Weaving the Visions – New Patterns in Feminist Spirituality; eine besonders beflügelnde und schöne Erfahrung war das Schreiben des Buches über feministische Beratung und Seelsorge „Flügel Flügel trotz Allem“ mit meiner Kollegin und Freundin Julia Strecker aus Köln, in dem wir hautnah über die Lebenswege von Frauen schrieben, die bei uns Seelsorge und Beratung gesucht haben. Die Entwicklung theologischer und psychotherapeutischer Arbeit aus unserer eigenen Sichtweise und Erfahrungen als Mädchen und Frauen war für mich eine der wichtigsten Phasen meines Lebens. In diesem regionalen und weltweiten Aufbruch der Frauen unterschiedlichster Kulturen und Kontexte fühlte ich mich so zuhause wie noch nie zuvor. Meine Arbeit an Themen der Beziehungen zwischen den Geschlechtern hat nicht nur in meiner Dissertation zur Vertiefung und Erweiterung des Denkens geführt. Auch für die internationale Seelsorgebewegung und die Pastoralpsychologie hat sie entscheidende Impulse gebracht und mir neue Landschaften eröffnet und Vernetzungen ermöglicht.

Eine der theologischen Kolleginnen aus den USA, die für mich entscheidend geworden sind, war Catherine Keller. In ihrem Buch: „From A Broken Web. Separation, Sexism, and Self." nimmt auch sie die Mythologie und das Symbol der Spinne auf, um das neue Paradigma postpatriarchaler Theologie und Spiritualität aufzuzeigen. Nach Michel Foucaults Ansatz einer Archäologie des Wissens spürt Keller der Entstehung eines Selbst-Bildes nach, das für die Entwicklung unserer europäischen Geschichte entscheidend geworden ist und mit der Frage beginnt: „Muss ich, um ein Selbst zu sein, etwas Eigenständiges, von allem anderen Abgetrenntes sein? Wie sonst könnte ich „Ich" sein? In unserer Zivilisation gehen Mythos und Religion, Philosophie und Psychologie von der Voraussetzung aus, ein Individuum sei ein eigenständiges Wesen: Ich existiere säuberlich getrennt von meiner menschlichen und räumlichen Umgebung." (Keller, Der Ich-Wahn: Abkehr von einem lebensfeindlichen Ideal, Kreuz Verlag, 1989, S. 7)
Keller analysiert als die Konstruktion der Geschlechterbilder die Sicht des Mannes als Prototyp des abgegrenzten, reflexiven, geistorientierten Lebens, der die Materie transzendiert und seine Identität aus der Konstruktion des anderen als Ungeheuer oder Feind gewinnt, den es zu überwinden gilt. Die Frau hingegen wird als Vertreterin der Natur gesehen, der Materie, der Seele und damit als die „Andere", Unverständliche, Unfassbare, Verschmelzende, Fließende, die es gilt, in Grenzen zu halten. Kellers Analysen haben vieles zur Sprache gebracht, was an-

dere Frauen und ich in den siebziger und achtziger Jahren durch gemeinsame Tagungen, durch eigene Forschungen in der Religionsgeschichte und durch gemeinsames Erproben neuer Ideen, Visionen und Vorstellungen entwickelt haben: „Das radikale Erinnern postpatriarchaler Religion lässt keinerlei eingleisige Sicht zu. Wiederverbindung verlangt eine polyskopische Erkenntnis... Eine postpatriarchale Perspektive, die ein Selbst formuliert, das Viele in einem ist, wird dann alle Dinge in durchsichtiger, differenzierender Weise als Tanz der Vielen in einem erfassen können.“ (S. 331)

Diese Wieder-Verbindung mit der eigenen Geschichte und der Geschichte der Frauen vor uns war eine faszinierende Herausforderung, die mich jahrzehntelang zu neuen Entdeckungen und Kontinenten des Fühlens, Wissens und Handelns geführt hat. Sie hat mich auch zu Kiwi Tamasese geführt, eine Kollegin aus Samoa, die wir mehrfach in die Dresdner Interkulturelle Frauen Netzwerk Universität eingeladen haben. Sie hat uns mit ihrer klaren, machtvollen und liebevollen Weise zu den Lebensweisen indigener Völker mit ihren Geschlechterarrangements geführt, in denen alles Leben auf der würdigenden Beziehung zwischen Schwestern und Brüdern ruhte. Das weibliche Kind war das heilige Kind, weil sie das Leben und den Segen weitergeben konnte. Der Bruder war auf den Erhalt, den Schutz dieses Lebens ausgerichtet, und gesegnet, wenn er dem Leben diente. Zugehörigkeit ist in indigenen Kulturen die Grundlage allen Lebens: Zugehörigkeit zwischen Mensch und Mensch, Mensch und Natur, Mensch und Kosmos.

Diese uralten Prinzipien des Zusammenlebens wurden nicht zuletzt durch Missionare und Kolonisation zerstört.

Heute ist Samoa als ehemalige deutsche Kolonie wie andere Südseeinseln von der Gefährdung durch Klimawandel und Globalisierung existentiell gefährdet und daher lautet der zweite Grundsatz der Arbeit: Befreiung von Entwicklungen so genannter Zivilisation und Technisierung, die letztendlich die Lebensgrundlagen der Menschheit gefährden und zerstören. Die dritte Grundlage der Weisheit der Großmütter ist deshalb die Anerkennung allen Lebens als heilig, als untrennbar miteinander verwoben und verbunden.

„Alle winzigsten Ausblicke sind nun miteinander in den Schiffchen des Webstuhles verbunden. `Dünne regenbogenfarbige Netze, wie Spinnweben umhüllen sie meine Haut.`
Ich stehe zu
allen
meinen Verwandlungen"
(Robin Morgin, The Self)

Für mich war die Entdeckung der Verbindungsfähigkeit von Frauen untereinander über kulturelle Grenzen und zeitliche Grenzen hinweg eine Erlösung, ein Aufbruch und eine Entdeckungsreise, die mich mit meinem inneren Wissen, mit meinen Familienwurzeln und den Wurzeln der Frauen in der Geschichte wieder verbunden hat – es war eine Verwandlung von Zerrissenem in ein Fließendes: So wie zerbrochenes Glas in das Feuer kommt, schmilzt und flüssig wird, und durch besondere Möglichkeiten jetzt Fäden entstehen können, neue Netze: leicht, zart und stark.

„In der Gemeinschaft, in der Matrix von privater und öffentlicher Verknüpftheit, erleben wir eine Heiligkeit von

Selbst und anderen, die nicht auf irgendein einziges Selbst oder irgendein einziges anderes reduziert werden kann. Sie hat ihr eigenes – ihre eigenen Leben. Doch ist uns diese Heiligkeit – diese schwer fassbare Heiligkeit – nicht direkt zugänglich. Sie ruft uns aus der Tiefe unserer selbst, von dort, wo wir niemals ganz bewusst sind (...) aus Träumen und Phantasien, aus Mythen und Gedichten, aus verstreuten Intuitionen und klaren Wahrnehmungen, aus allen Geschichten, die wir uns erzählen, steigen die Bilder auf, in ihnen schwingt die tiefe Frequenz. Der göttliche Eros, lockende Liebe, durchzieht ständig die Welt." (Keller, S. 331)

Meine liebe Großmutter Clara, Du warst nicht die einzige Frau in der Familie, die in Liebe Kinder zum Leben brachte und vernetzte. Auch die Mutter meines Vaters, Paula, war eine Frau, die ständig in Verbindung mit ihren Kindern blieb und zwischen Familie, Freunden und Gesellschaft zarte, beständige und tragfähige Netze spann. So seid Ihr beide den Umbrüchen und dem Zerreißen von alten Traditionen ausgesetzt worden. Ihr habt Euch in den Gesetzen und Auswirkungen der Zerstörungen durch Gewalt und Krieg zurecht finden müssen. Und Ihr habt in allen Schicksalsschlägen und Verlusten nicht das innere Wissen verloren, dass die Beziehungen zwischen Euch und Euren Lieben, der Liebesfaden, die wichtigste Grundlage zum Überleben und zur Lebensgestaltung auch für die nächste Generation ist. Im Geist der Spinne, der alten arachnischen Kraft der Weberin, habt Ihr ein Wissen in Eurem Handeln und Erzählen weitergegeben und mir immer wieder den Mut gegeben, neu anzufangen, geduldig und leidenschaftlich.

Zugehörigkeit, Freiheit und Heiligkeit

Die Rückverbindung mit meiner Geschichte hat mich auch nach Dresden geführt, direkt nach den anregenden und befreienden Jahren in den USA. Ich begegnete nicht nur den Spuren meines Vaters, der dort studiert hatte, und meiner Großmutter Paula, die dort während eines Kuraufenthaltes verstarb. Ich fand eine neue Heimat in der Zugehörigkeit und Befreiung durch eine tiefe Liebe und Gemeinschaft mit meiner Freundin, Kollegin und Partnerin Barbara Feichtinger und in neuen Begegnungen mit meinen Söhnen und meiner Familie. Ihnen danke ich für ihre Kreativität, ihre Herausforderungen und ihren Humor. In einer Meditation habe ich einmal die Vision erlebt, dass ich auf den Schultern der Frauen und Männer eines indigenen Stammes in das Zentrum eines Dorfes getragen wurde. Es fühlte sich an wie eine Neugeburt. Ein neuer Name wurde mir gegeben: Shante. Dieser Name bedeutet im Indischen: Friede.

Der erste Friede

Der erste Friede – der wichtigste – ist der, welcher in die Seelen der Menschen einzieht, wenn sie ihre Verwandtschaft, ihre Harmonie mit dem Universum einsehen und wissen, dass im Mittelpunkt der Welt das große Geheimnis wohnt, und dass diese Mitte tatsächlich überall ist: sie ist in jedem von uns. Das ist der wirkliche Friede. Alle anderen sind lediglich Spiegelungen davon. Der zweite Friede ist der, welcher zwischen Einzelnen geschlossen wird, und der dritte ist der zwischen Völkern.

Doch vor allem sollt Ihr sehen, dass es nie Frieden zwischen Völkern geben kann, wenn nicht der erste Friede vorhanden ist, welcher innerhalb der Menschenseele wohnt.

(Hebaka Sapa Black Elk, Lakota)

Heidrun Novy
Zwei Briefe an meinen Vater

„Die Erinnerung ist das einzige Paradies, aus dem wir nicht vertrieben werden können.“ Jean Paul

Teil I – Abschied vom Paradies

Lieber Vati,

noch vor einiger Zeit habe ich mir nicht vorstellen können, dass ich einmal einen Brief an dich schreiben werde, den du nicht mehr lesen kannst. Wie wenig habe ich von dir gewusst und wie sehr nah bist du mir in den letzten Jahren vor deiner Krebserkrankung und in den letzten Monaten vor deinem Tod gekommen.

Dieser Brief ist vielleicht eine ungewöhnliche Art, über das zu schreiben, was vergangen ist, aber für mich die einzige Möglichkeit, dir noch begegnen zu können. Es gab eine Zeit, da hat mich nicht interessiert, wo dein Geburtsort war, du eingeschult wurdest, in die Bäckerlehre kamst oder warum du Soldat geworden bist.

Seit einer Genogramm-Aufstellung, die eine Freundin 2004 mit mir begonnen hat, ging ich Schritt für Schritt auch auf dich zu und es war mir noch möglich, mit dir gemeinsam diese Genogramm-Aufstellung zu erweitern. Aber erst heute versuche ich, mich in deine Zeit hinein zu versetzen, in das, was Geschichte schrieb, innerhalb dieser auch du dich entscheiden musstest, welche Wege, welche Orte, welche Werte und Anschauungen dein Leben bestimmen.
Ich möchte diesen Brief mit einer Reise beginnen.
Erinnerst du dich? Im Frühjahr 1970 sind wir, du, Mutti und deine Töchter Elke, Marlies und ich, mit dem alten runden „Wartburg" von Dresden Richtung Polen gefahren – eine Reise in deine Kinderzeit – nach Okmiany/ VR Polen, früher Kaiserswaldau (Schlesien), Kreis Goldberg/Hirschberg. In der Nähe lagen die Ortschaften Bunzlau, Haynau und Liegnitz.
Ein deutsches Schlesien gibt es seit Beendigung des 2. Weltkrieges nicht mehr, und es scheint so, als ob es deine Heimat nicht mehr gibt. Ich habe dich nie gefragt, was das Wort Heimat für dich bedeutet und welcher konkrete Ort deine Heimat gewesen ist.

Wir können diese Reise, von der ich nicht mehr viel weiß, nicht gemeinsam wiederholen. Ich möchte den Versuch wagen, sie im Verlaufe dieses Briefes zu rekonstruieren, auf eine möglicherweise nicht sichere Art des Erinnerns und Aufschreibens. Ein schwieriges Unterfangen, denn es wird zugleich auch eine Reise in deine Vergangenheit sein - es gibt nicht mehr viele Zeitzeugen deiner Orte, deiner Bilder und Worte, die von deiner Kinderzeit und dem Leben in Schlesien berichten können. Du fehlst mir nicht zum ersten Mal seit du fort gegangen bist.

In diesem Brief möchte ich zuerst deine um ein Jahr ältere Schwester Irmgard erzählen lassen, wie sie eure Kinderzeit heute sieht und was sich nach Beendigung des Krieges 1945 in eurem Leben verändert hat. Bei Ausbruch des 2. Weltkrieges warst du neun und sie war zehn Jahre. Im Sommer 2008 habe ich sie besucht und ein Interview mit ihr geführt. Ein weiteres Interview habe ich auch mit Mutti (deiner Frau Gisela) und ihrer Schwester Hanni geführt.

Schlesien (Slask) ist genau wie Ostpommern (Pomorze) und Westpreußen (Pommerellen) ein damaliges deutsches Ostgebiet. Als Kind dachte ich, dass du aus Tschechien stammst, weil unser Familienname „Novy" tschechischen Ursprungs ist. Tatsächlich ist die Reihe deiner Vorfahren bis in die Mitte des 17. Jahrhunderts nachvollziehbar – die Spur geht nach Nebrezin/Plzen im Westen von Böhmen, wo der Tischler Wenzel Novy eine Theresa Plasek heiratete. Vier Generationen später 1903 wurde dein Vater Erich geboren. Leider ist mir sein Geburtsort nicht bekannt.
Tante Irma, deine Schwester, hat mir mit strahlenden Augen erzählt, wie schön die Landschaft in Schlesien

gewesen ist, weit und groß mit einem Himmel, der scheinbar wolkenlos über die Alleen, Felder und Waldwege zog. Später, zu deinem 60. Geburtstag, hat sie ihre Erinnerung eures Umzuges von Sachsen nach Schlesien unter dem Titel „Einzug ins Paradies“ aufgeschrieben.

An was hättest du dich noch erinnern können? An Sommerdüfte, Hügel, Geruch von Schnee, weite Felder. Wie fühlt sich die schlesische Erde an, was für Korn wurde von den Feldern geerntet, was für Wege führten in den nahe gelegenen Wald, wie schmeckten die Walderdbeeren? Tante Irma zeigt mir ein Bild von einer Geburtstagsfeier: „So nah war der Wald an unserem Haus“, sagt sie.

Tante Irma erzählt:
Der Kriegsanfang war 1939. Wir haben zwar als Kinder die Vorbereitung des Krieges unbewusst erlebt – ich war damals, also 3 Jahre vor Kriegsanfang, 7 Jahre alt, da waren bei uns in Schlesien die Manöver. In den Wäldern vor unserem Haus lagen die Soldaten – bevor der Polenfeldzug losging. Die Erwachsenen hatten da schon ihre Probleme damit. Das habe ich bei den Eltern bemerkt, aber für uns Kinder war das ein Erlebnis.

Wir haben die Soldaten gesucht. Sie haben uns immer wieder weggejagt. Wir brachten ihnen Äpfel in den Wald. Wir haben dann auch erlebt, dass die Transportflugzeuge, die an die polnische Grenze angelagert waren, ganz dicht über unsere Baumwipfel geflogen sind. Wir konnten die Piloten in den Flugzeugen sitzen sehen – so niedrig flogen sie. Wir sind dort herum gesprungen wie die Wilden und haben gewunken. Wahrscheinlich war das eine Ein-

Tante Irma und ich

flugschneise, wo die Flugzeuge dort lang gekommen sind. Das war in Kaiserswaldau. Wir haben das deshalb so gut beobachten können, weil dort, wo die Flugzeuge lang geflogen sind, ein Teich war. Dort sind wir immer baden gegangen. Und wenn wir baden waren und die Flugzeuge kamen, dann war das für uns beeindruckend – die großen schweren Maschinen – die hatten wahrscheinlich auch Panzer geladen.
Wir Kinder, ich, dein Vater – also der Heinz – und der Werner und alle Kinder, die dort gewohnt haben, unsere ganze Clique, haben das als Erlebnis gesehen und nicht als Anfang, dass bald ein Krieg losgehen kann.

Am 30. Januar 1933 ernannte Reichspräsident Paul von Hindenburg Adolf Hitler zum Reichskanzler. Seit 1921 war Hitler bereits Vorsitzender der NSDAP. Die Weimarer Republik ging zu Ende und die Diktatur des Nationalsozialismus begann. Mit Adolf Hitler begann eine Zeit der Notverordnungen und Parteiverbote. Jüdische Geschäfte wurden geschlossen und jüdische Beamte aus dem Staatsdienst entfernt. Die ersten Konzentrationslager entstanden 1933. Durch politische Morde erstickte Hitler jede mögliche Opposition. Es wurde das gesamte gesellschaftliche Leben von NS-Organisationen wie Hitler-Jugend, Deutsche Arbeitsfront und KdF („Kraft durch Freude“) durchdrungen. Der Bau der Autobahn wurde fortgesetzt und die Arbeitslosigkeit weitgehend beseitigt. Der Hitlerkult wurde zum Massenphänomen.

An dieser Stelle, Vati, taucht für mich die erste Frage auf. Inwieweit hast du als Kind Kenntnis haben können von diesen geschichtlichen Vorgängen? Spätestens als du nach deiner Bäckerlehre der Kasernierten Volkspolizei beigetreten bist und damit politische Schulungen im Osten des gespalteten Deutschlands besucht hast, konntest du dich erinnern, was du in der Schulzeit in Schlesien darüber gelehrt bekommen hast. Wie konntest du das für dich einordnen? Kann ein Kind im Alter von sechs bis 14 Jahren bereits für sich erfassen, was ein Krieg für den Verlierer und für den Sieger ausmacht?

Ich habe als Kind den Vietnamkrieg verfolgt und mich immer gefragt, wer ist eigentlich Sieger und wer ist Verlierer? Die Beendigung eines Krieges setzt den Krieg voraus.

Was letztlich nach der Beendigung eines Krieges von einem Land übrig bleibt, sind tote Menschen, Ruinen, abgebranntes Land und die Verschiebung von Grenzen zugunsten des Siegers. Das Volk aber ist zum Teil traumatisiert – noch heute schreien Menschen im Schlaf oder bekommen Angstzustände, wenn bei Brand oder anderen Gefahren die Sirenen angehen. Was passiert mit Menschen, die ihre im Krieg erlebten Geschichten verschweigen, verdrängen, sich darin verlieren und noch Jahre später im Traum sich hin und her wälzen, Verlust und Schmerz immer wieder austragen? Was trägt sich in kommende Generationen?

Ich komme zurück zu der Erzählung deiner Schwester. Während sie erzählt, schaue ich ihr in die Augen, sie sind sehr konzentriert. Manchmal zittert ihre Stimme, manchmal ist sie sicher und fest, manchmal unterbricht sie sich selbst für eine Sekunde. Das Interview dauert zwei Stunden. Ich höre, ohne viel hineinzufragen, einfach zu. Es ist auch deine Zeit gewesen, und es war die Zeit vor dem 2. Weltkrieg.

Tante Irma erzählt:
Als ich eingeschult wurde, hatten wir einen Lehrer. Die ganzen Schuljahre hatten wir nur eine Lehrerin und eine weitere Ausbilderin, die war aus Köln, die hat uns Kochen gelehrt. Der Lehrer muss ein bildhübscher Mann gewesen sein mit blonden Locken, denn ich habe zu Hause erzählt „Wir haben einen wunderschönen Lehrer, der hat ganz krumme Haare" – also ich war immer ganz begeistert und so habe ich das der Muttel erzählt. Den Lehrer haben wir kein Jahr gehabt, da ging der Krieg los und er wurde eingezogen. Den haben wir nie wieder gesehen. Die Muttel hat da nicht mit uns drüber geredet, weil sie wahrscheinlich in Dresden (mein Erzeuger, der Novy Erich, kommt ja aus Dresden) in kommunistischen Kreisen verkehrt hat und weil sie Angst um uns Kinder gehabt hat, da hat sie sich politisch überhaupt nicht geäußert. Kinder sind ja hellwach und registrieren viel. Ich habe auch viel unbewusst registriert.
Wir Kinder haben dann in der Zeit, wo der Polenfeldzug losging, Kriegsspiele gemacht. Wir haben den Krieg nachgeahmt. Es waren herrliche Kriegsspiele mit Angriff und Verteidigung. Wir haben im Wald Schützengräben ausgehoben, bis der Förster mit dem Pferd mal hineingestolpert

ist und wir mussten das dann wieder zuschütten. Da haben wir bereits deinen Vater als großen Strategen kennen gelernt. Das alles hat sich durch unsere ganze Kindheit durchgezogen. Wir haben auch Nebelwerfer gemacht. Die Muttel hatte immer die Zuckertüten aufbewahrt auf dem Küchenschrank. Wir haben dann den Werner vorgeschickt – Heinz und mich hätte sie ja gefragt „Was wollt ihr denn mit den Tüten?“, aber den Werner hat sie nie gefragt, also konnte er die Tüten holen, die haben wir voll Asche gemacht – und dann hatte ich auch die ideale Idee, dass wir unsere Gegner erst voll spritzen, damit die Asche auch klebt – wir haben uns ausgelebt – und mein Großvater, der Maiwald-Opa, hat dann am Waldrand gesessen und hat sich einen Ast gelacht und gerufen: „Liesel, Liesel, komm mal raus, erkennst du deine Kinder wieder...“
Die Muttel hat das nicht tragisch genommen – sie hat Badewasser gemacht und uns in die Wanne gesteckt.

Mit dem Angriff auf Polen am 1. September 1939 (Überfall auf den Sender Gleiwitz) begann der 2. Weltkrieg. „Historiker werden Jahrzehnte später belegen, dass der Anlass für den Zweiten Weltkrieg erfunden wurde, um den Krieg gegen Polen zu eröffnen. Der Pole, der den Sender mit Komplizen überfallen haben soll, war der am Tag zuvor von der SS verhaftete Oberschlesier Franz Honiok. Er musste die SS begleiten, als sie den Überfall auf den Sender inszenierte. Anschließend wurde der als polenfreundlich geltende Mann erschossen. Bis heute ist umstritten, ob man den Deutschen zuvor gezwungen hatte, eine polnische Uniform anzuziehen.“ (Zitat S. 97 aus „Als der Osten noch Heimat war“, Rowohlt Berlin Verlag GmbH, 1. Auflage September 2009).

Es mag für dich und deine Geschwister ein Abenteuer gewesen sein, als die Flugzeuge über schlesische Wälder flogen und ihr den Soldaten im Wald Äpfel gebracht habt. Tante Irma hat erzählt, dass sie gespürt hat, dass die Eltern unruhig waren, also sehr wohl registriert haben, warum die Soldaten in den Wäldern lagen.
Hatte deine Mutter noch immer Verbindung zu den kommunistischen Kreisen, in denen sie vor ihrem Umzug nach Schlesien in Dresden mit ihrem ersten Mann, deinem Vater, verkehrt hatte – hier von Kaiserswaldau aus – so weit weg von Dresden? Und wenn sie es auch nur geahnt hat, was Hitler plante, was ist das dann für ein Gefühl, vor der Haustür einen Teil der Vorbereitung eines Krieges mitzuerleben, als Erwachsene, politisch Interessierte – wie beginnt und wie endet da der Tag? Auch wenn aus Schutz den Kindern gegenüber verdrängt oder verschwiegen wurde, was Angst macht oder das Gefühl einer Vorahnung sich gezeigt hat, dass etwas Schreckliches daraus werden kann, wie lebt man damit? Wie sehr greift ein solches Versteck der Gedanken und der Gefühle die Seele an?

Tante Irma erzählt:
Die Kriegsspiele haben sich soweit ausgedehnt, dass wir auch am Kriegerdenkmal, das nicht weit von der Schule weg war, zwischen Kaiserswaldau und Radchen, uns verschanzt haben und die anderen mussten uns angreifen, bis der Ortsgruppenführer das mitbekommen und ein Fass aufgemacht hat. Er hat mit dem Stock gedroht und Fräulein Halling – die haben wir verehrt – hat gesagt „In einer deutschen Schule wird nicht geschlagen", und da musste er, ohne etwas erreicht zu haben, gehen. Wir muss-

ten früh zum Appell, das war obligatorisch, da wurden auch Sprüche aufgesagt: „Hart wie Kruppstahl“ oder wie das da hieß. Fräulein Halling hat mit uns viel gesungen – meine vielen Volkslieder, die ich kenne, sind aus der Schulzeit – da hat sie irgendwie ein Gegengift gelegt, so würde ich das jetzt als erwachsener Mensch interpretieren.

Immer wieder kommen Fragen. Wann genau habt ihr den Ausbruch des Krieges wahr genommen? Wie kam er in euren Alltag? Habt ihr in der Familie darüber gesprochen? Welche Beeinflussung von der Schule brachtet ihr nach Hause mit?
Wie stark wirkte das alles in dir?

Was wurde euch beim Fahnenappell gesagt? Musstest auch du vortreten und einen Satz von Adolf Hitler aufsagen? Hast du verinnerlicht, was du da sagen musstest? Wurde auch dir gesagt, dass du eines Tages zur Elite der Nation gehören wirst?

Wie war deine Kinder- und Jugendzeit in den Jahren von 1939 bis 1945? Vom Sieg berauscht, vom Blitzsieg beeindruckt, enttäuscht von den ersten Nachrichten der Zurückschlagung, der ersten gefallenen Väter und Söhne, entsetzt über die vielen verstümmelten Heimkehrer? Was waren das für Farben am Horizont, was für schwankende grelle Lichter über den fernen Großstädten – was, Vati, hast du gespürt, gesehen, erlebt und was davon ist niemals von dir fort gegangen?

Ich habe dich nicht gefragt.

Es gibt einschneidende Erlebnisse in unserem Leben, die können wir nicht vergessen. Tante Irma erzählt mir unter sehr starken Regungen ein Erlebnis, das mich schaudern lässt, wo ich sehr große Mühe habe, auch in den nächsten Tagen noch, gedanklich und gefühlsmäßig aus der geschilderten Situation zu kommen:

Tante Irma erzählt:
Dann war ich schon älter, das war vielleicht 1943, da habe ich mal eine Nacht erlebt, die hab ich nie vergessen und die habe ich auch noch niemandem erzählt, weil man das nicht erzählen kann, das kann man nicht in Worte fassen. Du hast bestimmt gehört, dass einmal ein ganz schrecklich kalter Winter in Russland gewesen ist, der war nicht nur in Russland, der war auch bei uns. Es war eine sternenklare Nacht. Alles hat geglitzert. Ich bin um das Haus gelaufen, weil ich auf das Klo wollte - das war im Hof. Ein blauer Himmel, übersät mit Sternen, der Wald hat geglitzert, das Dach hat geglitzert, die Tannenzapfen an der Dachrinne haben geglitzert – das war überirdisch schön. Du konntest richtig fromme Gefühle bekommen. Mir war wirklich fromm zumute, wo ich diese Herrlichkeit gesehen habe. Und ganz in der Ferne hast du den Kanonendonner gehört, wie Brummen in der Luft – das muss 1000 km weg gewesen sein. Und trotzdem hat man das durch die Kälte, durch die sternenklare Nacht gehört. Da war ich vielleicht 13 Jahre, in einem Alter, wo man sehr empfindsam ist. Da habe ich gedacht – nun liegen die da draußen in der Kälte und schießen sich gegenseitig tot. Ich hab das nicht der Muttel, niemandem erzählt. Das kannst du nicht erzählen, das war so ein Erlebnis von Frömmigkeit und Schreck.

In dieser Erinnerung liegen zwei Extreme – die Schönheit des Augenblicks und die Zerstörung desselben. Es geschieht kein Wechsel. Es ist EINE Zeit. Tante Irma, so sagt sie mir, hat auch dir diese Erinnerung nicht erzählen können. Vielleicht ging es dir ähnlich wie ihr und du hast niemandem etwas sagen wollen. Warum bleiben manche Geschichten ein Leben lang in uns und wer bestimmt den Zeitpunkt, wann sie aus uns heraus wollen mit unbändiger Kraft? Welche Veränderung geschieht hier?
Was verändert uns?
Warum, Vati, haben wir nie über diese Zeit – deine Kinderzeit in Schlesien – gesprochen, auch nicht als wir 1970 dort hin gefahren sind?

In dem Fernsehfilm „Die Flucht", der im März 2010 ausgestrahlt wurde, sagt der Großvater auf eine Frage der Enkelin: „Wenn das Leben nicht hält, was es verspricht, wenn man zu oft enttäuscht wird, wenn man gelernt hat, zu gehorchen und nie gelernt hat, zu lieben, dann wird man sehr einsam."
Ich erinnere mich auch noch an eine Szene aus diesem Film, als der Sohn als letzte Reserve Hitlers in den Krieg musste und stolz zu seiner Mutter sagte, dass er für sie und den Führer in den Krieg geht, dass er mithilft, Deutschland zu retten und den Feind zurück zu schlagen – und die Großmutter zur Mutter sagte: „Er hat doch nichts anderes gehört. Auch von dir nicht."

Als wir 1970 in die Ortschaft Okmiany (Kaiserswaldau) mit dem Auto hinein gefahren sind, bin ich erschrocken. Ich habe sie sehr einsam empfunden.

Wir liefen durch diesen kleinen verlorenen Ort mit den wenigen teilweise sehr ärmlichen Häusern und du liefst plötzlich immer schneller, schautest dich um und sagtest: „Das ist alles so winzig – so klein war das doch nicht.“ Du führtest uns an eine Stelle, die auf einen ungleichmäßig mit Gras bewachsenen Hügel hinauf führte: „Hier, ja hier stand unser Haus.“

„Es kann sein, dass noch ein paar zerbrochene Mauer- oder Backsteinziegel verstreut waren“, schrieb mir meine Schwester Elke vor kurzem in einen Brief.

Das Haus war nicht mehr da. Da haben die Jahre das Gras drauf wachsen lassen. Unterhalb des Hügels aber stand noch ein Haus. Wir klopften dort an und tatsächlich öffnete uns eine ältere Frau. Ich erlebte die Begegnung mit den Menschen in diesem Haus sehr eindrucksvoll (1970 war ich 14 Jahre).

In Kaiserswaldau haben die Menschen ein klares, ein verständliches Deutsch gesprochen, vielleicht mit schlesischem Akzent – diese Frau aber sprach polnisch und hat vermutlich als Flüchtling aus Ostpreußen und als Ansiedlerin 1945 bei der Neuaufteilung des Landes, der Verschiebung der Grenzen, dieses Haus übernommen – es waren fast alle deutschen Bewohner dieses kleinen Ortes geflüchtet oder aufgrund des Sonderbefehls Nr. 120 ausgewiesen worden und sind nicht mehr zurück gekommen; der Weg zu ihrer Heimat war oft für immer versperrt.
Ich hatte noch nie eine solche Armut kennen gelernt. Für die alte Frau, die mit einem dunklen verschlissenen Kit-

tel bekleidet war und die nur noch zwei oder drei Zähne im Mund hatte, war es eine einfache Lebensart – auf dem Kachelofen wurden die Sachen getrocknet und der Tee warm gehalten, die geschlachteten Hühner ausgetrocknet. Im Zimmer saß ein Mann und aß Fisch ohne Messer und Gabel direkt von der Tischplatte. Die Wände waren lehmig und nass, die Tür ging nicht mehr zu, alles ringsherum fand ich staubig und voller Spinnweben. Das Besondere aber war, dass diese Leute uns mit zurückhaltender Freundlichkeit begegneten, uns Essen und Trinken anboten und uns, als wir gehen wollten, zu einem Schlachtfest einluden. Aber wir waren nur einen Tag in Kaiserswaldau. Es war ein sonderbares Gefühl in mir. Es schien mir ungewöhnlich, als Deutsche so viel Herzlichkeit zu empfangen. Ich weiß nicht, ob auf der Welt ein anderes Volk derart oft geteilt, ausgenutzt, ausgeraubt und versiedelt wurde, wie das Volk der Polen. Vielleicht fühlten diese Menschen der Erzählung meines Vaters nach. Gleichsam erschien mir die Verwurzelung der Ereignisse vor, während und nach dem letzten Krieg immer noch sehr tief. Als wir gingen, sagte ein alter Mann aus tiefster Überzeugung, dass alles, was geschehen war mit Polen und Deutschland, noch nicht beendet ist, die Deutschen werden wieder kommen in dieses Land – er sagte es nicht vorwurfsvoll, sondern als Feststellung, als etwas, das für ihn fest stand. Ich erinnere mich, dass du dann schnell wieder nach Dresden wolltest. Ich erinnere mich an kein Wort, keinen Satz, der mehr enthielt als einen kurzen Blick auf den Ort deiner Kinderzeit, so als würdest du damit etwas abschließen wollen in dir. Eigenartiger Weise hat meine Mutter kein Foto mehr von dieser Reise gefunden.

Tante Irma erzählt:
1944 bin ich dann in die Lehre gegangen. Und zwar nach Königszelt. Ich brauchte nicht, wie alle jungen Mädels, das Pflichtjahr machen. Die mussten alle nach der Schule zum Bauern – das brauchte ich nicht. Ich bin gleich in die Lehre gekommen. Ich wollte eigentlich Gärtnerin werden. In Schlesien gab es große Gärtnereien. Von meiner Lehrerin aus hätte ich auch Unterstufenlehrerin werden können, aber so doll waren die Zensuren auch nicht, ich war so mittel. In der Porzellanfabrik in Königszelt suchten sie Porzellanmalerlehrlinge. Durch den Krieg haben sie keine Jungs mehr bekommen und da war ich das erste Mädchen in der Porzellanfabrik. Dort hatte ich auch ein Erlebnis. Vor mir saßen an den Fenstern alte Männer – das waren Englandhasser. Da kamen ja schon dauernd die Sondermeldungen. Die haben mit den taubstummen Mädchen, die den Buntdruck gemacht haben, herumgealbert. Wir saßen alle am Fenster so aufgereiht und unten im Hof war ein großer Umschlagbahnhof.
Der Ort selber war gar nicht so groß, aber dort war ein riesengroßer Bahnhof, wo die Züge nach dem Osten fuhren. In den Hof der Porzellanfabrik wurden die Waggons hinein geschoben, solche Rondells, wo die Waggons drauf geschoben und wieder hinausgeschoben worden. Und da habe ich gesehen, dass junge Männer, junge Kerlchen mit Judenstern auf dem Rücken die Waggons schieben mussten. Ich war ja dort in der Lehre und habe auch dort Mittagessen bekommen. Und als ich mal Mittagessen war – ich war allein in der Kantine – da kam so ein junger Bursche herein und ist zu den Kübeln, wo das Essen hineingeschüttet wurde, das nicht gegessen wurde, und hat versucht, sich dort Essen heraus zu nehmen. Ich habe

zugesehen, dass ich schnell aus der Kantine rauskam. Wie der so scheu zu mir schaute, weil ihn der Hunger getrieben hat und weil niemand drin war außer ich. Das hat mich beeindruckt, obwohl ich ja auch für Deutschland gebrannt habe und an den Endsieg geglaubt habe, da war der Krieg schon längst entschieden. Weil wir ja so beeinflusst worden sind. Ich will damit sagen, dass junge Menschen, auch wenn sie manipuliert werden, immer noch vom Empfinden her reagieren. Das hat mich damals beeindruckt. Ich habe das zu Hause nicht erzählt. Durch das Fahren hin und zurück in den vollen Zügen ist das alles von mir verdrängt worden. Immer wenn ich früh zur Porzellanfabrik gegangen bin, da musste ich an den Bahngleisen entlang – das Gelände war nur mit großen Zäunen abgetrennt – da standen die vielen Züge mit Männern, also mit den Soldaten. So wie du das manchmal in Filmen siehst – die saßen auf den Trittbrettern und haben Mundharmonika gespielt oder so. Und da habe ich manchmal gedacht (ich war so 14/15 Jahre) – da fährt dein Mann fort und wer weiß, wer von denen noch wiederkommt. Solche Gedanken sind mir damals durch den Kopf gegangen.

Auch du bist zwangsläufig in die Widersprüche der Zeit vor und während des zweiten Weltkrieges hineingestellt worden. Mit zehn Jahren war es sicher bestimmungsgemäß, in die Hitler-Jugend zu kommen – zuerst in das Deutsche Jungvolk, im Volksmund „Pimpfe" genannt, oder die Mädchen in den Bund deutscher Mädchen, und es waren wieder Worte, die nachhallten, es waren Schritte, die fest auftraten, Lieder, die geeignet waren, einen bestimmten Rhythmus einzuhalten und bestimmte Werte tief in sich aufzunehmen und dort zu gründen. Dein Stiefvater, der dir ein wirklicher Vater war, musste in den Krieg wie fast alle der Nachbarn und Väter von deinen Schulkameraden. In diesem kleinen Ort mit den vielen Feldern, dem Wald, der weiten Landschaft, den Kirsch- und Apfelbäumen, der so besonnen und friedlich allen Raum ebenso für strategische Spiele wie für kindsgemäßes Freitoben gab – wie verhielten sich die Menschen darin?

Tante Irma erzählt:
Wir Kinder, als ich noch in die Schule gegangen bin, mussten immer die von feindlichen Flugzeugen abgeworfenen Brandblättchen sammeln in den Getreidefeldern. Immer wenn mal ein Bombenangriff war und es hieß, dort oder dort ist bombardiert worden, da haben wir Stäbe bekommen, wo ein Nagel dran war und wir mussten im Gelände ausschwärmen und Brandblättchen aufsammeln. Dann haben wir in der Schule Seidenraupen gezüchtet für Fallschirmseide. Wir hatten eine ziemlich neue Schule. Wo ich eingeschult wurde, hatten wir unterhalb der Kirche in der Kontorei ein düsteres Klassenzimmer, aber nach dem 1. Schuljahr wurde bei uns eine ganz neue Schule gebaut. Im Kellergeschoss war für die Mädchen eine große Küche eingebaut mit Vorratsraum und Zuputzraum. Dort haben wir Kochen gelernt. Und für die Jungs war unter dem Dach eine Werkstatt für Holzbearbeitung. Dort wurden später Seidenraupengerüste aufgestellt und von der Straße zu unserem Schulaufgang wurden links und rechts für die Seidenraupen Sträucher gepflanzt. Da wurde jeder mal eingeteilt und musste auch sonntags Blätter abmachen und die Seidenraupen füttern, bis die sich verkokont hatten.

Wo ich dann in der Lehre war, habe ich noch den letzten Zug von Königszelt nach Hause erwischt. Dieser war dermaßen überfüllt, dass man gedacht hat, dass man nicht mehr lebendig raus kommt. Das war wirklich der letzte Zug, der von Striegau nach Kaiserswaldau gefahren war. Das war vielleicht so November/Dezember, im Februar mussten wir ja dann selber raus. Ende Januar kamen zu uns Soldaten mit Beiwagen, Kradfahrer, und haben bekannt gegeben, dass der Ort geräumt werden muss und wir bis zum nächsten Tag alle raus sein müssen. Ich habe gleich eine Mandelentzündung bekommen, die ich immer bei großen Aufregungen hatte. In Aslau wurde der Flugplatz gesprengt – da hat es bei uns die Türen aus den Angeln gehoben, so nah war der Krieg schon an unserem Ort. Die Muttel ist zum Nachbarn und hat geholfen, die ganzen Schweine abzustechen, die Ferkel vor allen Dingen, und die wurden dann eingesalzen. Der Nachbar war mit der Muttel übereingekommen, dass wir mit ihm – er hatte ein Pferdefuhrwerk – fahren konnten. Dann ging erst das Drama richtig los. Die Maiwald-Oma wollte nicht mit. Und da haben wir gesagt, da gehen wir auch nicht mit. Das ging nicht ruhig ab. Das war ein Drama. Sie hat mit ihrem Mann mit schwer verdientem Geld damals das Anwesen in Schlesien gekauft und wollte es absolut nicht in Stich lassen. Sie war damals ungefähr 70 Jahre. Da haben wir geheult und geschrien „ohne unsere Oma gehen wir nicht“, und schließlich hat sie sich doch überreden lassen, dass sie auch mitgeht. Und am nächsten Tag sind wir dann mit Butlowskis und den paar Habseligkeiten, die wir mitnehmen konnten, losgefahren. Sie hatten selbst drei Kinder, und hatten ja auch ihr Zeug gepackt. Die gesalzenen Schweine haben wir mitgenommen. An der Teerstraße war eine große Molkerei und wo wir dort ankamen mit unserem Pferdefuhrwerk, da stand ein großes Schild „Wer plündert, wird erschossen", aber es war niemand da, der hätte schießen können, und ich hatte bloß gesehen, dass andere mit Butter herauskamen, und da bin ich natürlich auch dort hinein. Ich sagte: „Oma, dort gibt es Butter", und bin hineingestürmt. Und dann weiß ich noch, da hing an der Wand eine große Rolle Pergamentpapier und immer, wenn ich da etwas abgezupft hatte, hat mir das jemand aus der Hand gerissen. Ich hatte zu tun, dass ich dann endlich mein Pergamentpapier hatte und in das Butterfass hineinfassen konnte, und da habe ich dann auch Butter gerettet. Ich habe aber auch von Kopf bis Zeh ausgesehen wie ein Butterfass. Dann sind wir losgezogen. Wir haben das noch als großes Abenteuer angesehen und wir waren noch immer der Überzeugung „na gut, jetzt müssen wir fort, aber wir kommen ja wieder", das war immer im Bewusstsein, „wir kommen ja wieder, das ist ja nicht für immer. Jetzt müssen wir erst einmal weg; die Front kommt, da müssen wir erst mal weg, aber wir kommen ja wieder." –Die Jungs haben die Fahrräder auseinander genommen und versteckt, weil wir ja wiederkommen. Das war ja immer im Hinterkopf.

Für mich, die in der DDR geboren und aufgewachsen ist, sind solche Szenen nur im Zusammenhang mit Dokumentarfilmen und wenigen Spielfilmen nachvollziehbar. Allerdings habe ich diese als Kind oder Jugendliche in der DDR-Zeit kaum gesehen – es gab sicherlich einige Versuche, die Zeit und damit verbundene Schicksale realistisch darzustellen – ich erinnere mich nur dunkel an

„Wege übers Land", einen fünfteiligen Fernsehfilm aus dem Jahr 1986. Schulpflichtfilme waren ein Film über Karl Marx „Moor und die Raben von London" oder Ernst Thälmann oder die Verfilmung „Ein Menschenschicksal" des russischen Autors Michail Scholochow. Auch Bücher, die die Flucht beschreiben, gab es im Osten Deutschlands wenig. Eine Ausnahme bildet für mich Christa Wolfs Roman „Kindheitsmuster", den ich im Alter von zwanzig Jahren das erste Mal las.

Lieber Vati, wie hast du eure Flucht von Schlesien erlebt?
Als ich nachfrage, erzählt mir Tante Irma, wie sie diese Zeit erlebt hat. 1930 geboren, warst du 15 Jahre alt, Tante Irma 16 und Werner, dein Halbbruder, einige Jahre jünger.
Ich kann dich nicht mehr fragen. Ich stelle mir einen zeitig erwachsen gewordenen, ernst blickenden Jungen vor, der bemüht ist, die Mutter zu unterstützen und die Geschwister zu beruhigen. Es gelingt mir, die geschilderten Situationen gedanklich nachzuvollziehen. Die Gefühle von dir nachzuempfinden, gelingt mir nicht. Ich kann mir vorstellen, was manche geschilderte Situation in mir ausgelöst hätte. Gleichzeitig frage ich mich, ob ich diese Situationen auch ausgehalten hätte und was davon so stark wirkt, dass ich es auch Jahre danach nicht hätte ablegen können.

Tante Irma erzählt:
Der erste Schreck war, wo wir nach Bunzlau hineingekommen sind. Bunzlau ist nicht weit weg von der Grenze nach Schlesien. Rechts waren Häuser, links war ein Wald,

jedenfalls war die Straße eng wie ein Schacht und da kamen Flugzeuge. Wir sind nicht bombardiert worden, das waren Russenflugzeuge, die haben nur den Bahnhof bombardiert. Wahrscheinlich haben dort Züge gestanden. Wir sind von Bunzlau aus in die Tschechei, in das Sudetenland hinein und haben dort mitten in einem Treck gesteckt. Wir wollten nach Dresden, aber wir konnten nicht. Die Straßen waren alle verstopft mit Flüchtlingen. Vor uns die deutschen Soldaten, dann kamen wir und hinter uns die Russen.

Übernachtet haben wir in verlassenen Bauerngehöften. Ich weiß noch, dass die Muttel gegangen ist und die Kühe gemolken hat, weil sie geschrieen haben im Stall, weil niemand die Kühe gemolken hat. Sie hat dann die Milch weglaufen lassen. Wir haben auf den Fußböden geschlafen. Aber das haben wir immer noch so hingenommen, das war halt so. Das war im Februar. Und dann als wir in die Tschechei rein sind, das war nachts oder spät abends (im Februar wird es ja schnell finster), da wurde im Treck durchgegeben, dass wir alle Lichter an den Fahrzeugen löschen sollen. Es gäbe einen großen Bombenangriff. Das war damals Dresden. Da kamen die Papierfetzen von Dresden geflogen und was da noch alles über unseren Köpfen geflogen kam...

Das Chaos bei uns im Treck war groß – es waren ja auch Fahrzeuge unterwegs, die aus dem Flachland kamen, die hatten keine Bremsen an ihrem Wagen. Sie wussten nicht, wie sie ihre Fahrzeuge, also ihre Pferde anhalten sollten, unsere, die von unserem Dorf waren, wir waren ja aus einer bergigen Gegend, hatten alle Bremsen. Das war ein tüchtiger Tumult, kann ich mich erinnern. Da waren wir schon im Sudetenland. Wir sind dann in Tetschen-Boden-

bach von dem Wagen runter in einen Stollen hinein, denn es gab Fliegeralarm. Ich weiß noch, wir haben in dem Stollen gesessen und die Maiwald-Oma, ich weiß nicht woher, hatte einen Topf Tee in der Hand. Ich habe neben ihr gesessen im Stollen. Wo der Alarm dann wieder weg war, da sagte sie zu mir: „Gib mir doch mal meinen Topf wieder." Ich sagte: „Oma, den hast du mir gar nicht gegeben." Da war sie so aufgeregt und zittrig gewesen, dass sie während des Fliegeralarms den Topf irgendjemandem in die Hand gedrückt hatte. Äußerlich war sie immer ganz ruhig, aber das hat sie alles mächtig mitgenommen. Wir sind dann weiter nach Eichendorf bei Karlsbad und dort in der Michelmühle untergekommen. Dort waren wir einige Zeit, bis Mai, glaube ich, waren wir da. Dort hatte ein alter Mann ein ganz altes Gebäude, früher war das vielleicht einmal eine Mühle, die stand an einem Bach und der Alte hatte uns aufgenommen. Geschlafen haben wir auf dem Heuboden. Das war für uns auch sehr erlebnisreich. Der Heinz hatte eine große Holzkiste gebaut, die haben wir mit Stroh ausgelegt und dann Decken darauf und dort haben wir wie die Orgelpfeifen alle Fünf in der Kiste geschlafen. Das war so lange gut, bis es nicht geregnet hat.
Von der Michelmühle aus sind die Jungs immer ausgeschwärmt, um Beute zu machen. So muss man das wirklich sagen – verlassene LKWs mit Zeug von der Wehrmacht. Die standen überall rum. Da haben wir Kisten Makkaronis gefunden – da waren die Jungs ziemlich schlau, auch eine Kiste mit Wundsalbe, jedenfalls war das auch ein Segen oder eine Vorsehung. Die Jungs waren mal wieder unterwegs, haben Abenteuer gemacht wie immer, haben eine Panzerfaust auseinander genommen

und der Werner – der dämlichste, hat sich natürlich anstellen lassen, Heinz hat das nicht gemacht, aber er hat das auch geduldet, dass der Werner das macht – da haben sie das Pulver angezündet, es gab eine Stichflamme, er war von oben bis unten verbrannt, er hatte keine Augenbrauen mehr, das einzige, was er zum Glück gemacht hat, er hat sich in den Bach geworfen mit dem Gesicht gleich ins Wasser. Wochenland konnte er nur mit dem Regenschirm laufen – es durfte kein Sonnenstrahl an sein Gesicht, es war total vernarbt, aber durch die Salbe aus dem Militärfahrzeug hat die Muttel ihn heilen können.

Das war dann auch die Zeit, wo am Tag die Tschechen durch die Häuser kamen – es war ja dann auch tschechisches Gebiet und nachts kamen die Russen. Wir wussten, dass sie Frauen vergewaltigten. Wir waren drei Frauen in der Unterkunft. Unten war die Küche, dann ging es in den Vorraum, dort ging eine Treppe hoch, oben war die Schlafstube und eine Bodenkammer – da hat der alte Herr geschlafen, und dann waren gleich links angebaut die Futterkammern, die waren über dem Kuhstall und von diesem Treppenaufgang, von dem Podest an, da konntest du eine Leiter anstellen, da konntest du auch eine Bodenklappe aufmachen und da hatten die anderen zwei Frauen gesagt: „Wenn die Russen kommen, da gehen wir im Finstern die Stufen hoch, ziehen die Leiter hoch und machen die Klappe zu und sind weg." Na schön – in der Nacht kamen die Russen gepoltert. Da bin ich erst erschrocken. Was geht denn jetzt los? Die zwei Frauen kannten sich aus im Haus, die rannten los, sie machten die Treppe hoch, die waren weg. Eh ich da hoch kam, war bereits alles hochgezogen und ich habe nichts gese-

hen, stockfinster. Es war ja ausgemacht, dass wir kein Licht machen – ich habe mich nicht ausgekannt, und ich dachte „Was mache ich nun?" Da bin ich in die Futterkammer. Diese war gleich an der Schlafstube, da hab ich mich rumgetastet, da hatte ich nur Angst, dass da auch eine Luke ist und ich auf die Kühe fliege. Es hätte ja sein können, dass ich in den Kuhstall hineinpurzele – das war meine Angst. Da sah ich einen Bretterverschluss – da bin ich dahinter gestiegen, dort standen Futtersäcke und da habe ich mich auf einen Sack gesetzt. Und so habe ich gewartet auf die Dinge, die da kommen. Ich hatte Angst. Ich habe geschlottert. Und dann habe ich die Russen in der Küche gehört. Sie kamen die Treppe hoch und da hörte ich „Hier schlafen alter Mann", dann ist ein Russe in die Schlafstube hinein, wo der fünfjährige Junge war – der ist gar nicht aufgewacht, er hat geschlafen, der Kleine. Der Russe war ja nicht dumm, es waren aufgemachte Decken, aber es lag eben kein Weib drin, die waren ja alle weg. So. Und jetzt kam er in die Futterkammer. Er hatte keine Taschenlampe mit, er hat nur mit Streichhölzern rumgefummelt und hier war Stroh und Heu und alles mögliche und er hat dann hinter den Verschlag geleuchtet – und da habe ich gesessen. Da habe ich in ein bärtiges Gesicht geguckt. Und da hat er zu mir gesagt „Was du hier machen?" Und da habe ich gedacht: Na eben, was mache ich denn hier? Von da an war ich ruhig – ich war ganz ruhig. Ich bin dann dort raus, ich kannte ja nur im Finstern den Weg bis zur Schlafstube und da habe ich mich zu dem Kleinen ins Bett gelegt. In der Küche hatte ich meine Stiefel ausgezogen – sie waren zwar nicht mehr dicht – aber die waren weg. Ja – und das war mein Abenteuer.

Naja, wenn es dann soweit ist, hast du keine Angst mehr. Der wollte nichts von mir. Ich hatte Zöpfe, der hat gedacht, was will denn die hier. Er hatte gar kein so unrechtes Gesicht, der Mann, so eben wie ein Russe, so ein richtiger gemütlicher Russe und wie ich den so anguckte und er sagte „Was du hier machen?“, da dachte ich – na ja, er hat ja Recht mit der Frage, was machste hier, da gehste eben. Ich hätte gar nicht woanders hin gekonnt, ich kannte mich ja in dem Haus nicht aus. Die Muttel und der Heinz, die haben auch einmal einen Räuber in die Flucht geschlagen.
Da kamen ja auch, weißt du, die ganzen, die in Deutschland verteilt waren, die Polen, die Ukrainer, alle die ja verschleppt worden waren, die in Deutschland gearbeitet haben, die waren ja auch auf der Wanderschaft nach Hause wieder zurück. Da ist auch einer gekommen und wollte mit der Muttel was anfangen.
Muttel hatte sich ein ganz altes Dirndl angezogen. Sie hat gedacht, dass sie ganz schrecklich aussieht. Weißt du, wie die schnuckelig ausgesehen hat in dem alten Dirndl! Mir hat sie ganz doll gefallen und dem wahrscheinlich auch. Der Heinz war mit in der Küche und der Ukrainer sagte immer zu ihm „Du raus! Du raus!“ Ich weiß nicht, was die zwei in der Hand gehabt haben. Sie haben ihn jedenfalls in die Flucht geschlagen. Alle beide, die Muttel und der Heinz auch.

Nach einer kleinen Pause erzählt Tante Irma weiter:
Bevor die Sudetendeutschen ausgewiesen worden sind, mussten alle Flüchtlinge raus. Es wurde ein Zeitpunkt genannt – bis zu einem gewissen Termin mussten alle über die Grenze kommen. Wir hatten ja nichts weiter, wir hat-

ten nur einen Handwagen und den bissel Kram, den man dann noch gehabt hat. Da haben wir von der Michelmühle den Handwagen bekommen und dann sind wir losgewandert und zwar nach Gottesgab/Oberwiesenthal. Die Muttel hatte Fotos und was wir so an Dokumenten brauchten, mitgenommen. Wertsachen hatten wir nicht. An der Grenze wurden wir wieder gefilzt von den Tschechen. Da wurde sortiert, was wir behalten durften und was nicht – hat das der Heinz auch erzählt?
Auf unsere Oma hat keiner geachtet, auf unser kleines Omachen. Sie hat immer alles von dem, was sie uns an der Grenze weggenommen haben, wieder zu dem Haufen, den wir behalten durften, drauf getan. Niemand hat auf die Oma geachet. Und dadurch konnten wir unsere Fotoalben und Bilder und alles behalten, die sie uns weggenommen haben, wahrscheinlich aus dem Grund, nehme ich an, um zu sehen, ob wir Faschisten sind. Die Oma hat das alles gerettet. Und ich hatte alles, was ich an Sachen so hatte, angezogen, weil das ja nicht alles auf den Handwagen ging, und weil das nun unterschiedliche Längen hatte, hatte ich das alles mit einem Gürtel über den Bauch geschnallt, da hatte ich so eine richtige Wulst um den Bauch. Da hat auch ein Tscheche mich abgefühlt und mich gefragt: „Was haben Sie hier?“ Da habe ich gesagt: „Gold.“ Ja. Weißt du. Das war mir so absurd. Er hat doch gesehen, dass wir ganz arme Schweine sind, dass wir fast nichts mehr hatten und stellt so eine Frage, da musste ich das einfach sagen. Da hat er gelacht und ich durfte gehen. Alle jungen Mädchen sollten dann eine Unterkunft oder so etwas scheuern. Da hat die Muttel nicht mitgemacht. Die anderen hatten keine Argumente, aber die Muttel hat ihre Scheidungspapiere vom Erich

Novy, von unserem Erzeuger mitgehabt und das war alles in Tschechisch und da hat sie gesagt: „Mädel Tschechin". Er hat uns als Tschechen anerkannt, den Heinz und mich. Die Muttel hat nicht gesagt, dass sie wieder verheiratet ist. Er sagte, dass wir dableiben sollen. Die Kinder könnten studieren. Da hat sie gesagt, dass wir ein Grundstück in Polen also in Schlesien haben und dahin wollten wir zurück. Da haben sie uns ziehen lassen mit dem, was die Oma uns gerettet hat.

Noch während Tante Irma erzählt, erwische ich mich bei der Frage, wie ich mich als Kind in einer solchen Situation gefühlt hätte.
Tag für Tag unterwegs, wechselnde Nachtquartiere, wo vielleicht das Rote Kreuz an euch Decken verteilt hat, lauwarmen Tee und Kaffee. Und in den Träumen wiederholen sich die Bilder. Auch wenn ich versuche, mich in dich hineinzuversetzen, weiß ich nicht, was du gesehen und gefühlt hast.
Ich kann mir nur eine Vorstellung davon machen, lieber Vati, – von deiner Verzweiflung, deiner Angst, die du sicher nicht gezeigt hast, denn du hast gesehen, wie deine Mutter sich sorgte. Also bliebst du tapfer an ihrer Seite – dein Stiefvater war in Frankreich und du warst der älteste Sohn. Du hast euer Hab und Gut, die wenigen Bündel, die auf dem Handwagen lagen, gehütet wie deinen Augapfel und deine Schwester und den kleinen Bruder getröstet und beschützen wollen. Wer hat dich getröstet? Warst du deshalb immer so ernst?

Viel zu ernst hat dich nach dem Krieg meine Mutter in einer Backstube in Dresden kennen gelernt.

Wie viele Menschen hast du am Rand der Verzweiflung, Verwirrung und des Unmutes gesehen? Was für Menschen begegneten euch und wie war ihr Zustand? Abgemagerte Frauen, erfrorene Babys, Häftlinge, die sich kaum auf den Beinen halten konnten? Oder hast du noch geglaubt, dass die rote Armee nicht über die Oder kommt, Marschall Shukow mit seinen Truppen von den letzten deutschen Reservetruppen zurückgedrängt wird, ..., hast du diese Gedanken still für dich behalten? Hast du zugeschaut, wenn sowjetische Soldaten sich den Wehrmachtsgürtel mit der Aufschrift „Gott mit uns“ als Souvenir in ihr Reisegepäck legten? Selbst Gott musste herhalten für etwas, was gottunwürdig war. Was für Widersprüche waren in dir? Ich stelle mir vor, dass es zu viele Bilder gewesen sind um dich herum, dass sie sich erst viel später aufgelöst haben in einzelne Bilder, die du nicht oder nur schwer aus den Zusammenhängen mehr bringen konntest. Wenn wir später über bestimmte Themen miteinander gesprochen haben, erfuhr ich von deinem sehr großen Allgemeinwissen. Manchmal empfand ich deine Meinung etwas überspitzt oder überzogen, aber gerade darin lag wohl auch die Bedeutung dessen, was dir wichtig war.

Tante Irma erzählt:
Von da sind wir in Etappen gewandert. Wir sind von Oberwiesenthal – das weiß ich noch – einen sehr langen Weg hinunter und da ging mitten in der Nacht der Handwagen kaputt. Kalt war es, geregnet hat es – und der Handwagen ging kaputt. Da saßen wir da wie ein Häufchen Unglück mit unserem bissel Zeug auf der Straße. Da blieb uns nichts weiter übrig, die Oma, der Werner und ich, wir sind an unserem Päckel geblieben und Muttel

und der Heinz sind losgezogen in das nächste Dorf und haben dort an einer Haustür geklingelt und die haben uns weiß Gott einen Handwagen gegeben. Und da kamen sie wieder an und wir konnten weiter. Da sind wir in Etappen, mal mit der Eisenbahn – es war ja kein Zug, der durchging – über Dresden bis an die Neiße gekommen, und dort haben wir dann festgestellt und wir hatten es bereits schon gehört, dass jetzt dort eine Grenze ist und wir nicht mehr nach Polen reinkommen. In solchen Zeiten gehen so viel Gerüchte rum, dass du nicht weißt, was nun Fakt ist. Als wir an der Grenze angekommen sind, mussten wir uns überzeugen lassen. Nun war das für die Muttel ein großes Problem – wohin mit den Kindern? Und da hat sie sich gesagt, dass die Kinder ein Heimatrecht haben. Sie sind in Dresden geboren, also marschierten wir wieder zurück nach Dresden.

Und dort sind wir dann bei Vatel, dem Willi Langer seiner Stiefmutter untergekommen. Sie hat uns aufgenommen. Das war auch ein Martyrium, vor allem für unsere Maiwald-Oma. Wir haben natürlich die Maiwald-Oma geliebt. Das war ja unsere Oma. Die Dresdner Oma wollte aber auch geliebt werden, weil sie uns aufgenommen hat. Alles, was die Maiwald-Oma gemacht hat, war nicht richtig. Sie hat nicht richtig abgewaschen. Sie hat nicht richtig abgetrocknet – alles war verkehrt. Wenn wir heimgekommen sind – wir sind ja oft draußen rumgestiefelt oder waren im Kino, wir hatten auch laufend Hunger – da weiß ich noch, da saß sie unter dem Fenster auf einer Fußbank und hat geheult, weil sie nur schikaniert worden ist. Und wir haben das immer brühwarm der Muttel erzählt – sie war damals beim Gesundheitswesen in der

Geschlechtskrankenfürsorge tätig, aber die Muttel konnte da auch nichts machen, sie war ja dankbar, dass wir überhaupt aufgenommen worden. Wir haben die Maiwald-Oma geliebt und die andere konnten wir nicht leiden. Aus der heutigen Sicht ist das verständlich, aber was willst du von 13/14jährigen erwarten. Da hat die Dresdner Oma dem Werner gesagt – und das war für den Werner schlimm – „das sind gar nicht deine Geschwister, dein Vater ist der Langer, Willi und nicht der Novy, Erich, nur du bist der richtige Sohn.“ Damit hat sie beim Werner einen Stachel gelegt. Er hatte das ja nicht gewusst. Wir haben das alle nicht gewusst, der Heinz nicht und ich auch nicht. Der Langer-Willi war erst der Onkel Willi. Den hat dann die Muttel geheiratet. Der Werner ist vor der Ehe gezeugt, deshalb dachten wir Kinder, wir gehören alle dreie zu-

Die Eltern meines Vaters, Elise und Willi Langer

sammen. Wir hatten alle drei den Namen Novy, der Werner auch. Wir spürten keinen Unterschied. Der Vatel hat auch keinen Unterschied gemacht. Er war sehr kinderlieb. Aber, was spaßig ist: Die Muttel und der Vatel haben sich manchmal so geneckt und da hat der Vatel gesagt: „Na wenn das so ist, dann nehme ich meinen Koffer und ziehe wieder nach Dresden." Da hat dein Vater, also der Heinz, sich hingestellt, so wie er ist und wie du ihn kennst: „Heh, das kannst du ja nicht, wir haben dich ja geheiratet", das ist echt Heinz, „Ätsch, das kannst du nicht, wir haben dich ja geheiratet, von wegen..."
Seitdem die Langer-Oma das gesagt hat, ist Werner dann immer ausgeflippt. Er war der Jüngste, ihm hat am meisten der Vater gefehlt. Die Muttel war den ganzen Tag nicht da. Der Langer, Willi war in französischer Gefangenschaft. Hunger haben wir den ganzen Tag gehabt. Werner hat dann angefangen zu klauen. Er hat Lebensmittelmarken geklaut. Er hat eingebrochen bei der Frau Böhmer, nur Fressalien. Beim Neustädter Bahnhof ist er dann total untergegangen. Er hat auch dem Heinz, wo der in der Bäckerlehre war (der Heinz hatte doch von seinem Bäckermeister einen Anzug zu Weihnachten bekommen) – da ist er eingebrochen und hat den Anzug geklaut. Dann hat er im Spreewald Butlowskis ein Radio geklaut. Mit dem Werner hatte die Muttel mächtigen Ärger. Da hat sie manche Nacht den Werner genommen und da haben sie um die Wette geheult. Er hat immer versprochen, versprochen – und konnte es nicht halten. Da war er schon zu weit reingeschlittert.

An dieser Stelle hört das Interview auf und ist die Reise in deine Kinderzeit beendet.

Noch heute frage ich mich, ob Menschen, angesteckt vom Enthusiasmus irrationaler Ideen, die beispielsweise auf die Frage Goebbels „Wollt ihr den totalen Krieg“ mit einem hysterisch herausgeschrieenen „Ja“ antworten, Opfer einer Diktatur werden können. Was lag in diesem Herausschreien? Wo blieb ihr Denken? Taumelnd im Siegesrausch, an den Sieg glaubend, nach und nach durch das, was weiter geschehen war, ihren Illusionen beraubt, kehrten viele später zurück als Soldat aus einem verlorenen Krieg oder vertrieben aus der Heimat.

Diese Menschen wurden nach dem Krieg zugleich Bewohner in einem Deutschland, wo tatsächliche Täter und Opfer bald nur noch schwer zu unterscheiden schienen.

Alles hat seine Wurzeln.

Ich erinnere mich nicht, dass im Elternhaus oder in der Schule eine kritische, allumfassende Auseinandersetzung mit der Kriegsvergangenheit stattgefunden hat – das, was in der Schule im Fach Geschichte darüber gelehrt wurde, war nur ein Teil der Geschichte, vielmehr wurde es vermieden und möglicherweise sogar unterbunden, über bestimmte Dinge zu reden. Die Rolle der Sowjetunion, aber auch die Rolle der USA und der anderen beteiligten Staaten wird erst heute nicht mehr einseitig, sondern von mehreren Blickwinkeln aus betrachtet.

Endlich beginnen auch die Menschen zu reden. Es scheint, dass sie dem Druck, der Last in ihrer Seele, nicht mehr gewachsen sind und sie sich erst jetzt der Verantwortung bewusst werden, dass das, was wirklich geschehen ist und sie mit eigenen Augen gesehen haben, nicht mehr zu verleugnen oder zu verschweigen ist. Ich glaube, dass sich die Geschehnisse dadurch zwar nicht auflösen, aber dass traumatisierte Menschen sich durch das Erzählen und Aufarbeiten von dem, was sie möglicherweise durch ihre Kriegserfahrungen und Erlebnisse im Leben blockiert hat, befreien können.

Dein Halbbruder Werner war eines Tages verschwunden. Jahrzehnte später, da hat die Langer-Oma (deine Mutter) noch gelebt, tauchte er in einer Fernsehsendung im Westen Deutschlands auf – ich habe den Dokumentarfilm leider nicht gesehen und nur von einer Freundin erfahren, dass er darin als „intelligentester Vagabund von Stuttgart" bezeichnet wurde. Er lebte inzwischen von Frau und Kindern getrennt, hatte viele Jahre im Gefängnis verbracht und keine Verbindung mehr zu euch. Seine Kinder aber hat er nach euch benannt, Irmgard und Heinz. Das allein genügt mir, um zu wissen, wie sehr er euch vermisst hat.

Lieber Vati, ich habe als Kind nicht viel über dich nachgedacht. Es gab eine Zeit, da fühlte ich mich von dir nicht geliebt und wenig beachtet. Vor allem aber fühlte ich mich unverstanden. Durch deinen Beruf als Offizier in der Nationalen Volksarmee der DDR warst du oft tagelang nicht zu Hause.

Sehr lange warst du mir fremd. Es gab Regeln, die das Zusammensein bestimmten, Hausarbeitspläne und Hinweise, was verboten war und Zeiten, wo wir Kinder still sein und geregelt ins Bett gehen mussten. Westsender

Mein Vati und ich

waren verboten und Jeans, Auffälligkeiten gegenüber dem Staat und den Nachbarn, und bei den Jungs waren die langen Haare verboten. Heimlich haben wir Karl-May-Bücher gelesen oder „Die rote Zora und ihre Bande“ und Westsender gehört. Winnetou und Old Shatterhand gab es für uns nicht – erlaubt war „Chingachgook, die große Schlange“ und „Spuk unterm Riesenrad“. Später hast du dich gefreut als ich meinen Kindern aus dem Buch „Der Räuber Hotzenplotz“ vorgelesen habe – eine Gestalt aus deiner Kinderzeit und manchmal hast du meinen Sohn Michael so gerufen: „Na du kleiner Räuber Hotzenplotz.“ Trotz einer eher scheinbaren Fremdheit habe ich dich als Kind sehr geliebt.

Als du schon sehr krank warst und wir Geschwister unsere Mutter in der Pflege unterstützten, habe auch ich dich gefüttert und rasiert, und ich habe gespürt, dass es dir gut tat, dass ich das tat.

Viele Jahre fiel es mir schwer, mit dir zu reden. Es konnte dich anstrengen, mehr als zwei oder drei Sätze zu sprechen. Es konnte dich berühren, wenn jemand dir in die Augen sah und mehr als zwei oder drei Sätze zu dir sprach, also sich für dich interessierte. Immer warst du beteiligt, wenn es um Mutti oder um uns Kinder gegangen ist.

Während ich das schreibe, erfahre ich, dass du genau so sein musstest, still, wortkarg, in dich gekehrt...
Nichts, nichts konnte an dir vorbeigehen ohne von dir betrachtet zu sein – es musste durch dich hindurch gegangen sein und die Stärke, die du nach außen gezeigt hast, war vielleicht die leise Übereinkunft mit dir selbst, jetzt nichts mehr sagen zu müssen. Jedenfalls das nicht, was du gesehen hast und worüber zu sprechen immer den gleichen unbändigen Schmerz wieder entfachen würde, den du als Kind, als Junge, nicht zeigen wolltest und als Erwachsener nur selten zeigen konntest.

Wann hat das angefangen?

Meine Schwester Elke schreibt in ihrem Brief über die Reise 1970 nach Polen an mich: *„Auf jeden Fall gab es das Haus als Ganzes nicht mehr. Im Wald dahinter hat Vati seine lebendige Kindheit und Jugend ausgelebt. Ich glaube, die Gefühle gingen mit ihm (ein bisschen...) durch – er schwärmte davon, war aber nicht frei von Melancholie. Vati, der eher kaum seine Ge-*

fühle offenbarte, war in dieser Situation – dort (beim Besuch in Polen) – doch recht bewegt...“

Deine von mir so gefühlte Unnahbarkeit kam vielleicht aus dieser Zeit und ist mit der Zeit, die nach dieser folgte, sich immer verstärkend, mitgegangen. Vielleicht deshalb haben wir selten miteinander geredet – weil ich das damals nicht sehen konnte oder weil meine Kindheit und Jugend in der DDR von einer Gesellschaftsform getragen war, die diese Vergangenheit von ihrer Sichtweise heraus interpretierte und vermittelte. Ich fühlte mich vor allem in der Schule mehr oder weniger ausgesetzt einem geschichtlichen Zahlenwissen. Mir fiel auf, dass ich auch bei der hundertsten Wiederholung einer geschichtlichen Abfolge für mich keinen anderen Zusammenhang erkennen konnte als den, dass ich es auswendig lernen musste, um meinen Schulabschluss in diesem Fach schaffen zu können.

Als ich bei Google nach dem Ort Kaiserswaldau suche und in dieser Suche immer weiter gehe, finde ich folgende Information:
„An der Gemeindegrenze zwischen **Kaiserswaldau und Wolfhein** *im Altkreis Goldberg ist von Pfarrern ein 32 Meter hohes Holzkreuz als Zeichen der Völkerverständigung errichtet worden. Eine zweisprachige Gedenktafel, schreiben die „Goldberg-Haynauer Heimatnachrichten“, erinnert zweisprachig an die einstige deutsche Bevölkerung und an die heute polnische.“ (Quelle www.slonsk.de).*

Mit diesem Satz möchte ich diesen ersten Brief an dich abschließen.

„Es gibt keinen Weg zum Frieden, denn Frieden ist der Weg."
Mahatma Gandhi

Teil II – Neue Hoffnung

Lieber Vati,
ich habe die Nacht wenig geschlafen – immer wieder tauchten Bilder auf, die mich zu dir hinführen und von dir weggehen in die Zeit von heute.

Der 13. Februar 2010 – in Dresden treffen rechte und extrem linke Gruppen aufeinander. Die meisten der Radikalen junge Leute mit Glatze, Bomberjacke und Springerstiefeln. Autos werden umgestoßen, Fenster eingeschmissen, Müllcontainer angezündet. Es gibt Verletzte. Über 6.000 neue Nazis besetzen den Bahnhof Neustadt, Menschen fühlen sich unsicher auf den Straßen. 12.000 Menschen setzen eine Blockade dagegen – mit Erfolg. Aber eine Blockade ist nach unseren Gesetzen strafbar. Überall Polizei. In den Fernsehsendern werden Menschen befragt. Viele haben ANGST. Die Losungen der neuen Nationalsozialisten wiederholen bereits die Parolen der Zeit der Naziära um 1933.

Wenn am Vorabend des 13. Februar 2010 Polizeiautos, teilweise gepanzert und mit Wasserwerfern, nach Dresden abgeordnet werden, der Albertplatz in Dresden von mehreren Polizeisperrketten und zusammen gerückten Einsatzwagen umstellt ist, Hubschrauber in Formation bedrohlich über der Stadt zu kreisen beginnen und viele Straßen dicht sind, um mögliche Marschrouten der neuen

Nazis zu blockieren, ist diese Angst für mich nicht unerklärbar. Manchmal, scheint mir, läuft die Geschichte verkehrt herum als hätte sie in ihrem Verlauf irgendetwas vergessen.
Kann man 60 Millionen Tote, die der 2. Weltkrieg insgesamt mit sich zog, zerstörte Städte und Straßen, Häuser, Kirchen, Denkmale, Hunger und den Kampf um Überleben vergessen?

Deine Geschichte ist noch nicht zu Ende. In Dresden hast du 17jährig eine Bäckerlehre begonnen. Hier bist du 1947 meiner Mutter begegnet.
Ich frage sie, deine Frau Gisela, wie sie den Krieg erlebt hat. Bei Kriegsausbruch war sie genauso alt wie du.

Mutti erzählt:
Bei Kriegsbeginn wurde auf dem Schillingplatz in Dresden ein Männersammelpunkt eingerichtet. Ich kann mich an viele Reiter erinnern. Meine Eltern hatten ANGST, die sich auch auf mich übertrug. Mein Vater hatte vom 1. Weltkrieg eine Kriegsverletzung, ein Einschuss in die Hüfte – die Kugel wurde herausoperiert, anschließend bekam er eine Kur in Johann-Georgenstadt. Meine Mutter betete später oft mit mir gemeinsam, dass keine Bombe auf unser Wohnhaus fällt. Ich hatte als Kind danach ein schlechtes Gewissen, denn wenn die Bombe nicht auf unser Wohnhaus fällt, dann fällt sie auf andere Wohnhäuser. Ich habe an mein Gebet den Zusatz angehängt, dass die Bombe keine Menschen treffen soll.
Bei Kriegsbeginn war ich 9 Jahre, meine Schwester Hanna 13 Jahre. Mein Bruder Max, ein großer blonder muskulöser Hüne, war 18 Jahre. Er hatte eine Lehre als Schuh-

macher. Hier wurde er bereits auf den Krieg vorbereitet. Er kam dann in ein Vorbereitungslager (ich glaube, die hießen Arbeitslager). Ich erinnere mich an eine große Auseinandersetzung zwischen meinem Bruder und meinen Eltern, denn er war überzeugt, dass der Krieg für Deutschland wichtig ist. So genau weiß ich nicht mehr, was meine Eltern gesagt haben. Mein Bruder kam dann einige Tage nicht mehr nach Hause und meine Mutter hat oft geweint.
Trotz starker nazistischer Einstellung und Beeinflussung, lehnte mein Bruder Max jedoch den Eintritt in die SS ab.

Lieber Vati, während ich dir das schreibe, taucht bei mir die Frage auf, ob sich die Schicksale innerhalb vieler deutscher Familien geähnelt haben (sofern sie nicht jüdischer Abstammung waren, homosexuell waren oder Behinderungen hatten, denn oft nur deshalb erfuhren diese Menschen durch Gesetzesänderungen oder -ergänzungen eine Aussonderung, die später im Holocaust mündete).

Mutti hat die Zerstörung Dresdens unmittelbar erlebt. Du, lieber Vati, warst in dieser Zeit mit deiner Familie auf der Flucht von Schlesien nach Sachsen. Ich kann mir vorstellen, dass sich die Erziehung und Bildung außerhalb des Elternhauses im nationalsozialistischen Deutschland und damit verbundene Erlebnisse für Kinder deines Alters nur wenig oder situationsbedingt von deinen Erlebnissen unterschieden haben. Du bist vorwiegend auf dem Land aufgewachsen und hast nur die ersten drei bis vier Jahre in deiner Geburtsstadt Dresden verbracht. Deine Mutter Elise war Bäuerin. Mutti hat ihre Kinderzeit in einer Großstadt verlebt – ihr Vater Max war Post-

Silberhochzeit der Eltern meiner Mutter, Gertrud und Max Walter

angestellter. Ihre Mutter Gertrud hat, bevor sie Max kennen lernte, erst auf dem Feld gearbeitet, später war sie Gardinenspannerin.

Im Alter von neun Jahren sind Kinder empfindsam und registrieren jede noch so kleine Veränderung. Es ist auch Mutti als Kind aufgefallen, dass ihre Eltern Angst hatten. Eine ähnliche Angst vermute ich auch bei dir. Tante Irma hat erzählt, wie eure Eltern sich nach 1933 verhielten. Es musste auch dir aufgefallen sein, dass die Veränderungen im Land auch Veränderungen in Gestik, Stimmlage und den Handlungen der Personen, die dir nahe standen, nach sich zogen. Ich habe dir bereits geschrieben, dass ich mir vorstellen kann, dass die Beeinflussung, die von der Schule her auf euch Kinder geschah, ebenfalls annähernd wie bei Mutti gewesen sein muss. Aus den Erzählungen von Tante Irma, Mutti und ihrer Schwester

Hanni und aus den Lebensgeschichten anderer erfahre ich, dass viele Menschen wahrscheinlich nicht nur die Vorbereitung des Krieges geahnt, sondern sie auch gewusst haben, so wie beispielsweise später viele Menschen gewusst haben, dass es Menschenvernichtungen in Konzentrationslagern gab, aber es sich selbst nicht haben zugeben wollen.

In dem Buch von Walter Kempowski „Haben Sie schon gewusst?" können wir Antworten lesen, die mich noch heute erschüttern. Auf die Frage, ob ein 1908 geborener Postkartenvertreter etwas von Konzentrationslagern gewusst hat, antwortet dieser: „*Nein, von KZs hab ich nichts gesehn. Bei Gesprächen in der Bahn hat man mal davon gehört, sonst nichts. Auf der Büchner Strecke stieg mal ein ostpreußischer SS-Führer in mein Abteil zu, der sich dann behaglich und breit über seine Aufsehertätigkeit in einem KZ äußerte. Aber nicht unnett. Zum Beispiel, dass Häftlinge ihm nach ihrer Entlassung noch mal geschrieben hätten, wie nett das gewesen sei. Da haben wir uns damals nichts dabei gedacht. KZs waren damals noch nicht das, was sie später waren.*"

Ich glaube nicht, dass mit dem Bau der Autobahnen und der Abschaffung der Arbeitslosigkeit das Blickfeld auf andere Geschehnisse eingeengt wurde, sondern dass Hysterie und übergreifende Euphorie, die durch Hitler, Goebbels, Himmler, Göring..., nach außen und in die Medien getragen wurden, eine entscheidende Rolle spielten. Ich glaube auch, dass viele Menschen aus Angst, ihre andere Einstellung und ihren anderen Sichtblick zu verraten, geschwiegen haben, dass ein Denken oft nur einsam in den vier Wänden geschehen ist. Deine Mutter hatte das Hitlerbild über dem Sofa hängen, um den Schein treuer Verbundenheit zu Deutschland zu wahren, aber, so erzählte es mir Tante Irma, es war gedacht, um euch zu schützen, also auch gegenüber euch Kindern sehr vorsichtig zu sein. Wie solltet ihr das, was die Schule euch lehrte, mit eventuellen anderen Ansichten im Elternhaus so einordnen können, dass es euch nicht verletzt oder in Gefahr bringt?

Ich überspringe die Zeit des Krieges. Ich frage Mutti, wie sie die Beendigung des Krieges erlebt hat. Vorher aber erzählt sie mir noch von dem Tag, als die Nachricht über den Tod ihres Bruders, der wie sein Vater den Vornamen Max bekommen hatte, kam. Sie ist dabei sehr bewegt und im Verlaufe des Interviews kommen ihr die Tränen.

Mutti erzählt:
Es war zu Ostern 1943. Ich wollte in den Kirchenchor, habe mich gerade angezogen, da klingelte die Briefträgerin an der Tür. Ich dachte, endlich kommt Post von Max und rief: „Mutti komm schnell, wir bekommen Post!" Die Briefträgerin aber sagte zu mir „Geh mal lieber schon los."
Als ich vom Kirchenchor wieder nach Hause kam, saß meine Mutter schon an der Nähmaschine und nähte schwarze Kleidung.
Meine Eltern nahmen mich dann beiseite und mein Vater erzählte mir, dass Max gefallen sei. Ich nahm meinen Hund Fiffi, den Max mir aus Frankreich als kleinen Welpen mitgebracht hatte und ging auf das Sofa und sagte: „Da ist Fiffi jetzt mein kleiner Bruder, ich habe keinen großen Bruder mehr." Am nächsten Tag musste ich mit schwar-

zer Kleidung in die Schule. Der Lehrer nahm mich in die Arme und drückte mich. Auch meine Schulfreundin Gisela Höhlig (sie war Klassenbeste, ihre Eltern hatten ein Frisörgeschäft) trug in den Haaren zur Trauer eine schwarze Schleife. Sie hatte den Vater verloren. Der Verlust eines Familienmitgliedes wurde von vielen Familien nach außen hin gezeigt – meine Mutter legte sehr großen Wert darauf. Der Tod musste in der Kirche gemeldet werden (mein Vater war nicht gläubig, ging aber mit in die Kirche). Als der Name meines zwölf Jahre älteren Bruders verlesen wurde mussten wir aufstehen. Der Pfarrer sagte: „Gott hat es gewollt, dass Max Walter für Führer, Volk und Vaterland gefallen ist." Es wurde als Ehre dargestellt, dass mein Bruder gefallen ist.

Der Tod meines Bruders war nicht ganz unvorbereitet. Es war lange keine Feldpost gekommen, das war oft ein Zeichen, dass derjenige gefallen war.

Später kam ein Freund von Max aus dem Krieg – er erzählte, dass er für Max ein Grab geschaufelt habe und darauf ein Holzkreuz gestellt hat. Er gab meinen Eltern ein Foto vom Grab. Er erzählte, wie mein Bruder starb. Kurz vor Moskau hat sich Max freiwillig als „Späher" gemeldet. Er sollte herausfinden, wo die „Russen" sind. Max wurde entdeckt und starb durch einen Kopfschuss. Er hat keine Schmerzen gehabt, er war sofort tot. Max hat NIE einen Rückzug der deutschen Truppen erlebt. Er glaubte an den Endsieg. Er war im Siegesmarsch durch Frankreich dabei gewesen, war dort stationiert, wurde durch den Siegeszug immer mehr motiviert und kam bis kurz vor Moskau, wo er dann fiel.

Am 13. Februar 1945 warst du noch auf der Flucht. Die DDR wird später die Wörter Vertriebene und Flüchtlinge durch das Wort Umsiedler ersetzen. Ihr seid aber nicht umgesiedelt worden. Das Potsdamer Abkommen beschloss die Veränderung der Grenzen erst im Juli/August 1945. Der Sonderbefehl Nr. 120 war bereits am 18.03.1945 erlassen, dort hieß es, dass das Gebiet bis zum Fluss „Oder" Bestandteil des polnischen Staates ist (Sonderbefehl Nr.120 in: Poln. Dokumente, Bd.I, S. 1336).

Ich kann mir vorstellen, dass die strategischen Kriegsspiele deiner Kinderzeit für dich damals ein Abenteuer gewesen sind. Durch die Erfahrungen der Flucht und den Verlust der Heimat ist ein Teil deiner Kinderzeit verloren gegangen. Es ist für mich nicht unwahrscheinlich, dass du auf diesen Wegen eine andere Wahrheit öffnende Seite des Krieges in vielen unterschiedlichen Bildern erlebt hast, die deinen Entschluss, später in die Kasernierte Volkspolizei zu gehen, beeinflusst haben. Die Siegeseuphorie am Anfang des Krieges konnte möglicherweise bei Kindern deines Alters aufgrund dieser neuen Erfahrungen und durch den Verlust der Heimat, also durch ganz direkte Fluchterfahrung von Schlesien nach Sachsen, zuerst einmal umschlagen in eine Ernüchterung. In dieser Zeit kamen ganz neue und vielleicht erst einmal einfache Fragen hinzu. Wie unterscheidet sich die deutsche Sprache in Schlesien von der deutschen Sprache in Sachsen? Woher kommen die Königsberger Klopse oder der Kartoffelsalat mit in Öl gebratenem Speck, den du neben dem sächsischen Kartoffelsalat in meiner Kinderzeit und auch später noch meist an den Sonnabenden zubereitet hast oder die einfache Knoblauchsuppe – heißes Wasser auf halbierte Knoblauchzehen mit etwas Salz und eingeweichtem altbackenen Brot. Was für Gegenstände nahmen deine Großmutter und Mutter mit auf die Flucht und wo wurden diese Gegenstände aufbewahrt? Waren sie ein Stück glückliche Heimat oder eine selbst täuschende Vergewisserung, dass die Heimat, wenngleich nun nur noch in den Gegenständen symbolisiert, noch da war? Gab es solche Gegenstände? Wenn nach der Desillusionierung die Ernüchterung kam, was kam dann nach der Ernüchterung? Hatten meine Großmutter Elise und mein Großvater Willi seit ihrer Flucht noch einmal ihre alte Heimat in Schlesien aufgesucht?

Ich kann dich nicht mehr fragen, was nach der Ernüchterung kam. Ich kann dich auch nicht mehr fragen, was für Bilder du gesehen hast. Es ist für mich insgesamt schwierig, mich in diese Zeit hineinzuversetzen, weil vieles für mich noch immer unverständlich ist. Immer, wenn ich etwas über den Krieg, die Flucht oder über Holocaust lese und die Zahlen der Ermordeten und Toten erfahre, spüre ich ein merkwürdiges Zittern auf meiner Haut. Vorstellen aber kann ich mir dein Entsetzen nach eurer Rückkehr nach Dresden, deinen Geburtsort, diese einst prunkvolle Stadt, so verändert vorzufinden – sofern ein drei- bis vierjähriges Kind, das du vor dem Umzug nach Schlesien gewesen bist, es damals schon registrieren konnte. Zumindest aber deine Schwester Irma wird Erinnerungen von der Stadt haben, bevor sie zerstört wurde.

Während früher oft sechsstellige Opferzahlen genannt wurden, so lese ich, sind nach neuesten historischen Un-

tersuchungen durch die Luftangriffe auf Dresden vom 13. bis 15. Februar 1945 mindestens 22.700 Menschen ums Leben gekommen. Große Teile der Innenstadt und der industriellen und militärischen Infrastruktur Dresdens wurden hierbei zerstört. Noch heute wird diskutiert, ob solche Flächenbombardements kurz vor Beendigung des Krieges militärisch notwendig waren bzw. als Kriegsverbrechen zu werten sind. Die Altstadt brannte zum großen Teil aus, Johannstadt war weitgehend abgebrannt und zertrümmert, die alten Ortskerne und historischen Bauten von Mickten, Strehlen und Gruna waren vernichtet. Nahezu alle Stadtteile von Dresden und viele Kulturdenkmäler sind zerstört worden. Tausende Menschen flohen noch während des ersten Angriffes in Stadtteile, die nicht so stark betroffen waren, u.a. auch nach Löbtau, wo meine Mutter mit ihren Eltern wohnte. Hier war vor allem die Kesselsdorfer Straße im stadtnahen Bereich zerstört. Viele Menschen erstickten auf der Flucht an den Brandgasen. Familien wurden auseinander gerissen, Leichen wurden in der Stadt mit Lastwagen und Handkarren eingesammelt.
(Quelle: www.de.wikipedia.org/wiki/Luftangriffe_auf_Dresden)

Auch der Stadtteil Trachenberge am Rande von Dresden, in den deine Mutter nach der Flucht aus Schlesien zog und mit euch Kindern in der kleinen Wohnung ihrer Schwiegereltern mit aufgenommen wurde, blieb von den Luftangriffen weitestgehend unberührt. Später seid ihr in diesem Stadtteil geblieben und bekamt zwei Zimmer zur Untermiete auf der Großenhainer Straße über einem alten Postamt. Diese Wohnung war dann, als deine Mutter mit ihrem Mann arbeitsbedingt nach Karl-Marx-Stadt gezogen ist, die erste gemeinsame Wohnung von dir und Mutti und dem inzwischen geborenen ersten Sohn, meinem Bruder Dietmar.

Aber auch, wenn du keine Erinnerungen mehr an die Zeit in Dresden vor eurem Umzug nach Schlesien, der vorwiegend mit der Trennung eurer Mutter von eurem leiblichen Vater, Erich Novy, mit dem ihr vor dem Umzug nach Schlesien im Stadtteil Friedrichstadt auf der Schäferstraße gewohnt habt, zu tun hatte, kann ich mir vorstellen, dass dieses Ausmaß der Zerstörung Dresdens neben anderen Einflüssen in dieser Zeit erheblich deine Einstellung zum Aufbau eines anderen Deutschlands beeinflusst hat. Denn du hast ja die vielen Ruinen und die Zerstörung vor allem der Innenstadt gesehen.

Viele Gedanken, die Mutti heute über diese Zeit äußert, sind auch ihre Gedanken von heute. Die Erfahrungen aber gehören in die Zeit, die auch du erlebt hast, wenn nicht unmittelbar, dann doch aus den Berichterstattungen und von anderen Flüchtlingen, denen ihr begegnet seid.

Mutti erzählt:
Die ersten Angriffe auf Deutschland waren in Berlin, in Städten des Rheinlandes, in Essen. Als Leipzig dann bombardiert wurde, wurde meinen Eltern angeraten, dass alle Kinder möglichst Dresden verlassen sollen. Ich kam zu Tante Martha nach Sayda im Erzgebirge. Meinen Hund Fiffi, den mir mein Bruder Max geschenkt hatte, durfte ich mitnehmen. Ich war 13 Jahre und war als Großstadt-

kind Mittelpunkt in dem Dorf. In der Schule waren zwei Jahrgänge zusammen in einer gemischten Klasse – das kannte ich von Dresden nicht, dort war strikte Trennung von Mädchen und Jungen. Wir hatten in Dresden sogar getrennte Eingänge. Ich war in Sayda sehr aufgeschlossen und schwatzte auch oft. Da nach einem halben Jahr noch keine Angriffe auf Dresden erfolgt waren und ich sehr großes Heimweh hatte, holte meine Mutter mich wieder nach Dresden. Kaum war ich in Dresden, kam der 1. Angriff. Ich erinnere mich, dass ich gerade ein Kleid für meine Puppe gehäkelt hatte und zu meiner Mutter sagte: „Ich will das noch fertig machen", da hörten wir die ersten Einschläge „Peng!" und wir rannten schnell in den Keller.
Meine ältere Schwester Hanna, die Verkäuferin war, und mein Vater waren zu diesem Zeitpunkt noch auf Arbeit. Das Nachbarhaus auf der Bünaustraße brannte. Die Splitter davon schlugen auch in unser Haus - Scheiben und Türen gingen kaputt. Mein Hund Fiffi war weg. Als Kind empfand ich das besonders schlimm. Das Nachbarmädchen Renate (sie war sechs Jahre) schrie. Die ersten Löschungsarbeiten begannen.

Ich ging mit meiner Mutter zu dem Kaufhaus, wo meine Schwester arbeitete. Das Kaufhaus war total verbombt und wir dachten, dass Hanna darin verbrannt ist. Wir wurden dann angesprochen: „Suchen Sie jemanden?" - „Ja, meine Tochter", sagte meine Mutter. „Beruhigen Sie sich. Die Leute sind auf dem Wallwitzplatz – sie sind alle gerettet." Diese Situation, wo wir beide dachten, dass Hanna tot ist, war für mich ein einschneidendes Erlebnis.

Mein Vater arbeitete im Postamt Nr. 7 in Dresden. Er kam nach dem Angriff mit dem Fahrrad über die Nossener Brücke zu uns. Als wir dann alle wieder zu Hause waren, befestigte mein Vater Pappe vor den zerschlagenen Fenstern. Später lief ich durch die Straßen, um Fiffi zu finden. Ich habe laut und mehrmals „hihi" gerufen, da er auf Fiffi nicht hörte und fand den Hund schließlich bei der Nachbarin, Frau Heidel. Er hatte dort Schutz gesucht und saß friedlich bei einer Katze, die er sonst immer gejagt hatte.

Genau am 13. Februar wurde mir früh die Rachenmandel ambulant entfernt. Nachts waren drei Angriffe. Mein Vater war erneut auf Arbeit. Es gab einen Kellerraum für alle Hausbewohner, der außen durch einen Richtungspfeil besonders gekennzeichnet war. Ein Verantwortlicher kontrollierte, ob alle im Keller waren und ob noch Licht an war. Durch die Aufregung fing meine Nase an zu bluten. Mein Vater kam verrußt und verbrannt in den Kellerraum und erzählte, er hätte auf dem Weg hierher um sich geschlagen, um die Flammen von seinem Körper abzuschlagen. Er hätte große Angst um uns gehabt. Beim 2. Angriff wurden über Dresden Leuchtkugeln abgeworfen, damit Dresden beleuchtet war – ich habe die Kugeln „heulen" gehört. In meine Schule schlug eine Phosphorbombe ein.

Wir gingen an diesem 13. Februar wegen der Nasenblutung nachmittags noch einmal zum Hals-Nasen-Ohren-Arzt, doch das Haus war zerbombt.

Später musste ich dann in die Wallwitzstraße zur Schule gehen. Wir hatten nur noch eine Stunde Unterricht und bekamen viele Hausaufgaben, die am nächsten Tag nur besprochen wurden. Die Klassen wurden später nochmals aufgeteilt und ich kam in eine Schule nach Cotta, bekam dort ein Notzeugnis als Abschlusszeugnis. Alle anderen Unterlagen sind verbrannt. Ebenso bekam ich, da die Kirche zerbombt war, eine Notkonfirmation.

In dem Buch „Außer Dienst" des früheren Bundeskanzlers Helmut Schmidt äußert er, dass wir ohne Kenntnis der Vergangenheit die Gegenwart nicht begreifen können. Wir können ohne Vergangenheit auch nicht wachsam sein für etwas, das scheinbar unabhängig von uns geschieht. Er schreibt auf S. 143: „*Zusammenfassend möchte ich den nachfolgenden Generationen deutscher Politiker ans Herz legen, sich auch künftig mindestens dreier entscheidender Lehren aus der deutschen Geschichte bewusst zu bleiben: nämlich der bleibenden Hypothek der Vernichtung der Juden, der bleibenden Aufgabe guter Nachbarschaft zu den uns umgebenden Nationen und der gleichfalls bleibenden Aufgabe einer verlässlichen Balance zwischen Bund und Ländern. Wenn unsere Politiker außerdem jeglicher Versuchung zu deutscher Großmannssucht widerstehen, hätten wir tatsächlich Entscheidendes aus unserer Geschichte gelernt.*"

Wenn wir zwei, lieber Vati, in meiner Kinderzeit auch wenig miteinander gesprochen haben, so habe ich dich dennoch immer als einen Menschen gesehen, der politisch einen eigenen und festen Standpunkt hatte. Die Worte Helmut Schmidts hättest du ebenso unterschrieben wie alles, was sich gegen Korruption und Bürokratismus richtete. Hier konntest du sehr aus dir heraus gehen und es ärgerte dich, wenn Sinn und Verstand weniger wert schienen als dogmatische Richtlinien und Umleitungen zu immer längeren Straßen einer Lösung von Problemen. Später, in der Nationalen Volksarmee, hattest du zuletzt den Dienstgrad als Oberst im operativen Stab, also in der Führungsspitze. Ich habe in derselben Kaserne fünf Jahre als Zivilbeschäftigte gearbeitet. Selbst Unteroffiziere und Soldaten schätzten dich aufgrund deiner schnellen und handfesten Entscheidungen, deiner Bescheidenheit und des gerechten Umgangs mit ihnen. Diese Zeit gehört aber bereits in meine Lebensgeschichte. Ich möchte deshalb später in diesem zweiten Brief an dich nur einige wenige jener Bezugspunkte nennen, die von deiner Lebensgeschichte direkt in meine hinein gekommen sind. Dabei werde ich an dieser Stelle noch nicht darüber nachdenken, warum ich vieles, was ich an Erziehung in Elternhaus und Schule erfahren habe, damals als Kind oder Jugendliche oft vollkommen einsichtig übernommen habe. Das würde diese Aufzeichnungen aus ihrem Rahmen sprengen.

Kommen wir zurück zu Muttis Erzählung.

Mutti erzählt:
Anschließend kam ich ins Pflichtjahr nach Weigmannsdorf zum Bauer Klemm, bei dem zuvor schon meine Schwester Hanna war. Dort habe ich das Kriegsende erlebt. Meine Mutter hat oft beim Bauern in der Erntezeit ausgeholfen – die Scheune stand am Anfang des Dorfes; dort wurde das Stroh gebündelt. Ich erinnere mich, dass die Soldaten in Weigmannsdorf Bunker bauen sollten. Ich habe wenig später die Soldaten kommen sehen. Es waren Russen, einer davon hat das Gewehr gehoben und auf meine Mutter gerichtet. Sie konnte noch wegrennen.

Meine Großeltern väterlicherseits wohnten auf der Kesselsdorfer Straße in der Nähe eines alten Kinos im Hinterhaus. Sie hatten eine Tochter, Tante Metha. Die Großmutter war so dick, dass sie sich nicht alleine anziehen konnte. Mein Großvater hat immer viel erzählt. Einmal nahm er einen Atlas und sagte: „Unser kleines Deutschland und dieses große Russland – das kann nicht gut gehen." Ich habe zu diesem Zeitpunkt Deutschland verteidigt, so wie ich das in der Schule gehört habe und glaubte bei diesem Gespräch noch an den Sieg Deutschlands. Ich erinnere mich noch an einen anderen Satz vom Großvater: „Wenn im Herbst die Blätter fallen, dann fall ich mit" – und tatsächlich ist er dann bald gestorben.
Tante Metha war nicht verheiratet und arbeitete in einer Fabrik. Als der Großvater gestorben war, wohnten sie dann alleine in dem Haus auf der Kesselsdorfer Straße. Beim 1. Angriff wurde das Haus zerbombt und sie kamen beide mit einer einzigen Tasche bis zum Haus meiner Eltern gelaufen Ich sehe das Bild noch vor mir – die Großmutter, die aufgrund ihrer körperlichen Fülle sonst kaum einen Schritt vor die Tür ging, flog regelrecht auf uns zu. Beide wurden mit in unsere Wohnung aufgenommen.

Mutti erzählt mir, wie ihr euch kennen gelernt habt und was aus ihrer Erinnerung dein Grund war, bei der Kasernierten Volkspolizei anzufangen. Ich unterbreche sie nur ab und zu mit einer Frage.

Mutti erzählt:
Heinz hat als Bäckergeselle gearbeitet. Durch seinen Cousin Horst Novy, der aus einem fortschrittlichen Elternhaus stammt – der Vater von Horst war im KZ gewe-

sen und nach dem Krieg ein Widerstandskämpfer in führender Position und bekam später ein Ehrengrab auf dem Heidefriedhof in Dresden, erfuhr er, dass in Eggesin extra für junge Leute eine kasernierte Volkspolizei eingerichtet werden sollte. Wir, also dein Vater und ich, hatten uns gestritten und waren in dieser Zeit nicht zusammen. Dennoch wollte Heinz sich von mir verabschieden, da er ja jetzt auf längere Zeit weg sein würde. Er schickte seine Schwester Irma vor und diese vereinbarte mit mir einen Treffpunkt an der Elbe. Heinz erklärte, warum er nach Eggesin geht. Der Abschied fiel uns beiden schwer – wir schrieben uns viele Liebesbriefe. Horst ging dann zum Erich-Weinert-Ensemble – er spielte Mandoline und Heinz schlug die Offizierslaufbahn ein. Ich besuchte die Volkshochschule in Stenografie und Maschineschreiben und wurde dann in einem Geschäft des Herrn Neumann, dessen früherer Gardinen-und Teppichladen ausgebombt war, als Verkäuferin eingestellt, war aber „Mädchen für alles“. Ich zeichnete die Preise aus, schrieb die Rechnungen, es gab 25% Zuschlag auf Kunstgewerbe, das bot er jetzt zusätzlich zu den Gardinen und Teppichen in seinem Laden an, brachte Pakete zur Post und passte ab und an auf die beiden Kinder von Herrn Neumann auf. Heinz machte in Eggesin seinen Offiziersabschluss und kam dann nach Großenhain. Wenn er in Dresden war, redeten wir auch oft darüber, dass es keinen Gott gibt. Er wollte mich von der Kirche „wegbringen“.

Wir hatten uns kennen gelernt, als er schon zwei Jahre beim Bäcker war. Als Heinz nach Dresden gekommen ist, war er so 14 Jahre alt und als ich dann später dazu kam, war er mit seiner Lehre fast am Ende. Da hat er gerade

seinen Gesellenbrief gemacht. Wir haben nicht gleich über Kriegssachen gesprochen. Wir haben überhaupt wenig gesprochen. Ich war als Kindermädchen dort und er als Bäckergeselle. Wir sind uns aber dann doch näher gekommen und er hat mich manchmal nach Hause gebracht und hat mich dann auch mal mit zu seinen Eltern genommen. Der Vater, also der Willi Langer, war ja in Kriegsgefangenschaft in Frankreich und ist dann erst wiedergekommen, nachdem der Krieg zwei bis drei Jahre zu Ende war. Und da haben sie sich erst mal wieder zusammengefunden, die Familie von Heinz...
Der Vater war ja die ganzen Jahre im Krieg und die Mutter war mit den Kindern alleine. Ich habe die Familie als eine sehr freundliche und intelligente und auch lustige Familie kennen gelernt.

Über den Krieg haben wir aber am Anfang auch nicht gesprochen. Ich kann mich erinnern, dass wir in den ersten Nachkriegsjahren immer viel Hunger hatten. Es gab da noch die Lebensmittelkarten. Wir konnten uns nie satt essen. Die Mutter von Heinz arbeitete im Sozialwesen und hatte die Möglichkeit, an Vitamintabletten und an Säfte, solche süßen Säfte, heranzukommen. Ich kann mich erinnern, dass wir dort auch Spiele gemacht haben und als Preis haben wir dann solche Säfte bekommen. Über den Krieg haben wir uns erst später unterhalten als der Heinz zur Armee gegangen ist. Die Briefe von Heinz habe ich noch. In den Briefen haben wir uns auch viel über Politik geschrieben, zum Beispiel als dann die DDR oder erst einmal die Einheitspartei gegründet wurde. Das hat er mir alles im Brief erklärt und hat mich in kleinen Schritten an die Politik herangeführt. Dann kam da auch das

Gespräch mit auf den Krieg, dass nie wieder Krieg werden sollte, dass also diese Armee, die wir uns geschaffen haben, sich einsetzt, dass kein Krieg mehr kommen soll. Da haben wir uns dann auch erzählt, was wir im Krieg erlebt haben, aber nicht vordergründig. Wenn man jung ist und verliebt, hat man ja auch ganz andere Themen. Die Briefe können wir ja mal heraussuchen, ob wir so etwas finden.

An dieser Stelle frage ich Mutti, inwieweit die Erlebnisse von damals sie auch heute noch beschäftigen, was vor allem sich noch manchmal in die Gegenwart trägt.

Diese Frage, lieber Vati, hätte ich auch dir gerne noch stellen wollen.

Mutti erzählt:
Ich muss sagen, dass ich Filme über Kriegsszenen mir nicht anschauen kann, weil sie mich wirklich sehr ergreifen. Aber wenn in den Nachrichten solche Bilder kommen, die Nachrichten schau ich mir ja an, dann sage ich mir: die armen unschuldigen Menschen. Denn wir waren ja auch unschuldig als wir im Keller gesessen haben und die Flugzeuge über uns kamen, die die Bomben abgeworfen haben. Und so ist es doch in jedem Krieg. Für mich gibt es keinen Grund für einen Krieg, da müsste es andere Möglichkeiten geben – richtig leiden wird immer nur die Bevölkerung, die, die wirklich nichts dafür können. Solche Gedanken kommen mir. Und dann denke ich natürlich an meinen Bruder Max, der im Krieg gefallen ist, das ist ganz klar, (Mutti spricht sehr bewegt)*, das ist auch das schlimmste Erlebnis gewesen, und die Begleit-*

Hochzeitsbild meiner Eltern

erscheinungen, der Hunger, den wir hatten. Ich war so 14, 15 Jahre, wir konnten uns wirklich nicht satt essen – das war nach dem Krieg, muss ich dazu sagen. Wir hatten den Krieg verloren und wurden nun ausgebeutet und hatten wenig zu essen. Da bin ich öfter in Ohnmacht gefallen, einfach weil ich nicht satt war, weil ich mich nicht satt essen konnte in dem Entwicklungsalter. An solche Sachen denke ich dann schon, an die Auswirkungen des Krieges und was die arme, die unschuldige Bevölkerung dann durchmachen musste.

Als der Dietmar geboren wurde, da bin ich mit ihm in der Straßenbahn gefahren. Er lag im Kinderwagen und war noch ein ganz kleines Baby. Ich stand bei ihm und war natürlich ganz verliebt in meinen kleinen Sohn. Die Straßenbahn war ziemlich voll, ziemlich überfüllt – es waren sehr viele Leute drin. Ein Mann sah das und schaute mich fragend an oder fast vorwurfsvoll hat er mich angeguckt, weil ich mir erlaubt habe, ein Kind zu haben in einer Zeit, wo die Kriege wirklich vorprogrammiert sind. Er sagte dann auch: Naja, das ist ein Junge. Der wird auch in den Krieg müssen, den werden Sie auch nicht ewig haben. So ungefähr hat er das zu mir gesagt. In dieser Zeit war ich schon überzeugt durch die Gespräche mit Heinz, in denen er mir klar gemacht hat, dass die DDR sich mit der Armee dafür einsetzt, dass kein Krieg mehr kommen wird. Ich habe dem Mann geantwortet: „Nein, mein Sohn wird keinen Krieg erleben“. Da war ich eigentlich sehr selbstbewusst und mutig und ich bin froh und glücklich, dass es bis jetzt gelungen ist, dass meine Kinder keinen Krieg erleben brauchten (Muttis Stimme ist hier sehr bewegt).

Das war ein Beispiel und da gibt es bestimmt noch viele Beispiele. Ich habe mir immer gewünscht und ich wünsche es mir auch jetzt noch, dass nie wieder ein Krieg kommt. Ich finde, das ist das Allerwichtigste auf der Welt, dass man die Kriege verhindern muss. Und da habe ich mich immer dafür eingesetzt. Da gab es den Demokratischen Frauenbund Deutschlands (DFD) und da ich durch die vielen Kinder ja nicht arbeiten ging und mein Mann oft nicht zu Hause war, habe ich solche Tätigkeiten gemacht und dort mitgearbeitet und war auch eine ganze Zeit Ortsgruppenvorsitzende und war auch bestrebt oder hatte das Gefühl, dass ich dazu beigetragen habe, den Frieden zu erhalten.

Mutti bezog mich schon sehr früh in ihre Tätigkeit im DFD mit ein, wobei mich als Jugendliche damals der kulturelle Teil immer mehr interessierte als das, was diese Organisation ausmachte. Ich erinnere mich nicht an Gespräche, die ihr beide, lieber Vati, direkt über Muttis Arbeit im DFD geführt habt, dennoch hatte ich immer das Gefühl einer stillen Übereinkunft zwischen euch beiden und deiner liebevollen Zustimmung.

Durch die Gespräche mit Mutti und Tante Irma entsteht zwar nicht ein völlig neues Bild von dir und Mutti, aber es verändert sich. Es sind die Lebenswege, die dieses Bild verändern lassen und manches erklären, womit ich als Kind nicht klar gekommen bin. Insofern hat das Leben vor meiner Geburt auch schon sehr viel mit mir selbst zu tun. Nichts, so scheint mir, findet losgelöst von mir statt, und so ist auch mein eigener Lebensweg immer verbunden mit den Lebenswegen anderer. Jede Begegnung, jede

Hinwendung, aber auch jede Abwendung und jeder Abschied lässt in mir einen Teil, den ich loslassen oder mitnehmen kann. Und wenn ich Mutti genau zuhöre, wenn ich genau aufschreibe, was Tante Irma und auch Tante Hanni mir sagen, erfahre ich sehr viel über mich. Ich empfinde eine Verbundenheit, die nicht allein der Tatsache geschuldet ist, dass ich das Kind meiner Eltern oder mit meinen Tanten verwandt bin, sondern vor allem, weil es Lebenswege sind, die nicht vorausschaubar auch Risse, Wunden und Narben hinterlassen. Manchmal erwachsen genau daraus Situationen, die wir als Nachgeborene erst verstehen können, wenn wir uns mit diesen Lebenswegen beschäftigen.

Mutti erzählt:
Vergewaltigung. Das ist eben auch so eine Kriegserscheinung. Ich habe das selbst nicht erlebt, das heißt, ich musste mich verstecken. Ich war zu der Zeit, als der Krieg zu Ende ging und als die russische Armee nach Sachsen gekommen war, in Weigmannsdorf beim Bauern Klemm im Pflichtjahr. Und meine Mutter hat oft bei dem Bauern mitgeholfen und war auch zu der Zeit dort. Und dann kam die Russische Armee und besetzte die Dörfer und in der Nacht haben Soldaten die Familien aufgesucht, die junge Frauen hatten. Da hat der Bauer seine Tochter – sie war ein paar Jahre älter als ich – und mich über den Hühnerstall einquartiert. Wir mussten also auf der Leiter hochklettern über den Hühnerstall, die Leiter haben wir dann hochgezogen und wir haben dort oben geschlafen auf Stroh. Es kamen auch wirklich nachts die russischen Soldaten und suchten uns. Aber dort haben sie uns nicht gefunden. Ich habe dann nur erzählen hö-

ren, dass im Nachbarhaus beim Bauern die junge Frau vergewaltigt worden ist. Das wurde der Bauerntochter, wo ich war, erzählt und da habe ich das mitbekommen, dass das ganz schlimm gewesen ist.
Meine Gedanken jetzt dazu sind folgende. Aber zuerst sag ich mal noch, als ich dann später gearbeitet habe beim Verlag „Zeit im Bild“, haben wir öfter Wandzeitungen gemacht oder Brigadetagebuch geführt. Da hat mein Chef mich einmal gefragt, ob ich nicht auch einen guten Beitrag hätte von der Befreiung durch die russischen Armee und da habe ich ihm gesagt: Einen guten Beitrag – ich persönlich – könnte ich ihm nicht sagen, denn ich musste mich vor den russischen Soldaten verstecken, da bin ich sehr ehrlich gewesen. Aber jetzt meine Gedanken dazu: Der Krieg insgesamt – man kann jetzt nicht nur von den russischen Soldaten sprechen – bringt solche unmenschlichen Taten mit sich, das haben vielleicht unsere Soldaten auch gemacht und vielleicht in anderen Kriegen wird das auch gemacht, dass die Soldaten, die nun auf die Frauen verzichten müssen und so viel durchmachen auch im Krieg, so etwas hässliches machen – das sind dann auch keine richtigen Menschen mehr. Der Krieg verändert die Menschen. Ja, das sind jetzt so meine Gedanken dazu.
Mir ist jetzt im Nachhinein noch etwas eingefallen. Bevor wir über dem Hühnerstall geschlafen haben, da ist es auch schon einmal passiert, dass die russischen Soldaten des Nachts gekommen sind. Das hat aber der Bauer rechtzeitig gemerkt und hat uns Frauen alle hinters Haus geschickt. Dort war so ein kleines Wäldchen und da sollten wir uns verstecken. Und meine Mutti war da mit dabei und die Bäuerin auch – wir hatten uns in dem

Wäldchen getrennt und uns da hingelegt in die Büsche – und meine Mutti (ich war ja 14 Jahre, ich wusste ja gar nicht so richtig, was da auf mich zukommen könnte), da hat meine Mutti bloß zu mir gesagt: Wenn die russischen Soldaten uns hier finden sollten, da musst du wissen, ich kann dir nicht helfen, da musst du dich alleine wehren oder du musst es über dich ergehen lassen, was die mit dir machen. Ich kann dir da wirklich nicht helfen. Also, es muss für sie schlimm gewesen sein. Für mich war das mehr ein Abenteuer. Ich wusste ja nicht so richtig, was passieren könnte mit 14 Jahren.

Ich will auf keinem Fall, dass die russische Armee schlecht dargestellt wird, denn man muss überlegen, in jedem Krieg gibt es ja solche Begebenheiten. Und dann muss man noch folgendes sagen: auch wenn jetzt Vergleiche gezogen werden zwischen den Russen und den Amerikanern oder dem Gebiet, das dann die Engländer oder Amerikaner übernommen haben und was dann die Sowjetländer übernommen haben – unser Ostdeutschland. Wir haben ja in Russland – wir, damit meine ich jetzt den Faschismus – so viel Schaden angerichtet in dem Krieg. Sie mussten sich ja selbst erst mal wieder erholen. Sie konnten uns ja nicht irgendetwas geben. Die Amerikaner, die am Krieg nur verdient haben und selbst keinen Schaden gehabt haben, die konnten ja nach Westdeutschland einiges einbringen. Und da hat die westdeutsche Bevölkerung davon profitiert. Wir im ostdeutschen Gebiet konnten von den Sowjetländern, die selbst am Krieg so viel gelitten haben und so viele Opfer bringen mussten, wir konnten von den Russen keine Wunder erwarten und keine große Unterstützung. Das wollte ich damit noch einmal sagen. Ich will wirklich nicht sagen, dass nur die russische Armee oder nur die russischen Soldaten solche schlimmen Sachen gemacht haben. Das alles gab es sicher in jedem Krieg.

Während Mutti erzählt, beobachte ich ihr Gesicht, ihre Gestik, höre auf ihre Stimme, die sich der Erzählung anpasst. Selten habe ich bei ihr derart viele Emotionen so gedrängt erlebt. Ich habe Mühe, gefasst zu bleiben und frage mich, warum ich gefasst bleiben sollte. Das alles berührt mich sehr. Ich spüre auch Nähe zu ihr und eine Verbundenheit meiner Mutter zu dir, lieber Vati, die ich in den letzten Jahren eures Zusammenseins weniger erfahren habe, die aber nie verloren gegangen war. Das zeigte sich in vielen Gesten, oft auch Kleinigkeiten und in einem liebevollen Blick, wenn ihr über etwas gesprochen habt, das euch beide gleichermaßen berührte und für immer verbunden hat. Manchmal frage ich mich, ob es in meiner Kinderzeit zu wenig Themen gab, über die so ausführlich gesprochen wurde wie jetzt in den Interviews, oder ob Alltag und Überforderung oder andere Gründe manchmal diese Gespräche verhindert oder zurückgedrängt haben.

Von meinem Elternhaus her wurde ich im Sinne von Humanität und der marxistischen Ideologie erzogen. In der Schule und später in der Lehrzeit bestimmte vorwiegend der Staat, was für mich gut ist. Ich habe bis zur Pubertät und auch noch einige Jahre danach das Geschehen um mich herum unkritisch und ohne eigene Meinung betrachtet und vieles einfach so hingenommen. Ich kam nicht auf die Idee zu hinterfragen, ob das, was gesagt wird, auch dem entspricht, was um mich herum passiert.

Ich war dem Geschehen um mich vor allem nicht gewachsen, als ich von der Schule entlassen wurde in die Praxis, konfrontiert plötzlich mit Widersprüchen, die die Politik und Wirtschaft, aber auch das zwischenmenschliche Umgehen in Konfliktsituationen betrafen. Erst innerhalb der Berufsausbildung begann ich, den Reden anderer aufmerksamer zuzuhören. Ich begann aufzuschreiben, was ich nicht verstand. Den Mut, meine Texte in die Öffentlichkeit zu bringen, hatte ich damals noch nicht.

Lieber Vati, wir hätten auch darüber reden müssen. Über alles, was uns bewegt, was uns nachdenklich oder traurig macht.

Dein Anlass, in die Kasernierte Volkspolizei zu gehen, war - so glaube ich - vor allem deine Überzeugung, den neuen Staat schützen zu müssen. Dieser junge Staat hatte Grundsätze, die aus der Tradition der Arbeiterbewegung wurzeln und die humanitären und fortschrittlichen Ansprüchen Bedeutung verliehen. Die Unsicherheit, mit der dieser neue Staat im Osten Deutschlands zu regieren begann, scheint mir heute aus einer Notwendigkeit geboren und aus dem Willen, alles anders zu machen. Darin lag sehr viel Hoffnung.

Diese zwei Briefe an dich, lieber Vati, öffnen auch Fenster in mir, und ich schaue durch sie hindurch, sehe Spuren, Wege, Straßen...
Sie führen nicht von mir weg, sie führen zu mir hin. Sicher gibt es sehr viel, was ich erst später schreiben werde, vielleicht an mich selbst oder an meine Söhne. Denn offen wird vieles bleiben, was mich selbst betrifft und

was von deinem Leben bewusst oder unbewusst in mein eigenes gekommen ist. Vieles davon ist ja oft zuerst ein Gefühl. Ich konnte oft dieses Gefühl weder zuordnen noch einordnen in etwas, das ja geschehen ist.
Ich habe oft auch verdrängt, mich angepasst und untergeordnet. Manchmal spüre ich das noch heute und es kann geschehen, dass ich blockiert bin oder mich fremd stelle. Hier liegen Ansätze für meine eigene Geschichte. Widersprüche machen sich bemerkbar. Sie haben sich hartnäckig über viele Jahre verschlossen gehalten. Als Kind habe ich oft meine eigene Meinung zurückgehalten. Heute höre ich oft lange zu, was andere sagen und denke über vieles nach, ehe ich mich dazu äußere. Oft kann ich das nur in schriftlicher Form.

Vielleicht habe ich mich in meiner Kinder- und Jugendzeit und manchmal auch noch als Erwachsene geschämt, das, was ich an Widersprüchen glaubte wahr zu nehmen, dir und Mutti und anderen Personen gegenüber deutlich genug auszusprechen. Vielleicht hat diese Zurückhaltung auch etwas mit der Achtung vor eurer Einstellung zur DDR zu tun. Oder es war Angst, ein zu sensibles Thema anzusprechen und mit Argumenten überhäuft zu werden, von denen ich glaubte, dass ich ihnen nicht gewachsen bin. Dennoch spürte ich oft, dass auch ihr nicht mit allen Geschehnissen in dieser Zeit einverstanden wart.

Hoffnung hatten die Menschen auch viel später, im Jahr der so genannten Wende, 1989. Noch immer habe ich den Ruf „Wir sind das Volk“ im Ohr. Zu diesem Zeitpunkt glaubte ich nicht, dass dieser Ansatz auf Mitsprache und Wachsamkeit nur wenige Monate später in Eupho-

rie, Vergessen und Verdrängen von Geschichte ersticken könnte. Er wurde zum großen Teil ersetzt mit Versprechungen, nie gebotener Eile und Überlagerungen von Situationen, die kaum überschaubar blieben, viel zu schnell abliefen, selten für mich realisierbar waren. Ich kam in diese Situationen hinein und hatte kaum Zeit, wahr zu nehmen, was hier um uns und vor allem mit uns selbst geschah.
Mir ist wichtig, das zu erzählen, was ich sehe, erlebe und fühle. Es gibt für mich keine andere Form des Aufschreibens von Erlebtem. Inwieweit ich damit zur Geschichte unseres Landes, also für das, was geschehen ist, einen Beitrag gebe, weiß ich nicht.

Ich möchte noch eine Erinnerung aufschreiben.

Lieber Vati, es ist mir unheimlich, wenn ich daran denke, dass mein Elternhaus auf der Judeichstraße in Dresden, wo ich mit euch vor der Zeit meiner Ehe mit Matthias gewohnt habe, nur 200 m vom Stasi-Gefängnis auf der Bautznerstraße entfernt war. Ich habe vor kurzem mit meinem Sohn Michael dieses ehemalige Gefängnis besucht. Es ist heute eine Mahn- und Gedenkstätte. Ein Blick aus dem Fenster des dritten Stocks dieses Gefängnisses führt zum Hof meiner Eltern. Von dort aus hätten wir ständig unter Beobachtung stehen können. Ich habe als Jugendliche nicht darüber nachgedacht, was dort in diesem Gebäude alles geschehen ist. Meine Söhne haben oft im Garten meiner Eltern gegenüber diesem Gebäude Fußball oder Tischtennis gespielt, während 200 m von ihnen entfernt Menschen unwürdig behandelt und gefoltert wurden.

Und erst heute frage ich mich, ob du etwas darüber gewusst hast. Als Offizier der Nationalen Volksarmee hast du doch zumindest ahnen können, was dort abgelaufen ist. Wir Kinder haben es nicht erfahren, und so weiß ich nicht, ob du das, was du darüber erfahren konntest, mitgenommen, verdrängt oder ausgehalten hast. Können Menschen solche Informationen aushalten ohne dadurch krank zu werden? Als ich Mutti danach frage, erzählt sie mir, dass es Truppenübungen gab, die sowohl die Nationale Volksarmee als auch die Kampfgruppen der DDR und Truppen der Staatssicherheit gemeinsam durchgeführt haben, dies sei, nach ihrer Kenntnis, dein einziger Berührungspunkt mit der Staatssicherheit gewesen. Dass da ein Gefängnis gewesen sein soll, wo Menschen gequält werden, das habe sie nicht gewusst. Dass es ein Gebäude der Staatssicherheit gewesen ist, sei aber bekannt gewesen.

Jeden Tag hören wir Sätze, die nicht unsere sind, die wir aufnehmen wie eine vergängliche Wettermeldung oder eine Nachricht, die uns bekannt ist. Haben wir uns bereits so an sie gewöhnt als wären es unsere? Wenn wir nicht mehr wissen, woher etwas kommt, uns also auch nicht um dieses Wissen bemühen, weil es wie selbstverständlich in unserem Leben geworden ist, wie können wir dann erfahren, was wirklich mit und um uns passiert?

Je mehr ich schreibe und mich in deine Lebensgeschichte vertiefe, lieber Vati, öffnen sich weitere Fragen und ich erfahre, dass genau diese Fragen auch in meine Lebensgeschichte gehören. Es gelingt mir längst nicht mehr, an diesen Fragen vorbeizugehen. Aber ich bemerke auch, dass meine Fragen sich unterscheiden können von den Fragen, die dich damals beschäftigt haben. Ich glaube ganz fest, dass dein Lebensweg geprägt war von den Gesprächen in deinem Elternhaus, von den Erfahrungen der Flucht, von dem, was du gesehen und erlebt hast. Zwangsläufig musstest du später erkennen, dass dieser Lebensweg auch gepflastert wurde von dem, was du selbst nicht beeinflussen konntest. Du warst Soldat, Offizier. Du hattest Befehle auszuführen. Oft habe ich deine Erschöpfung bemerkt. Auch Alkohol spielt hier eine nicht unwesentliche Rolle.

Was waren deine Fragen in dieser Zeit? Wo waren sie versteckt, vergraben, kaum wieder berührt? Welche Widersprüche wurden offenbar? Hatte das, was da mit den Jahren an die Oberfläche kam, noch immer etwas mit dir zu tun? Die Berichte in den Zeitungen, die Losungen an den Fabriken und Institutionen. Die Kleinhaltung der Bürger durch geschlossene Grenzen, vorgegebene Formeln. Die Inhaftierung von Menschen, die anders denken. Der Zerfall der Wirtschaft. Die Einengung der Kultur, der Literatur, der Kunst. War das noch dein Sozialismus, von dem du so überzeugt warst, den du Mutti voller Leidenschaft und Hingabe zu erklären versucht hast?

Manchmal frage ich mich, ob wir nicht in jeder Zeit zum Mittäter werden können, wenn wir etwas wissen und trotzdem schweigen. Oder dort nicht weiterdenken, wo etwas ins Zwielicht gerät oder etwas sich übertrieben darstellt, möglicherweise um etwas anderes zu unterdrücken oder zu verstecken. Oder ist es die Gesellschaftsform, in der wir leben, die uns so werden lässt?

Warum werden Menschen angegriffen, wenn sie anders sind, sich nicht anpassen, Zivilcourage zeigen? Und warum fällt es uns auch heute noch oft schwer, auszusprechen, was wir fühlen?
Was haben die Menschen gefühlt, als sie in den Jahren vor 1989 in der Nähe der Bautznerstraße an der Elbe spazieren gegangen sind und oben an der Mauer hinter Stacheldrahtzäunen vermeintlich scharfe Hunde gebellt haben?

Ich muss mir auch selbst solche Fragen stellen.

Was habe ich wahr genommen?

Was habe ich dabei gefühlt?

Lieber Vati, ich habe sehr spät begonnen, solche Fragen zu stellen. Ich habe nicht darüber nachgedacht, dass diese Fragen auch etwas mit mir zu tun haben. Das, was ich in der Schule gelehrt bekam, so glaubte ich, stimmte ja überein mit dem, was ich zu Hause erfuhr. Es schien mir immer, dass es kein anderes Leben gibt als das, was ich lebte, was unsere Familie lebte. Und die Schule bestätigte es mir in vielseitiger Hinsicht, begonnen mit den Arbeitsgemeinschaften, der Gestaltung von Wandzeitungen, der Mitarbeit in der Pionierorganisation und der Freien Deutschen Jugend, dem Zirkel der sozialistischen Arbeit, der Maidemonstrationen und später in der Gewerkschaft. In den Nachrichten hörte ich nichts anderes.
Ich glaube, dass meine Generation nicht weniger zu sagen hat als jede andere Generation. Mir fällt das Sprechen noch immer schwer.

In diesen Briefen an dich, lieber Vati, habe ich über dich und dein Leben nachgedacht. Es ist an der Zeit, auch die Geschichte meines Lebens aufzuschreiben. Warum bin ich so geworden wie ich bin? Was für Ideale hatte ich, Ziele, Vorstellungen von meinem Leben oder habe ich nie oder doch höchst selten wirklich über mich und das, was ich will, nachgedacht? Was habe ich tatsächlich gelebt, was habe ich hingenommen, verdrängt, verlassen, verloren – und warum? Und warum tendiert der Mensch eher zur Anpassung als zur Selbstverwirklichung?
Wo liegen die Grenzen einer jeden Tat, ausgesprochener Worte, verfremdeter Wirklichkeiten oder die Grenzen eines jeden Menschen? Und was von dem, was jeder einzelne Mensch für sein Wesen bewusst oder unbewusst annimmt, ist tatsächlich von ihm selbst?
Die Zeugen vom Geschehen um 1933 bis zum Wiederaufbau der zerstörten Städte haben spät begonnen, über sich und das, was wann und mit ihnen geschehen ist, zu erzählen.
Auch ich bin Zeugin meiner Zeit. Oft bin ich in Widersprüche geraten, die ich mir erst heute zu erklären versuche und wo ich mich frage, warum ich nur wenig oder gar nicht darauf reagiert habe.

Meine Schwester Elke schreibt mir – als sie meine ersten Gedanken zu den Interviews gelesen hatte:

„All die Tragik, der erlebte Schmerz, die Einsamkeit (mit dem Gesehenen und mit der eigenen Hilflosigkeit letztlich ganz allein zurechtkommen zu müssen, der Ohnmacht, im zerstörerischen Strudel gefangen zu sein, mitmachen zu müssen, weil es keinen anderen Weg, keine andere bessere Aussicht gab) – all das, diese

Vergangenheit, wird unsere Eltern so zusammengeschweißt haben, so wie es üblich ist für diese Generation, dass sie auch als Ehepartner zusammenbleiben...
Sie haben etwas erlebt – in ihrer Kindheit und Jugend – was sie wussten, was derart tiefgreifend war, dass es keine Worte mehr brauchte, um zu erklären, wie gut es ist, sich gefunden zu haben, 5 Kinder zu haben, eine Familie zu sein, und endlich genug zu essen zu haben, immer ein Dach über dem Kopf, warme Betten und keinen Krieg!!! Vielleicht war es nicht nur ein Nicht-Können, sondern sie mussten deshalb nicht mehr über das Erlebte sprechen, voreinander und vor uns, weil es nur noch galt, das neue Leben einzusaugen. Eine totale Wort- und Sprachlosigkeit war es ja auch nicht. Das WESENTLICHE (bloß kein Krieg mehr!) – das hat Mutti uns mindestens einmal im Jahr (zu Silvester) immer wieder gesagt – und das ist ja bis heute so geblieben."

Meine Gedanken gehen an den Anfang dieses zweiten Briefes an dich, lieber Vati, zurück. Der 13. Februar 2010. Manchmal, so scheint mir, verschieben sich Grenzen fast unbemerkt hin zu dem, was wir nicht sehen, hören, riechen wollen und wo doch die ersten Anzeichen von etwas, das tatsächlich sich in der Geschichte wiederholen kann, als Angst, Unruhe, Zerstörung sich bereits in uns festsetzen.
Ich höre die Antwort von dir, von Mutti, von Tante Irma und Tante Hanni, von meinen Geschwistern, meinen Söhnen, meinen Freunden und Bekannten: Nie wieder Krieg!
Das ist auch meine Antwort und Hoffnung, dass wir wachsam genug sind gegenüber dem, was um uns passiert und gegenüber dem, was ausgesprochen oder auch nicht ausgesprochen wird, wachsam auch gegenüber uns selbst, in

dem, was wir sagen und tun und dem, was in unserer Verantwortung liegt.

Diese Erkenntnis aus diesen zwei Briefen an dich, lieber Vati, nehme ich mit und auch den Gedanken, meine Zeit, das Geschehen in der DDR, das Erleben der Wende und das Geschehen danach in der BRD mit allen erlebten Widersprüchen, Glücksgefühlen, wunden Punkten, Lebenslinien und Wegen aufzuschreiben, die ich gegangen bin, die ich gehe, die ich lebe, manchmal nur aushalte und niemals verleugne.
Das, lieber Vati, hast du mir gerade gesagt. In allem, was ich aufgeschrieben habe in diesen zwei Briefen an dich, die du nicht mehr lesen kannst.

Ich vermisse dich.

Deine älteste Tochter im Juli 2010

Hansi-Christiane Merkel
Wo ist Heimat?

„Zufällige" Funde

Im Alter von 59 Jahren und drei Monaten fand ich auf meinem Dachboden einen Karton voller Fotos. Die meisten davon stammten aus dem eigenen Apparat, aber einige Familienfundstücke aus meiner Herkunftsfamilie fanden sich auch darunter. Ich weiß nicht mehr, wann ich sie in diesem verwahrlosten Karton untergebracht und gelagert hatte und nicht einmal, dass ich sie überhaupt besaß.

Darunter fand sich ein vergilbtes A4-Blatt mit der noch deutschen Handschrift meiner Mutter. Sie hatte wohl im Juni 1953 einen Brief entworfen und dadurch blieb dieses Konzept erhalten. Unbewusst habe ich es irgendwann an mich genommen, zufällig 2012 wieder gefunden und lese es heute mit ganz anderen Augen und schwerem seelischen Gewicht:

„Hansi

Unsere jüngste Tochter verspätete sich um 6 Tage. Als sie dann am 14.XII. 1952 nachmittags um 16.00 Uhr geboren wurde, war sie ein Sonntagskind und hatte mit ihrer Patin M. v. Rekowsky an einem Tag Geburtstag. Hansi wog 4150g 52 cm kräftig und sah etwas griesgrämig aus, war aber sonst sehr niedlich und sah Peter und Heidemarie sehr ähnlich.

In den ersten 3 Tagen hatten wir viel zu tun um einen neuen passenden Namen für sie zu finden. Bis wir uns dann endlich für Hansi, Christiane, Magdalena entschieden. Hansi machte uns auch bald Sorgen, wollte nicht trinken weder an der Brust noch an der Flasche, bekam Fieber, sah etwas blau aus usw.

Das EKG schloß zum Glück den Verdacht eines angeborenen Herzfehlers aus und nach 10 Tagen war sie dann doch so weit und fing an gut zu trinken. Am 24. XII. am Heiligen Abend kamen wir beide heim. Hansi wollte anfangs hier wieder nicht trinken, schrie viel und machte mir Sorgen und mehr Arbeit als nötig. Auf jeden Fall bekam ihr der Haferschleim nicht, denn es wurde besser, als ich ihr Vollmilch und Mondamin gab. Gewichtstabelle anbei.

Zum Neujahrstag wurde fotographiert. Auf ihrem ersten Bild am 1.1. 53 sieht sie … erwachsen aus, wie sie ja von Anfang an … aussah.

Nun wurde sie ein braves Kind, das den ganzen Tag allein in seinem Zimmer schlief. Nach 4 Wochen kam sie dann regelmäßig 2-3 Stunden angezogen in ein kaltes Zimmer. Am 2. Februar, an Maria Lichtmess, am Heimkehrtag ihres Vaters aus Russland vor 5 Jahren wurde Hansi bei St. Antonius getauft. Es war am Sonntag mit fürchterlichem Schneetreiben und größter Kälte, so dass Margot und ich ganz erfroren waren, aber Hansi ist es nicht schlecht bekommen. Hansi war anfangs sehr ängstlich. Wenn sie in ein anderes Zimmer gebracht wurde, fing sie an zu schreien um so mehr, je mehr fremde Gesichter auftauchten. Hansis Geschrei hatte eine persönliche Note, sie schrie ganz hoch und so sehr, dass man jedes Mal meinte, es sei ihr ein großes Unglück zugestoßen. Manchmal zitterte sie am ganzen Körper, wenn sie sich sehr fürchtete.

Bald zeigte es sich, dass sie reichlich neugierig veranlagt war. Sobald sie greifen konnte, zog sie den Vorhang an ihrem Bettchen beiseite, um durchsehen zu können, besonders wenn jemand kam, schaute sie sofort hervor.

Anfang Juni ging es zum Impfen. Die Impfstellen gingen nicht an. Daraufhin haben wir sie nachgeimpft. Der Verlauf war leicht, nur haben wir bis jetzt noch keinen Impfschein. Hansi wiegt jetzt 14 Pfund, zieht sich am Kissen hoch und fängt an zu sitzen mit Unterstützung. Leider entpuppt sie sich als leidenschaftlicher Daumenlutscher und steckt alles in den Mund…“

Fragen über Fragen

Für mich erstaunlich ist die Reaktion derer, denen ich den Bericht zeige. Man nimmt ihn sachlich zu Kenntnis. Eine meiner Schwestern ist traurig, dass ein solches Dokument nicht von ihr existiert. Im Freundinnenkreis ist man mir gegenüber empathisch. Die Geschichte selbst scheint aber nicht nachhaltig anzurühren.

Ich selbst bin tief betroffen, weine auch.
Meine lebenslange Traurigkeit und Rastlosigkeit im Spagat mit dem Gefühl von Herausgehobensein in meinem Leben bekommt plötzlich einen objektiven Befund. In jahrelangen Therapien habe ich mich mit meinem Denken und meinen Gefühlen dem genähert, was dort Schwarz auf Weiß steht. Aber es steigert auf einmal enorm das Bewusstsein für all diese emotionalen und strukturellen Besonderheiten, in denen ich aufwuchs.
Aus dem Bericht meiner Mutter entstehen Fragen, die mich in Variationen bis heute immer wieder beschäftig(t)en:

Welche Gefühle bewegten sie vor, während und nach der Geburt ihres vierten Kindes?
Welche Geschichte lag hinter ihr, als sie mich auf die Welt brachte?
Was prägte meine Mutter, die ihr Kind stundenlang in ein kaltes Zimmer ablegen konnte?
Was war mit ihr geschehen, dass sie die Angstschreie ihrer Tochter ruhig aushalten und im Nachhinein wie eine Sache beschreiben konnte?
Wie viele Ängste hatte sie erlebt und überlebt - und musste Abstand von der Angst ihrer Tochter nehmen?

Wie ging es ihr in ihrer Ehe, die 1943 geschlossen wurde, deren verliebte und sorglose Zeit nur von kurzer Dauer war und im Chaos des Kriegsendes versank?
Welche Rolle nahm mein Vater ein? In welcher inneren Verfassung befand er sich, als ich klein war? Wollte er ein viertes Kind - und noch ein Mädchen?
Und wie ging es dem kleinen Mädchen, das sich angstvoll anhörte und sich voller verzweifelter Kraft aus dem Körbchen streckte. Was widerfuhr ihr?

Viele Fragen beginne ich zu stellen. Die Antworten erfahre ich nicht mehr aus erster Hand. Weder früher noch in den letzten Jahren, in denen meine Eltern noch lebten, gab es Fragen und Gespräche, die in diese Richtung verliefen. Vermutlich hätte auch bei bester Verfassung und großer gegenseitiger Anteilnahme ein solches Gespräch mit Mutter oder Vater nicht stattfinden können. Zu sehr war jede Berührung dieser Gefühlswelt ungewohnt und abgewehrt. Vermutlich wirkte es auf sie wie eine Infragestellung ihres ganzen Lebens. Mein heutiges Wissen um die emotionale und kontextuelle Lebenswelt meiner Eltern habe ich mir re-konstruiert - aus Büchern, Gesprächen mit dem Vater und Geschwistern, Kolleg/innen oder vertrauten Personen, Tagebüchern und Briefen meiner Mutter, meines Vaters und einem Anteil von Faktischem aus Familiendokumenten, Archiven und der Geschichtsschreibung. Es ist für mich ein deutliches Bild entstanden.

Mutter: Dr. Hildegard Franck (1918 bis 1984)

Meine Mutter, Dr. Hildegard Franck, geborene Steiner, wurde am 2. April 1918 in Straßburg im Elsaß geboren.

Sie erlebte mit einem halben Jahr ein erstes Mal ein Kriegsende. Am 11. November 1918 war der 1. Weltkrieg zu Ende. Im Alter von zwei Jahren verließen ihre Eltern mit ihr den Wohnort Straßburg, der in der Folge zu einer anderen Nation gehören sollte. 25 Jahre später wiederholte sich für meine Mutter dasselbe noch einmal – aber in katastrophaler Form.

Fortan wuchs Hildegard Steiner in ihrem katholischen Elternhaus in Breslau auf. Sie war das einzige Kind ihrer Eltern. Ihre **Mutter war Elisabeth Steiner,** die am 30.1.1897 geborene Elisabeth Winkler. Als Elisabeth Steiner im Alter von 64 Jahren starb, war ich knapp acht Jahre alt. Ich nahm damals die Nachricht auf und tröstete mich mit der kindlichen Phantasie, dass sie ja vielleicht gar nicht tot sein könnte. Zu weit entfernt lebte sie damals von uns. Die Traurigkeit meiner Mutter ist mir bis heute in Erinnerung. Ihre Nichte, Lieselotte Günther, beschrieb Elisabeth Steiner später als eine durchaus witzige und schlagfertige Frau, als die Klügste von drei Schwestern. Sie hätte bis 1920 noch in einem Büro gearbeitet. Seit die Familie in Breslau wohnte, war sie weiterhin nur noch zu Hause. Sie hatte früh eine Unterleibsoperation und deshalb wohl keine weiteren Kinder. Als ich – wahrscheinlich im Juni 1960 – für ein paar Tage bei ihr wohnte, während meine Eltern einen Ärztekongress besuchten, erlebte ich sie mit wenig Ausstrahlung, kränklich und ohne liebevolle Geduld mit mir. Auf Fotos war sie immer ernst und wirkt auf mich sorgenvoll.

Der **Vater meiner Mutter, Hermann Steiner**, geboren am 30.12.1888, war ein Militärbeamter, Stabszahlmeister,

Elisabeth und Hermann Steiner 1953

der aus einfachen dörflichen Verhältnissen in Schlesien stammte. Die bis zum Januar 1945 in Breslau bewohnte Wohnung auf der Kürrasierstraße 133, heute ul. Kamienna, ist sicher eine Art Dienstwohnung von Hermann Steiner gewesen. Es ist ein merkwürdiges, innen kasernenähnliches Haus. Das uns heute sichtbare Innere lässt vermuten, dass die damals dreiköpfige Familie darin über einen sehr breiten und sehr langen Gang mit vielen Türen in ihre Zimmer gelangte.
„Als ich ihn kennen lernte, war er zum Teil aufbrausend. Er starb ja auch an einem Schlaganfall.", so die Cousine meiner Mutter über Hermann Steiner in einem Brief an mich. *„Sie lebten sehr einfach. Der Tagesablauf war regelmäßig (vielleicht militärisch)."*

Die Geschichte seines Lebens war von seiner nichtehelichen Geburt geprägt. Seine Erzeuger, meine Urgroß-

eltern, waren Anna Mader und der Schmied Hermann Fröhlich. Ein Glück war sicher für ihn, dass sein Stiefvater, August Steiner, ihn an Kindes statt annahm und ihm 1902 seinen Familiennamen gab. Existenziell wichtig für ihn muss dieser Umstand noch einmal geworden sein, als er seinen „Ariernachweis" erbringen musste. Eine Urkunde von 1939 ist erhalten, in der seine Mutter eidesstattlich versicherte, wessen Sohn er ist.
Der im Tagebuch meiner Mutter erwähnte Arbeitsplatz ihres Vaters beim „SD"[1] beschäftigte mich jahrelang. Welcher Art war seine Beschäftigung dort und was hat er von der Wehrmacht und dem Sicherheitsdienst gewusst? Eine Anfrage 2011 bei der „Deutschen Dienststelle für die Benachrichtigung der nächsten Angehörigen von Gefallenen der ehemaligen deutschen Wehrmacht" in Berlin ergab keine konkreten Anhaltspunkte für eine exponierte Täter- oder Mitwisserrolle in der Zeit des Nationalsozialismus und des Krieges ab 1939. Das war entlastend für mich.
„Ein Hinweis auf die Tätigkeit beim Sicherheitsdienst der SS (= SD) liegt hier nicht vor. Kann es sich um eine Verwechslung mit dem oben bestätigten TSD handeln? Wenn ja, blieb er in der Zahlmeisterlaufbahn, war jetzt lediglich Reserve-Offizier, vorher Wehrmachtbeamter der Reserve."[2]

---

[1] Auf Initiative des Reichsführers SS, Heinrich Himmler, wurde 1931 ein Nachrichtendienst innerhalb der Schutzstaffel (SS) eingerichtet. Unter der Bezeichnung Sicherheitsdienst (SD) des Reichsführers SS stand der SD ab Juli 1932 unter der Leitung von Reinhard Heydrich. Zu den Aufgaben des SD gehörte ebenso die Beobachtung gegnerischer Parteien und politischer Organisationen wie die Überwachung oppositioneller Strömungen innerhalb der nationalsozialistischen Bewegung.
[2] Aus dem Antwortbrief der Deutschen Dienststelle an mich vom 21.11.2011

Die Entwicklung meiner Mutter

Der alte jüdische Friedhof von Breslau, Lohestraße 37/39, heute ul. Slezna, liegt nur wenige hundert Meter Luftlinie von der Kürrasierstraße entfernt an einer breiten Ausfallstraße. Ich fragte mich, ob meine Mutter den Friedhof kannte, auf dem u.a. Friederike Kempner beerdigt liegt. Oder hat sie ihn überhaupt nicht wahrgenommen? Vermutlich führte ihr Weg zur Universität mitunter auch dort vorbei.

Zur Schule ging meine Mutter in das Private Oberlyzeum der Ursulinen – staatlich anerkannt – in Breslau. In meinen Händen halte ich das Abschlusszeugnis meiner Mutter, datiert vom 10. Februar 1937. Bis auf Mathematik, Leibesübungen und Latein, wo „befriedigend" steht, hatte sie im Abitur alle weiteren Fächer mit „gut" abgeschlossen.

„Fräulein Steiner ist gut begabt. Sie war stets sehr höflich und fügte sich willig in die Klassengemeinschaft ein. Sie ist Mitglied des BDM."

Darüber, was sie im BDM erlebte, hat sie mit uns nicht gesprochen. Überhaupt gab es wenige Erzählungen aus der Kindheit meiner Mutter. Als eine der wenigen Frauen ihres Jahrgangs studierte Hildegard Steiner von 1937 bis 1943 Medizin an der Friedrich-Wilhelms-Universität in Breslau. Wie sie zu diesem Studienwunsch kam, kann ich nur vermuten. Nie erzählte sie davon, wohl weil es in ihrem weiteren Leben keine große Relevanz mehr bekam und sicherlich ein schmerzliches, aber verdrängtes Thema war. Ob es die motivierenden Ordenschwestern des Ursulinengymnasiums waren, oder ob ihr Vater sie anstelle eines Sohnes ehrgeizig förderte, ist nicht überliefert. Mir fällt jedoch nicht ein zu vermuten, dass Hildegard Steiner von sich aus Wunsch und Kraft entwickeln konnte, Medizin zu studieren. Nirgends in ihrer Herkunftsfamilie gibt es Personen, die Ärzte oder Naturwissenschaftler waren. Es macht mich heute durchaus stolz in der Urkunde vom 20. Oktober 1943 zu lesen. Wie stolz mag sich meine Mutter gefühlt haben?

„IM NAMEN DES REICHSMINISTERS DES INNEREN erteile ich der Kandidatin Hildegard Steiner geboren am 2. April 1918 in Straßburg, die am 4. Oktober 1943 die ärztliche Prüfung vor dem Prüfungsausschuß in Breslau mit dem Urteil „s e h r g u t" bestanden hat, hierdurch die Bestallung als Arzt mit der Geltung vom 4. Oktober 1943 ab. Diese Bestallung berechtigt den Arzt zur Ausübung des ärztlichen Berufs…"

Vom 11. November 1943 gibt es eine Urkunde, die Hildegard Steiner den Grad eines Doktors der Medizin bescheinigt.

Vater: Dr. Gerhard Franck (1920 bis 2008)

Mein Vater wurde am 15. Februar 1920 als ältestes von drei Kindern geboren. Ein knappes Jahr später kam sein Bruder Rudolf, genannt Rudi, auf die Welt und 1925 folgte seine Schwester Hannelore. Er muss ein begabter Junge gewesen sein, zwar körperlich klein und schmal, aber intelligent, sportlich, witzig und deshalb vielleicht das Lieblingskind seiner Mutter. Letzterer Umstand hat bis zum Tod **meiner Großmutter, Johanna Franck,** geborene Kopp, meine Eltern in Spannung und Auseinandersetzung gehalten. Der „schlechte Charakter" von Johanna Franck ist heute noch in unserer Familie legendär. Sie

Johanna und Heinrich Franck um 1919

wurde am 29. Juni 1893 geboren. Was sie erlernt hat und wie sie gebildet war, ist mir nicht überliefert. Indirekt wurde sie auch für den Freitod ihres Mannes mitverantwortlich gemacht. Weitgehend vergessen und verlassen starb sie mit über 80 Jahren in einem Pflegeheim in Chemnitz.

Mein Großvater, Heinrich Johannes Julius Ernst Franck, wurde am 28. April 1882 in Dortmund geboren. Sein Stammbaum weist eine Reihe von Professoren und Gymnasiallehrern auf. Er studierte in Jena Pharmazie und besaß später in Chemnitz eine Apotheke. Die Falken-Apotheke auf der Frankenberger Straße 207 existiert auch heute noch. Am 16. Juni 1909 – mit 27 Jahren – ist Heinrich Franck durch das Kriegsministerium zum Oberapotheker „bestallt" worden. 1917 wurde er Oberapotheker d. R.
In einem Dokument – mit vielen Schnörkeln verziert – lese ich erstaunt:

„Wir, Friedrich August, von Gottes Gnaden König von Sachsen etc. etc. etc. haben Uns bewogen gefunden dem Oberapotheker d. R. Heinrich F r a n c k beim Reserve-Lazarett Chemnitz das Kriegsverdienstkreuz zu verleihen…"

An diese Ehrung wird mit einer Urkunde des Chemnitzer Polizeipräsidenten vom 4. April 1935 noch einmal erinnert.

Die Entwicklung meines Vaters

Im Elternhaus meines Vaters lebte man bürgerlich und anspruchsvoll. Schulleistungen zählten viel und das übertrug mein Vater später auf seine eigenen Kinder. Intelligent sein war Pflicht und Selbstverständlichkeit; ebenso zählten gutes Benehmen, Tischsitten und jegliche Pflichterfüllung. Konfirmation, Gymnasium, Tanzstunde, Studium, Burschenschaft – all das war der vorgeschriebene Weg von Gerhard Franck. Sein Bruder Rudi, nur elf Monate jünger, scherte aus diesem Programm aus. Er galt als Rowdy, lernte nicht und seine Mutter kam mit ihm nicht zurecht. Also kam er nach Bischofswerda, wo sein Großvater mütterlicherseits, Bruno Emil Kopp, Organist und Musiklehrer war. Die Großmutter, Clara Kopp, soll eine gütige Frau gewesen sein. So könnte es sein, dass es Rudi trotz seiner „Strafversetzung“ besser gegangen ist als zu Hause. Gerhard verhielt sich entsprechend den Erwartungen seiner Eltern. Er war ein sehr guter Schüler und studierte wie sein Vater in Jena, allerdings Medizin. Sein Studienwunsch erscheint mir aus seiner Familiengeschichte heraus folgerichtiger als der meiner Mutter. Als Schüler hatte er den Spitznamen „Äffchen“; als Student nannte man ihn „Quick“. Das alles waren Attribute seine Flinkheit und Beweglichkeit.

Verunsicherungen

Jetzt aber kommt die Geschichte, die der Nationalsozialismus sowie die beiden Weltkriege der Familie aufgebürdet haben:

Bruno Emil Kopp, der Vater meiner Großmutter Johanna Franck, geboren am 4. Mai 1862, hielt sich Anfang der 40er Jahre in einer psychiatrischen Klinik in Bautzen auf, wo er angeblich an einer Lungenentzündung starb. Mein Vater vermutete, dass er dort umgebracht wurde. „Das wurde in Bautzen damals gerne gemacht“, erzählte er. „An Lungenentzündung gestorben“ war einer der meist gebrauchten Euphemismen der Nazis, um Euthanasiemorde zu vertuschen, wie man aus vielen Zeugnissen weiß. Ein Euthanasieopfer in unserer Familie!?

Der Bruder von Johanna Franck, Rudolf Kopp, kam unversehrt aus dem Ersten Weltkrieg zurück. Mit seiner Verlobten Dore nahm er sich am 20. September 1920 das Leben.

Mein Großvater, Heinrich Franck, war nach dem Luftangriff vom 5. März 1945 auf Chemnitz, bei dem die Fenster seines 1930 erbauten Hauses kaputt gingen, in die Räume seiner Apotheke gezogen. Dort nahm er sich am 23. März 1945 mit Zyankali das Leben. Er wäre pessimistisch, ernst und depressiv gewesen. Seine Frau und seine Tochter sollten am nächsten Tag wieder aus Reichenbach zurückkehren, wohin sie nach den Luftangriffen auf Chemnitz geflüchtet waren. Mein Vater bekam aus Anlass des Todes seines Vaters Urlaub; in dieser Zeit besorgte er Pappen für die Fensterabdichtung.

Was sind die Gründe der Suizide in dieser Familie? Zerbrochene Fensterscheiben, so denke ich, brachten allenfalls das Fass zum Überlaufen. Depressive Veranlagungen? Verstrickung in und Beteiligung an den menschenfeindlichen Strukturen des kriegstreibenden Deutschlands? Merkwürdig finde ich, dass der Tag des Freitodes meines Großvaters mit dem Datum des Geburtstages seiner im Wochenbett gestorbenen Mutter, dem 23. März, zusammen fiel. Vor kurzem ereignete sich wieder ein Suizid in der Familie väterlicherseits. Einer meiner Cousins, geboren im November 1958, nahm sich im August 2012 das Leben. Mir sagt es, dass Suizide immer auch eine (familiäre) Vor- und (gesellschaftssystem-bedingte Begleit-) Geschichte haben.

Als Hildegard Steiner und Gerhard Franck ein Paar wurden

Im September 1942, während einer Famulatur in Chemnitz, lernten sich Hildegard Steiner und Gerhard Franck, meine zukünftigen Eltern, kennen. Es muss eine ausgelassene und zunehmend verliebte Zeit für die beiden gewesen sein. Mein Vater schrieb über die Zeit vom 31. August bis Oktober 1942 im Nachhinein ein Tagebuch. „Meiner lieben Braut zur Erinnerung“ steht auf dem Pappdeckel. Es liest sich wie eine Liebesromanze – und die war es schließlich auch. Mein zukünftiger Vater entfaltete eine schriftstellerische Gabe, die ich mit diesem Tagebuch erst postum entdeckte. Solange ich ihn kannte überließ mein Vater das Schreiben meiner Mutter; und diese wiederum schrieb viel und gerne – und unter anderem ihren Kindern mitunter die Schulaufsätze. Immer dachte ich, die Freude und Begabung am Schreiben hätte ich von meiner Mutter. Jetzt ist es wohl richtiger zu sagen: Beide hatten ausgezeichnete Fähigkeiten, sich schriftlich auszudrücken. Nur war diese Fähigkeit bei meinem Vater wohl mit angenehmem emotionalem Erle-

Hildegard und Gerhard 1943

ben verbunden. Deshalb auch versiegte seine Lust am Schreiben in den kommenden harten Jahren. Heute freue ich mich aber an solchen Sätzen aus der Feder von Gerhard Franck im Oktober 1942:

„…Ich konnte mir sehr gut vorstellen, dass Lieben und Geliebt werden etwas Herrliches sein müsse, aber gleich darauf die resignierte Feststellung, wie sollte ich bei meinem seltenen Umgang mit dem anderen Geschlecht die passende finden, denn dass nur sehr wenige zu mir passen könnten, war mir ganz klar… Ja, da ließ sich eben nichts machen und darauf baute ich mir meinen Plan auf. Falls ich einmal auf eigenen Füßen stünde und bis dahin noch nicht die richtige Frau gefunden hätte, wollte ich alle Bekannten und Verwandten in Bewegung setzen, um mir eine leidlich passende Frau zu suchen. Ich glaubte damals sehr wohl, ich könne eine reine Vernunftehe eingehen, eine Möglichkeit, die ich heute belächeln muß. Wenn auch eine reine Vernunftehe bei meinem Temperament sicher ganz friedlich ausgegangen wäre, so wäre

mir das richtige Glück doch verborgen geblieben. ...So hatte ich auch vor der Famulatur an der Frauenklinik gehofft, mein Wunsch würde einmal in Erfüllung gehen. An Heiraten dachte ich nicht, nur einmal normal lieben und küssen können und richtig verstanden werden.
Und dann kamst Du!"

Wie hat sich diese Beziehung weiter entwickelt? Hatte sie eine Chance, eine Liebes-Beziehung zu bleiben? Erstaunlich oft kommt im Briefwechsel der beiden Brautleute – und späteren Eheleute – von 1942 bis 1944 der Begriff „Vernunftehe" vor. Und ich erinnere mich, dass meine Mutter auch vor meiner Hochzeit eben diesen Begriff verwendete. Es war ihr wohl wichtig zu sagen, dass diese Form für sie und meinen Vater ein „Erfolgsrezept" darstellte.
Meine Vermutung ist, dass einige Zeit, nachdem mein Vater wieder aus der russischen Gefangenschaft zurückgekehrt war, die Vernunftehe wirklich begann. Vom März 1945 bis zum 2. Februar 1948 waren meine Eltern getrennt. Das war etwas länger, als sie sich zuvor überhaupt kannten. Ich stelle mir vor, wie Hildegard einem Menschen wieder begegnete, mit dem sie zwar einige Monate gelebt und mit ihm ein Kind hatte, den sie aber drei Jahre lang nicht fühlen, nicht mit ihm reden oder sich mit ihm austauschen konnte. Ich stelle mir vor, wie Gerhard sich in Russland, in den Entbehrungen der Kriegsgefangenschaft, nach seiner Frau sehnte und wie seine Sehnsucht auf ein ihm fremd gewordenes Wesen stieß. Wie viel Fremdheit mussten die beiden erkennen und überbrücken. Ob es ihnen je gelungen ist? Zwischen ihnen lagen nun Welten.

Hildegards Welt von 1945 bis 1948

Hildegards Welt hatte begonnen mit der Ausweisung aus Breslau. Hier einige Auszüge aus ihrem Tagebuch, das sie am 2. Januar 1945 begann.

20. Jan.
Mama's 50. Geburtstag. Russen … 30 km vor Breslau! Früh Räumung d. rechten Vorstadtteiles nach unserer Seite. Nachmittags 15.15 Uhr Räumungsbefehl für d. ganze Stadt, Fußmarsch! Nur Frauen mit Kindern bis zu 6 Jahren dürfen ab 30-70 km westlich Breslau d. Bahn benutzen. Bis dahin laufen. Papa seit gestern Abend als SD am Stadtcafe…
21. Jan.
Wir sind noch nicht fort, da ich noch keine Order der NSV habe. Auf den Ausfallstraßen sieht man erschütternde Bilder. Leute mit hochbepackten Wagen, Schlitten, ja Waschkörben, d. am Strick hinterher gezogen werden, gehen los. Drunter alte Leute u. kleine Kinder. 15° Kälte u. dabei auf der Landstraße ohne Nachtquartier.
22. Jan.
Gesundheitsabteilung der NSV bereits fort. Soll nach Görlitz auf Anordnung d. Gauamtsleiters. Gegen 15.00 Uhr soll ein LKW d. NSV fahren. Bekommen 2 Plätze. Papa hilft noch d. Rest zusammenpacken. In Hast wird Mittag gegessen, dann ab zum Gauamt d. NSV. Gewartet bis 20.00 Uhr kein LKW, Straßen verstopft, erst Aussicht ab morgen früh. Gehen noch einmal heim schlafen…
23. Jan.
Nachts kaum geschlafen, d. Haus totenstill, i. d. Ferne Detonationen. Vermutlich Brückensprengungen bei Achlau (?). Russen bei Als. Früh 7.00 Uhr i. d. NSV, auch Papa da. 11.30 ein LKW nach Liegnitz, wir fahren mit, da uns dringend dazu gera-

ten wird. Abschied v. Papa. Abends nach 7-stündiger Fahrt i. Liegnitz

24. Jan.

Vergeblich versucht durch NSV u. Fahrdienst weiterzukommen. Lage verzweifelt, da Straßen verstopft u. Bahn überfüllt. Schon jetzt viele Tote an d. Landstraße. ...20 Säuglinge verhungert. Fahrdienst meistert d. Lage nicht mehr, da keine Wagen, kein Benzin u. auf d. Straßen kein Durchkommen. Durch bekannten Eisenbahner, für 50 Zig. 20 RM u. 1 Paar Hosenträger durch Gepäckaufzug auf d. Bahnsteig, die Strecke angeblich gesperrt u. niemand durch d. Sperre durchgelassen wird. Abends um 10.30 auf d. Bahn. Zug nach Dresden ist schon voll gestopft, Bahnsteig Menschen u. Gepäck dicht an dicht. Durch Wunder i. d. letzten 3 Verwundetenwagen am Ende d. Zuges. Betten usw. mussten in Liegnitz bleiben. Man will uns wieder heraussetzen. Endlich nach 5-stündiger qualvoller Wartezeit Abfahrt, nachdem uns d. 1. Zug abgehangen hat. Abteil jetzt gerammelt voll.

25. Jan.

Nach 16-stündiger Fahrt steigen wir in Bischofswerda aus, da wir nicht mehr weiterkönnen. Nicht geschlafen, kaum gegessen u. getrunken, da man nicht auf d. Toilette kann. Kinder machen auf d. Boden. Wir halten sie dann zum Fenster heraus ab. Es sind unglaubliche Zustände...

Auf dem Weg in Richtung Westen waren sie, ihre Mutter und der Hund Murks sicher oft in Lebensgefahr. Aber das waren ja alle und schien insofern nicht der Erwähnung wert. Beinahe wären sie auch vom 13. bis 15. Februar 1945 Durchreisende in Dresden gewesen.[3]

---

[3] Tage der Bombenangriffe auf Dresden, bei dem 25.000 Menschen ihr Leben verloren.

Unterwegs musste Hildegard erkennen, dass sie schwanger ist (Tagebucheintrag vom 8. Februar 1945):
„*War heute hier bei einer praktischen Ärztin, da ich d. NSV-Sache in Ordnung bringen muss. Es besteht vermutlich wieder eine Gravidität. Noch nicht genau zu sagen. Am Abend war mir auf d. Untersuchung hin furchtbar schlecht.*"
Zu dieser Zeit, im März 1945, die voller Angst und Ungewissheit erlebt wurde, beging ihr Schwiegervater, Heinrich Franck, Selbstmord. Sie musste in dieser Zeit auch zu der Erkenntnis gekommen sein, dass ihr Mann entweder gar nicht wieder kommt oder auf lange Zeit entfernt bleibt, ganz abgesehen von der bestehenden Lebensgefahr auch für ihn. Es folgte im September 1945 die fürchterlich anstrengende und komplikationsreiche Geburt ihres ersten Kindes, Gerd-Peter, und wieder bestand Gefahr für ihr Leben und nun auch noch für ihr Kind. Es folgte der Kampf gegen den Hunger und um die materielle Existenz und – notgedrungen und der Not entsprechend – die ersten selbstständigen Schritte als Ärztin in einem Dorf bei Hildesheim, Hüddesum. Ein Glück war, dass Hildegard mit ihren Eltern und mit ihrem Sohn Peter zusammen in diesem Dorf wohnen konnte und die Versorgung mit Nahrungsmitteln nicht so schwierig war.

Gerhards Welt 1945 bis 1948

Gerhards Welt – das sind Rekonstruktionen und wenige „Überlieferungen" meines Vaters – bestand aus ebenso dramatischen Ereignissen. Da war zunächst die Gefangennahme durch die Russen. Nur ausdrücklich befragt erzählte er davon: Es wäre im April 1945 ein Russe ins Lazarett gekommen, in dem er lag bzw. arbeitete: „Ihr seid jetzt Kriegsgefangene!" Wie das Kriegsende für ihn vonstatten ging und in welchen Ängsten und Sorgen sich mein Vater befand, blieb meist unter seinem Verschluss. Unter welchen Strapazen er nach Russland bis an die Wolga kam, in welchem Maße die russischen Kriegsgewinner ihre Gefangenen spüren ließen, dass sie Feinde und Verlierer sind, wie sehr Hunger und Krankheiten an seinem Leben gerüttelt haben; alles das erzählte mein Vater selten und vor allem nie emotional. Auch meine Mutter wird es wohl nicht gänzlich erfahren, aber doch gespürt und ertragen haben. Ich selbst habe nicht viel nachgehakt und mich nicht einfühlen können, als mein Vater mir 1998 dieses erzählte: Von Berlin aus ging es im Fußmarsch in Richtung Osten bis nach Küstrin. Der Major der Kompanie nahm sich unterwegs das Leben. Es muss sehr kalt und strapazenreich gewesen sein. Ca. 90 Kilometer sind es von Berlin nach Küstrin, das heute auf polnischer Seite liegt. Gerhard nahm Morphium gegen seine Fußschmerzen und bekam eine Nebenhöhlenentzündung. Im Viehwagen mit 30 Mitgefangenen wurde er in 14 Tagen nach Russland transportiert.

Vater: In russischer Kriegsgefangenschaft

Exkurs: *„Insgesamt befanden sich 1945 elf Millionen deutsche Soldaten in Gefangenschaft, fünf Millionen von ihnen kamen recht schnell wieder in Freiheit…*
Für solche in sowjetischer Kriegsgefangenschaft war die Aussicht zu überleben schlecht, etwa 30 Prozent starben. Die letzten kamen erst 1956 nach Deutschland zurück, die so genannte Heimkehr der Zehntausend."[4]

---

[4] Zitiert aus Wikipedia „Deutschland_1945_bis_1949#Kriegsgefangene"

Mein Vater hatte überlebt. Ich vermute, es waren drei Überlebensstrategien bzw. Faktoren, die ihm das Leben retteten: seine Sehnsucht nach Hause und nach seiner Frau, sein Arztberuf und seine Intelligenz. Das will ich näher beschreiben:

Es ist überliefert, dass er ein Foto von seiner Frau und ihrem Hund Murks mit in die Gefangenschaft nahm. Einen Mitgefangenen im Lager, der Künstler war, bat er, dieses Foto zu malen. Es ist nicht erhalten geblieben, aber wenn ich mich einfühle in seine Lage, dann denke ich, war dieses Bild ein Zeichen seiner Liebe und Hoffnung, nach Hause zurückkehren zu können.
Sein Arztberuf hat ihn einerseits traumatisiert aber andererseits auch gerettet. Sich vorzustellen, was es bedeutet, mit 25 bis 28 Jahren als Berufsanfänger und als einziger Arzt für hunderte lebensgefährlich erkrankte Menschen im Lager verantwortlich zu sein, gelingt mir nicht. Wie viele hat er sterben lassen und sterben sehen müssen, immer mit der Gefahr im Auge, ihn selber könnte es genauso treffen. Aber als Arzt wusste er sich – in der Begrenztheit des Gefangenenstatus – auch zu helfen, vermute ich. Z.B. hatte er immer wieder Otitis (Mittelohrentzündung), eine Krankengeschichte, die ihm vielleicht sogar das Leben gerettet hatte, indem er deshalb nicht schon früher eingezogen werden konnte. In Russland jedoch wurde dies lebensbedrohlich.
Und schließlich lernte er Russisch. Sich mit den Russen und Bewachern verständigen zu können war überlebenswichtig. Seine Intelligenz, das zu erkennen und die Sprache zu lernen, war ein Teil seiner Rettung. Seinen Kindern vermittelte er indirekt diese Überlebensstrategie.

Wir mussten mit ihm Russisch lernen, was mir persönlich nicht in unangenehmer Erinnerung geblieben ist.
In der Gefangenschaft hielt er sich an Intellektuelle: Einen Professor aus Bremen, von dem er vom „Der Untergang des Abendlandes“[5] hörte. „Eine Kultur geht zugrunde“ ist die Botschaft von Oswald Spengler und sicher auch eine Art Lebensgefühl eines jungen Gebildeten, der in einem elitären Bewusstsein groß geworden war und nun alle zehn Tage zum Entlausen geschickt wurde.
Auch war er mit einigen seiner Patienten befreundet, einem Apotheker und einem Priester. Nach eigenen Worten lag es ihm aber nicht, sich dauerhaft zu befreunden. Diese soziale Ausprägung lebte er weiter und die gibt es auch heute noch in unserer Familie.

Vater: Zurück aus russischer Kriegsgefangenschaft
Nach einem Jahr Gefangenschaft durfte ein erstes Mal Post geschickt werden. 1947 begann die allmähliche Auflösung des Lagers. Ärzte kamen als erste wieder nach Deutschland.
Eine Entscheidung von historischem Charakter und familiär ungeheurer Tragweite fällte mein Vater bald nach der Heimkehr aus Russland.
Aus der russischen Kriegsgefangenschaft entlassen, musste er eine Zeit lang in dem Übergangslager in Frankfurt/Oder verweilen. Sechs Wochen waren es, denn ein Arzt

---

[5] „Die Prognose der künftigen Entwicklung des Abendlandes formuliert die berühmte These des „Untergangs“, verstanden als notwendiger und im Grunde „natürlicher“ Abschluss einer vorausgehenden Blüte- und anschließender längerer Abstiegszeit,…“ Zitiert aus Wikipedia „Der Untergang des Abendlandes“

wurde erst dann aus diesem Lager entlassen, wenn der nächste aus Russland nachgekommen war. Seltsamerweise war es für ihn nicht selbstverständlich, in die britische Besatzungszone, zu seiner Ehefrau, entlassen zu werden. Es stand allen ehemaligen russischen Kriegsgefangenen frei, sich zu entscheiden, wohin sie wollten. Die Briefe meiner Mutter zeugten von hellster Aufregung, Werbung um ihren Mann, Empörung und Verzweiflung darüber, dass er wohl auch dem Drängen seiner Mutter, meiner Großmutter Johanna Franck, geborene Kopp, nachgab und versuchte, eine Arbeitsstelle in seiner Heimatstadt Chemnitz zu finden, um seine berufliche Entwicklung dort zu beginnen.

Postkarte von Gerhard Franck an seine Mutter vom 21.1.1948:

„Frankfurt/O. d. 21.1.48

Liebe Mutter! Gestern erhielt ich Deinen lb. Brief vom 13.1. Ich danke Dir für die Aufklärung, die Du mir darin gegeben hast. In den nächsten Tagen werde ich nun nach Hüddesum abfahren. Die Fahrkarte für mich ist schon vorhanden. Von dort aus werde ich wohl wieder herüber nach Chemnitz übersiedeln, um dort für später meine Zelte aufzuschlagen. Hilde meinte allerdings, dass das erst im Sommer möglich sein werde. Na, wir werden sehen. Vorläufig bitte keine Post mehr nach Frankfurt senden, sondern nach Hüddesum.

Mit herzlichen Grüßen Dein Gerhard"

Die Entscheidung meines Vaters, „rüber", „in den Osten", „in die Ostzone", „zu den Russen" zu gehen, war späterhin ein Bestandteil der lebenslangen Unzufriedenheit und Bitterkeit meiner Mutter. 1948 hat sie noch einiges versucht, ihn zu sich zu bewegen. Die im Westen

scheinbar geringeren Berufsaussichten für meinen Vater lieferten aber die nicht widerlegbaren Argumente.
Von dieser Zeit an – bis 1950 – stand die Ehe meiner Eltern auf der Kippe. Meine Mutter ergab sich schließlich dem Willen ihres Mannes und ihrem katholischen Eheverständnis und folgte ihm mit den Kindern von Hildesheim nach Chemnitz. Inzwischen war am 5. April 1949 meine Schwester Angelika geboren worden.

Mutter: „Nie wieder nach Hause“

Das war eine nächste Entwurzelung im Leben meiner Mutter. Ich mutmaße, dass Hildegard Franck nicht wieder ein tiefes Heimatgefühl entwickeln konnte, weder in Chemnitz, noch in Erlabrunn, wo sie 35 Jahre lang lebte und am 4. Dezember 1984 starb. Ich erlebte sie immer wieder hadernd damit, dass wir im Osten waren und dass das Erzgebirge so rau und wenig fruchtbar war. Aus Schlesien war sie ein anderes Klima gewöhnt. Es gab in den 70er/80er Jahren eine Zeit, da meine Eltern auf Drängen meiner Mutter ein Haus in oder um Dresden suchten, wo das Klima vielleicht mehr dem Schlesischen ähnelt.

Die Welt der Eheleute Hildegard und Gerhard Franck von 1948 an

Wie können zwei Menschen weiterleben mit solch einem Maß an Verlust und Leid, das sie gesehen und/oder selbst ertragen haben? Wie konnten meine Eltern nach all dem als Paar weiterleben?
Dass es in den Ansichten und moralischen Grundhaltungen meiner Eltern einige starke Differenzen gab, deutete sich schon in ihrem Briefwechsel von 1942 bis

1944 an. Hunderte Seiten Briefwechsel (die Briefe meiner Mutter) sind aus der Zeit von 1948 bis 1950 erhalten. Er zeugt nicht mehr von dem Bedürfnis des Paares, von sich zu erzählen oder den/die andere/n teilhaben zu lassen am eigenen Erleben, sondern vom Bedürfnis und dem vergeblichen Versuch, verstanden zu werden. Er enthüllt die verzweifelte innere Situation meiner Mutter in einer für sie äußerlich verzweifelten Lage. Immer wieder und wortreich will sie meinem Vater sagen, wie anders und besser wissend sie alles sieht. Die Briefe lesen sich mühsam und bedrückend. Neben der Unmöglichkeit einander zu fühlen, strotzen die Briefe von Liebesbeteuerungen, Vorhaltungen, Belehrungen und Selbstbezichtigungen. Die Differenzen von Hildegard und Gerhard waren nicht mehr überbrückbar.
Brief von Hildegard an Gerhard Franck vom 4.Januar 1950:

„...In dem Jahr, das gerade hinter uns liegt war kein einziger Tag an dem ich einmal wirklich froh war. Das Wort Glück ist mir wie ein Begriff, der nicht mehr zu mir paßt und der mir zwar als Wunschtraum vorschwebt, aber als Wirklichkeit unglaubhaft geworden ist. Das ist keine Übertreibung. Ich habe sehr viel um Dich gelitten, zuerst so wie man eben solche Dinge gewöhnlich ansieht, als gegebenes Schicksal, dann im Bewußtsein einer Schuld, die ich eben tragen mußte u. schließlich aus dem Entschluß heraus, dieses Schicksal aktiv zu tragen, d. heißt das Leid nicht nur zu ertragen sondern es als Waffe zu gebrauchen um einen anderen Menschen zu beschützen, d. heißt also als freiwilliges Opfer. Du wirst mich vielleicht nicht verstehen, aber es ist die stärkste Waffe unseres Glaubens, dieses bewußte Ja-sagen zum Leiden es anzunehmen um es für einen geliebten Menschen aufzuopfern....“

In diesem beschriebenen Jahr 1949 wurde dem Ehepaar Franck das zweite Kind geboren, Angelika.
Die Briefe lesend ergreift mich tiefes Mitleid mit meiner ältesten Schwester. In der Zeit ihrer Zeugung, ihrer Geburt und ihres Heranwachsens im ersten Lebensjahr war meine Mutter erschöpft, verzweifelt und psychosomatisch krank. Was blieb für das Kind an seelischer Zuwendung übrig? Der Bruder war im TBC-Sanatorium, der Vater und Ehemann in Chemnitz, in der russischen Besatzungszone, und ging zudem fremd. Den Versuch, von Gerhard geliebt zu werden, ließ meine Mutter sausen. Nur noch ihn halten, ihn schützen (vor weiteren Verfehlungen) und gleichzeitig sich von ihm führen zu lassen – diesen ihren inneren Spagat zu spüren tut weh. Sie verstanden sich nicht mehr. Zu viel traumatisches Erleben und nicht nachvollziehbare Entscheidungen lagen zwischen ihnen – so meine Deutung. Sie klammerten sich aneinander wie Ertrinkende, die sich beim Rettungsakt aus Verzweiflung weh tun. Die Erschöpfung greift meine Mutter an:

„... Ich habe heute alles noch einmal in Deine Hände gelegt, so wie du es damals im Mai wolltest nur mit dem Unterschied, das ich Dir damals stolz u. hochmütig erschien, während ich heute so schwach bin, dass ich mich schämen könnte wenn nicht meine Liebe zu Dir wäre. Weißt Du nun wie ich bin? Mir ist oft Angst, ich könnte dich wieder enttäuschen. Alle meine Kraft die ich noch habe hole ich von Gott und aus der Liebe zu Dir, sonst ist nichts mehr da...“

Wie sollte es wohl anders werden zwischen ihnen, denke ich, wenn nun Hildegard immer wieder versprach und versicherte, ihn ohne eigene Wünsche zu lieben. Welch eine Selbstaufgabe! Welch ein Verzicht auf Entwicklung! Meine Mutter, so vermute ich, hat sich in die Vernunft und Sachlichkeit zurück gezogen. Von ihrem Übermut aus der Studentenzeit und gegenüber Männern war nichts mehr zu spüren. In ihrer Ehe mit Gerhard ging sie einen Verzicht nach dem anderen ein. Sie trennte sich von ihren Angehörigen; sie zog nach Chemnitz; sie unterwarf sich seiner Vorstellung von ehelicher Sexualität und dem – wohl beiden gemeinsamen – Rollenverständnis zwischen Frau und Mann. Sie gebar ein Kind nach dem anderen, obwohl schon das zweite und dritte von schließlich sechs Kindern keinesfalls mehr der Glückseligkeit der beiden entsprang. Hinzu kam sicher das katholische Gebot, nicht verhüten zu dürfen und der Umstand, nicht verhüten zu können.

Gerhards traumatischen Erlebnisse vom Kriegsende und in Russland und die frustrierenden Zeiten in seiner Ehe kompensierte er später mit hohem beruflichen Ehrgeiz und Einsatz, mit Suchtverhalten und mit einem hohen Maß an Fühllosigkeit gegenüber menschlichem Leiden. Dass er immer wieder etwas verdrängen musste schließe ich daraus, dass er sich häufig cholerisch verhielt.

Den beruflichen Ehrgeiz seit ihrem Wieder-Zusammen-Kommen entwickelte nun nur noch mein Vater. Meine Mutter nahm die Rolle der Hausfrau und Mutter ein. Dies empfand ich später als Tragik für sie. An ihrem frühen Lebensende mit 66 Jahren war sie traurig, resigniert und auch verbittert. Ihren Ehrgeiz, der sich beruflich nicht, aber ehrenamtlich später sehr wohl entfalten konnte und wollte, legte sie in ihre sechs Kinder.

Hansi: Meine Welt von 1952 an

So wurde ich also, nach meiner älteren Schwester Heidemarie, die das Licht der Welt am 29. März 1951 in Chemnitz erblickte, am 14. Dezember 1952 in Chemnitz, in der russischen Besatzungszone geboren, während meine beiden ältesten Geschwister, Angelika und Gerd-Peter in Hildesheim, in der britischen Besatzungszone, geboren waren. Erstmals in diesem Moment des Schreibens denke ich, wie mein Leben wohl anders verlaufen wäre, wenn ich im Westteil Deutschlands groß geworden wäre. Sicher bin ich mir darin, dass es mir zwar materiell schon, aber seelisch nicht besser gegangen wäre. Nach Sabine Bodes Buch „Nachkriegskinder" darf ich mich als ein echtes Nachkriegskind verstehen. Einige Bilder tauchen aus dieser Zeit auf: Als Vorschulkind wurde ich jeden Morgen mit einem Milchkrug zum naheliegenden Bauernhof, zum Teumer-Bauern, geschickt, um Milch zu holen. Später gab es die Milch im HO-Kaufhaus[6] von Erlabrunn. In jener Zeit schleppte meine Mutter täglich eine Einkaufstasche und einen 5-Liter-Krug Milch nach Hause. Das Leben war aus heutiger Sicht schwer, wenngleich ich meine, dass es im Wismut-Ort Erlabrunn materiell und strukturell an nichts mangelte. Wir lebten auf einer Insel der Bevorzugungen, auf der unsere Familie aufgrund der exponierten Stellung meines Vaters zusätzlich Privilegien genoss.

---

[6] Die **Handelsorganisation** (**HO**) war ein in der juristischen Form des Volkseigentums geführtes staatliches Einzelhandelsunternehmen in der DDR. Die HO wurde 1948 gegründet und bot anfangs bevorzugt lang entbehrte Gebrauchsgüter und Lebensmittel ohne Lebensmittelmarken an. Zitiert aus Wikipedia „Handelsorganisation"

Die Wismut[7] hatte in Erlabrunn in nur zehn Monaten – von 1950 bis 1951 – das „Bergarbeiterkrankenhaus" errichtet.[8] Tausende Bergarbeiter, Arbeiter und Angestellte für die Infrastrukturen wurden damals regelrecht rekrutiert bzw. mit lukrativen Verdienstmöglichkeiten geworben.

Vater: „Ich bin dort, wo ich meinen Ehrgeiz und meine Ansprüche leben kann"

Mein Vater bekam – im Alter von 34 Jahren – das Angebot einer Chefarztstelle in der HNO-Klinik in Erlabrunn. Auch ihm wurden Sonderbedingungen versprochen, u.a. ein Einzelvertrag mit einem vergleichsweise hohen Gehalt. So zog 1954 unsere damals noch sechsköpfige Familie nach Erlabrunn.

Im silbernen Käfig

Ich wuchs auf in einem silbernen, nicht goldenen Käfig. Wir waren nicht arm und meine Eltern konnten ihr bürgerliches Leben unter diesen Bedingungen zunächst fortsetzen. Es gab ein bei uns wohnendes Dienst- und Kin-

---

[7] Die *SAG* (Sowjetische Aktiengesellschaft) oder ab 1954 **SDAG Wismut** (Sowjetisch-Deutsche Aktiengesellschaft) war ein Bergbauunternehmen, das sich zwischen 1946 und 1990 zum weltweit drittgrößten Produzenten von Uran entwickelte. Das auf dem Territorium der Sowjetischen Besatzungszone und DDR an Standorten in Sachsen und Thüringen geförderte und aufbereitete Uran war die Rohstoffbasis der sowjetischen Atomindustrie, Wikipedia

[8] Zu den ersten Neubauten gehörte das BAK Erlabrunn. Das beeindruckende Gebäude in stalinistischer Architektur besaß über 1.200 Betten und wurde, nach nur einem Jahr Bauzeit, am symbolträchtigen Datum des 8. Mai 1951 eröffnet, Wikipedia, http://www.bpb.de/geschichte/zeitgeschichte/deutschlandarchiv/53421/ gesundheit-im-dienste-der-produktion?p=all

dermädchen und eine Hausangestellte. Ab und zu kam eine Frau zum Nähen, Stopfen und Bügeln ins Haus. Meine Mutter bestellte ihre Kleider bei einer Schneiderin in Chemnitz und auch wir Töchter bekamen genähte Kleidung. Es gab Servietten in silbernen Ringen und Silberbesteck auf dem Tisch. Mein Vater hatte selbstverständlich ein „Herrenzimmer“ und erst in den 70er Jahren bekam auch schließlich und endlich meine Mutter ein kleines Zimmerchen mit Schreibtisch und Bücherregal. Alle diese „Standards“ eines bürgerlichen Lebens verflüchtigten sich im Verlauf der Jahre in der DDR, in der einerseits der allgemeine Lebensstandard anstieg und andererseits die Unterschiede zwischen den Bevölkerungsschichten aus ideologischen Gründen bewusst nivelliert werden sollten.

Hansi: die Kinderwelt

Als ich 1959 in Erlabrunn zur Schule kam, strömten meine Mitschüler/innen aus drei Siedlungen im Ort und aus drei Ortsteilen (Steinheidel, Carolathal und Steigerdorf) zusammen. Es gab die „Ärztesiedlung“, die „SVK-Siedlung“[9] und die „Karl-Marx-Siedlung“. Diese Gliederung des Dorfes entsprach seiner sozialen Schichtung – Ärzt/innen und gehobene Angestellte, mittleres Personal und Bergarbeiter. Auch die Klassen wurden so zusammengesetzt. Wir bildeten zwei Klassen zu je ca. 30 Schüler/innen, was von einer hohen Geburtenrate sprach. Insgesamt gab es damals in Erlabrunn rund 2000 Einwohner im Vergleich zum Jahr 1946 mit 345 Einwohnern.

---

[9] SVK - Sozialversicherungskrankenkasse

1960 zog meine Familie innerhalb von Erlabrunn von der Ärztesiedlung in das „Ärztekasino“, das im Gelände des Bergarbeiterkrankenhauses stand. Die 6-Zimmerwohnung war nach der Geburt meiner zwei jüngeren Schwestern meinen Eltern vielleicht zu eng geworden. Am 23. Mai 1956 erblickte Sigrid im nun umbenannten Chemnitz, in Karl-Marx-Stadt, das Licht der Welt. Meine Mutter hatte wohl darauf bestanden, das Kind dort zu gebären.
Am 2. Februar 1958 wurde das sechste und letzte Kind meiner Eltern, diesmal in Erlabrunn, geboren: Stephanie. Beinahe wäre meine Mutter, damals fast 40 Jahre alt, danach verblutet. Mein Vater hatte glücklicherweise be-

Hildegard und Gerhard 1960

merkt, dass sie gefährlich viel Blut verlor. Stefanie ist auf den Tag genau zehn Jahre nach der Heimkunft meines Vaters aus der Kriegsgefangenschaft geboren.

Das Ärztekasino war eine wunderschöne Villa vom Baujahr 1937. Es gehörte damals einem Herrn Erich Seidel, einem Freund von Hermann Göring. Wir hatten darin mindestens neun Zimmer in zwei Etagen. Das Erdgeschoss wurde als Kasino für die Chef- und Oberärzte genutzt, die in besonders angenehmer Umgebung, in besonderer Betreuung und unter sich ihr Mittagessen einnehmen durften.
Unsere Villa bestand 1937 wohl aus den besten technischen, baustofflichen und sanitären Standards; zudem war es architektonisch etwas Besonderes – im Schwarzwaldstil mit vielen Holzverkleidungen innen wie außen und umlaufendem Balkon, einer halbumlaufenden Terrasse, einer Doppelgarage, Zentralheizung, einer Kegelbahn, riesigen Verbundfenstern, Glasschiebetüren, großen Zimmern und Bädern, Wandschränken, beheizten Handtuchtrocknern u.v.m. ausgestattet. Nur manchmal wurden wir uns der Exklusivität unserer Wohnung und auch seines Umfeldes bewusst. Im Umfeld gab es ein Schwimmbad mit Badehäuschen, einen terrassenförmig angelegten Garten mit Springbrunnen, Freisprechanlagen vor dem Tor… Die Funktionalität all dieser großartigen Details ließ aber immer mehr nach und wurde durch Details aus DDR-Produktion ersetzt. Heute erscheint mir dieses Haus noch einmal mehr als ein Kinderparadies: Überall konnte man sich in Räumen und auf Treppen bewegen, Nischen füllen und die Phantasie spielen lassen. Direkt vor dem Haus begann schon der Wald; auch der wurde in

Hausnähe aus Angst vor umfallenden Bäumen allmählich gefällt.

Ich war in meinem Jahrgang das einzige „Ärztekind“. Außerdem war ich die Einzige in den beiden Klassen, die katholisch war. Letzteres bedeutete, dass ich nach der Meinung meiner Mutter nicht den „Jungen Pionieren“ beitreten durfte. Das störte mich, aber es war eben so. Erst 1961 gab meine Mutter den Widerstand auf, wohl unter der Einsicht, dass die Nicht-Beteiligung in den sozialistischen Massenorganisationen unsere schulische und weitere Entwicklung beeinträchtigen könnte. Ich trat also 1961 den Jungen Pionieren bei. Bis in die 8. Klasse ein blaues Halstuch; ab der 5. Klasse hießen wir Thälmann-Pioniere. Das alles missfiel mir nicht, auch wenn meine Eltern davon eher unangenehm berührt waren und diese Themen immer etwas nebensächlich-abfällig konnotierten. Aber ich war, nicht zuletzt durch meine Eltern angeregt, ehrgeizig und leistungsstark, hatte immer gute Zensuren und ab der 5. Klasse war ich ununterbrochen die Klassenbeste, meist mit einem Zensurendurchschnitt von 1,0. Das war für meine Eltern selbstverständlich und fiel mir – zum Glück – nicht schwer; andererseits wäre es fast ein Unding gewesen, eine Note „2“ nach Hause zu bringen. Wir Kinder der Familie Franck hatten „gut“ zu sein und dieser Ruf ging uns voraus und nach.
Dieses und mein damals angepasstes Verhalten führten dazu, dass ich zur Gruppenratsvorsitzenden der Klasse gewählte wurde. Es war eine Funktion in der Pionierorganisation, die mir zwei rote Balken auf der Pionierbluse verschaffte. Ich war durchaus stolz darauf. Weiterhin wurde ich in der 7. Klasse zur Freundschaftsratsvor-

sitzenden der Schule gewählt. In dieser Zeit war ich auch viele Wochen in der Pionierrepublik „Wilhelm Pieck", der Kaderschmiede der Pionierorganisation.[10] Wenn ich daran zurückdenke ist es mir peinlich. Ich hatte damals das erste Mal das Gefühl, eine Rolle zu spielen, die ich weder ausfüllen konnte noch in der ich Inhalte fand. Sie war lediglich eine leere Hülse und ich war eine Marionette in einem System, das scheinbar demokratisch war, aber lediglich aus einer Fülle von Phrasen und formalen Tätigkeiten bestand. Trotzdem war ich dabei und fügte mich ein, wohl besser noch als andere.

Wenn ich mir heute Sequenzen aus der Langzeit-Filmdokumentation „Die Kinder von Golzow" anschaue, bekomme ich wieder Kontakt zu all diesen peinlichen und unangenehmen Gefühlen. Andererseits ergreift mich eine Art Wehmut und auch Nostalgiegefühle tauchen auf. Ja, so war meine Kindheit, die auch geborgen und schön war. Allerdings bestand diese Kindheit aus mehreren Welten: Es gab die Schule mit ihrer „gesellschaftlichen Arbeit" und sozialistischen Ideologie. Und es gab mein Elternhaus mit seiner ganz klaren Ausrichtung auf ein bildungsbürgerliches Leben in Abgrenzung bis hin zur Verachtung und Ablehnung des sozialistischen Staates und der kommunistischen Ideen.

---

[10] „Während der Lagerdurchgänge außerhalb der Schulferien hielten sich jeweils etwa 1.000 Thälmannpioniere gleichzeitig auf dem Gelände auf. Sie wurden vom Freundschaftsrat der jeweiligen Schule dorthin delegiert, wobei normalerweise nur ein Schüler pro Schule teilnehmen durfte. Die Abordnung zum in der Regel sechswöchigen Aufenthalt galt als besondere Auszeichnung und war sehr vorteilhaft für die Kaderakte des Delegierten. Die Teilnehmer erhielten in der Pionierrepublik regulären und insbesondere politischen Schulunterricht…" http://de.wikipedia.org/wiki/Pionierrepublik_Wilhelm_Pieck

Ich bewegte mich in diesen Welten jeweils wie ein Fisch im Wasser. Ich war klug und konditioniert genug, diese Gespaltenheit ohne jegliches Problem zu leben. Als heute psychologisch ausgebildete Professionelle frage ich mich, wie das gehen konnte. Ich kam wenig in äußere und auch nie in innere Konflikte und frage mich bis heute, welchen Preis ich dafür zahlen musste oder ob es mir sogar zum Guten gedient hat.

Hansi: die Welt als Jugendliche

Mit 14 Jahren wurde ich Mitglied in der Freien Deutschen Jugend. Alle Pioniere wurde dahin „übernommen". Niemand in meinem Jahrgang, davor und danach, scherte damals aus. Allerdings gab es eine Bruchstelle mit dem sozialistischen System für uns Katholiken: die Jugendweihe. Ich ging nicht zur Jugendweihe. Ich erinnere mich auch daran mit den neutralen Gefühlen der Selbstverständlichkeit. Es war eben so. Dass meine Schulkamerad/innen alle ein großes Fest hatten, störte mich nicht im Geringsten, konnte ich doch dem gegenüber das abwertende Gefühl meiner Eltern übernehmen. Inhaltlich verstand ich damals, dass die Jugendweihe eine Bekenntnis zum sozialistischen Staat DDR war, aber auch ein Bekenntnis zum Atheismus. Das wollte ich schon damals nicht. Die Jugendweihe zu verweigern, war ein Affront gegen den sozialistischen Arbeiter- und Bauern-Staat, gegen die DDR an sich und überhaupt gegen alles. Es war zu erwarten gewesen, dass danach der Bildungsweg (Erweiterte Oberschule, Abitur und Studium) verhindert wurde, zumal wir ja auch Kinder von „Intelligenzlern" waren. Meine Mutter lotste ihre ersten vier Kinder mit viel Geschick und vehementer Energie über diese

Klippe. Sie kämpfte mitunter wie eine Löwin, sprach mit Schuldirektoren und drang bis zu Parteivorsitzenden und Schulräten vor. Nachdem sie das bei vier Kindern geschafft hatte, verließen sie Kraft und Mut (sie war damals 54 Jahre alt) und sie schickte ihre beiden Jüngsten sicherheitshalber zur Jugendweihe.

Hansi: Studium und Berufswahl

Selbst ohne ausdrückliche Berufswünsche und -neigungen habe ich dem Schub meiner Mutter nachgegeben, die meinte, ich sei technisch begabt. Dass diese Art Begabung nicht unbedingt etwas mit dem Studium „Elektroniktechnologie und Feingerätetechnik" zu tun hat, habe ich sehr bald gemerkt, nachdem ich in Dresden an der Technischen Universität 1971 das Studium begann. Die mathematisch-physikalische Grundlagenausbildung hatte nicht viel mit praktischer Technik zu tun, sondern erforderte ein hohes Maß an Abstraktionsvermögen. Hier lernte ich die Grenzen meines geistigen Vermögens kennen. Ich beendete das Studium mit guten Noten, ohne jedoch das Gefühl zu haben, als Diplomingenieurin etwas leisten zu können. Ich bewarb mich um eine Assistentinnenstelle an der TU Dresden. Man nahm dort lieber staatstreue SED-Genossen und ich wurde weggelobt zur Ingenieurhochschule Dresden. Ich trat die Stelle im September 1975 an und kam in den Fachbereich Konstruktion. 1977 bekam ich mein erstes Kind und danach auch das Thema, mit dem ich 1984 promovierte. Immer wieder tauchten auch die gesellschaftspolitischen Klippen für mich als eine kritische, sozial engagierte, katholische Nicht-Genossin auf. Aber ich wusste immer, wie weit ich gehen konnte, ohne die Loyalitätsgrenzen des DDR-

Regimes und der mich umgebenden Funktionäre zu verletzen.

Hansi: Familiengründung traditionell – Familienleben alternativ

1973 heiratete ich einen ehemaligen Klassenkameraden. Wir beide waren 21 Jahre alt, wir liebten uns, aber die Hochzeit diente vor allem der Legalisierung unserer Beziehung – vor den Eltern, der Kirche und dem Staat. Ohne den Trauschein fühlte ich mich nicht frei. Schließlich war ich katholisch erzogen worden. Auch den sogenannten Ehekredit bekam man vom Staat nur mit Trauschein.
Ich erinnere mich an meine Beruhigung, dass mein Freund Medizin studierte. So hatte er als Sohn eines Tischlermeisters eine Legitimation bzw. Eintrittskarte für meine in Standesdünkeln verhaftete Familie. Meine Geschwister heirateten ebenfalls alle Partner/innen mit Hochschulabschluss.

Mein Ehemann, Karl-Heinz Merkel, und ich wollten immer Kinder. Wie viele aber, das war unbestimmt. Festlegen wollten wir uns vorerst nicht. Erst als in knapp sieben Jahren (von Januar 1977 bis Oktober 1983) fünf Kinder geboren wurden, hatte ich meine persönliche Belastungsgrenze erreicht.
Wir waren 1986 nach Taubenheim in ein Dorf gezogen, wo mein Mann – im Alter von 34 Jahren – eine staatliche Arztpraxis übernahm.
Mit dreißig Jahren hatte ich also schon fünf Kinder. Mit Begeisterung war ich Mutter und später dann – neun Jahre lang – ausschließlich Familienfrau. Ich genoss die Zeit des Haufrauendaseins als eine Art freischaffende Tätig-

keit, in der ich Rhythmus, Urlaube und das Maß an Arbeit selbst bestimmen konnte. Ich fühlte mich gut und privilegiert.
Hier deutete sich schon eins der „Erbstücke" meiner Eltern an. Die Belastungen fühlte ich nicht – oder nur punktuell. Ich litt keinesfalls unter einem Zuviel und fand alles machbar. Ich bastelte und nähte viel in dieser Zeit und wir waren unterwegs in einigen Freund/innen-Kreisen und -Gesprächsgruppen.

Ab 1986 hatte ich immer wieder depressive Episoden. Sie steigerten sich bis in die 90er Jahre. Ich nahm sie nicht ernst, aber meine Tagebuchaufzeichnungen führen mir heute eine leidvolle Parallelwelt vor Augen. Heute ist es für mich nicht mehr erstaunlich, dass ich und alle meine Schwestern mehr oder weniger stark mit Ängsten, Depressionen und Überforderungssyndromen zu tun haben. Später stellte sich heraus, dass der jahrelange Hausfrauenstatus wenig zu meinem Selbstbewusstsein beitragen konnte – im Gegenteil. Mein Selbstwertgefühl musste ich mir unter vielen Ängsten jenseits von Familie erarbeiten. Unbewusst folgte ich einer fatalen Logik: Mir ginge es besser, je mehr ich leistete und mich verausgabte. Dies konnte ich nur durchhalten, indem ich meinen Körper konditionierte. Belastungen konnte und wollte ich unter der inneren, selbstgestellten Anforderung nicht wahrnehmen. Vor Augen kommt mir wieder das Baby Hansi, schreiend und angstvoll angespannt – allein in einem kalten Raum. Wie sehr musste ich mich anstrengen, um aus dieser Einsamkeit und Kälte herauszukommen. Am Ende half nur die Abspaltung der Bedürfnisse nach Nähe und Wärme.

Wende- und Nachwendezeit

Ich zählte mich zu den staatskritischen – heute sage ich oppositionellen – Kreisen, war Kirchenmitglied und hatte viel inneren Zugang zu den sozialen Bewegungen der evangelischen Kirche (Gerechtigkeit, Frieden, Bewahrung der Schöpfung). Bei Demonstrationen in Dresden, z.B. beim Gedenken an den 13. Februar 1945, für Frieden, Demokratisierung, Meinungsfreiheit, wahrheitsgemäße Geschichtsschreibung u.ä. war ich dabei, ohne jemals in direkte Konfrontation mit der Staatsmacht zu kommen. Die „Wende" habe ich aus der Entfernung Dorf – Großstadt erlebt, immer begrenzt durch die familiären Pflichten. Mich drängte danach, so oft wie nur möglich bei den Montagsdemonstrationen dabei zu sein.

Seit 1985 sang ich im Kathedralchor in Dresden. Über alle Anstrengungen hinweg habe ich mir diesen Chorgesang als Ressource behütet und behalten. Wir probten immer montags, so dass ich mir beide Bedürfnisse erfüllen konnte.

Die Maueröffnung habe ich als Bedrückung empfunden. Ich habe den Ausverkauf der DDR geahnt, vor allem aber von da an die Verhinderung des begonnenen Weges einer Gesellschaftserneuerung empfunden. Ich trauerte schon vom November an um die verlorenen Chancen einer Reformierung, eines dritten Weges.

1992 nahm ich die Arbeit der Geschäftsführerin des Verbandes der sächsischen Frauenverbände und -vereine, des Sächsischen Frauenforums(SFF), auf. Ich erlebte zuvor eine glückliche Zeit in einer Meißner Frauengruppe. Wir übten Selbsterfahrung, lebten frauenpolitisch und frauenparteilich, engagierten uns für die Institutionalisierung

von Frauenanliegen und Gleichstellungsbeauftragten oder die Wahrnehmung der geschlechtergerechten Sprache. Diese Gruppe Frauen wurde für mich eine Art geistige und emotionale Heimat.
Ich bewarb mich als Gleichstellungsbeauftragte, einmal auch als Tagungsassistentin in Meißen. Es waren Misserfolge und ich drohte in Depression und Resignation zu verfallen. Jetzt war ich reif dafür und trotz der fünf Kinder bereit, den Berufseinstieg wieder zu wagen. Zu meinem Glück fand frau mich. Die Geschäftsführung des Landesverbandes Sächsisches Frauenforum wurde durch mich zunächst innerhalb einer ABM-Stelle ausgefüllt. Niemand fand damals Anstoß an solcherart Kuriositäten.
Über meine Zeit im SFF reflektierte ich damals – 1996:

„Wie viele Stunden ich am Tag für das Frauenforum , die politische Auseinandersetzung für und mit Frauen verwende, kann ich nicht sagen. Manchmal versuche ich, Bürostunden aufzuschreiben. Aber dann liegen Termine außerhalb, auch abends oder am Wochenende… Oftmals sind Veranstaltungen, Gespräche und Seminare zunächst eine Art Weiterbildung, um einen Überblick oder Einblicke in die politische Arbeit, in Sachthemen zu bekommen bzw. auch dafür, „Netzwerke“ zu knüpfen. Als „Arbeit“ wollte ich das oft nicht sehen… So wurde mein ganzes Ich Teil des SFF und der Frauenbelange. Meine Motivation wuchs noch. Ich las fast ausschließlich Literatur von Frauen…
Die Arbeit hält mich innerlich gepackt, auch an Wochenenden und im Urlaub. Manchmal entstehen Lösungen nachts oder im Halbschlaf, aber auch Ängste rütteln mich, wie Gespräche, Gruppen und Konzepte zu meistern sind. So viele Ängste wie in den vergangenen 4 Jahren hatte ich mein ganzes Leben lang nicht…“

Es sind bezeichnende Sätze. Ich sah keine Grenzen und spürte sie nicht, war voller Elan und Begeisterung für diese gute Sache. Parallel (1993) begann ich berufsbegleitend ein Studium der Sozialpädagogik. Es war wieder ein Glücksfall für mich und ein dreijähriger Hochgenuss, im Alter von 41 bis 43 Jahren noch einmal studieren zu können. Ich suchte nach einem anderen Beruf und fand ihn.

Politisch war ich geachtet und erfolgreich. Im Jahr 2000 erhielt ich für mein Engagement die Sächsische Verfassungsmedaille. Privat nahte die Katastrophe: Meine Ehe zerbrach, indem mein Ehemann auszog. „…nur noch Arbeit und Ängste" habe er satt, waren ein Teil seiner Begründungen.

Beruflicher Wechsel

Einer der größten Glücksumstände meines Lebens ereignete sich 2001. Es hatten sich riesige politische Spannungen innerhalb des SFF aufgebaut. Ich war frauenparteilich durch und durch, und das ließ das politische Parteiensystem nicht mehr ungestraft zu. Hier wollte ich mich nicht mehr anpassen, wollte keine neutrale Position einnehmen. In dieser Zeit war ich gereift und gestärkt durch eine Ausbildung als Supervisorin, die ich von 1997 bis 2000 absolvierte.

Ich fühlte mich stark und hörte von der freiwerdenden Stelle in der Katholischen Ehe-, Familien- und Lebensberatungsstelle in Dresden. Am letzten Tag der Bewerbungsfrist bewarb ich mich, absolvierte ein Gespräch – und bekam die Stelle der Leiterin. Es folgte die Ausbildung in „Psychologischer Beratung", die mit einem Diplom abschloss.

In dieser Arbeit stehe ich heute. Ich bin angetan von der Fülle und Wirksamkeit meiner Tätigkeit. Ich werde tagtäglich in die Lage versetzt, nicht nur Menschen in ihren Beziehungsfragen zu „helfen“, sondern auch mich selbst zu reflektieren, Erkenntnisse zu gewinnen und mich zu entwickeln. Ich liebe diese Arbeit. Sie ist Beruf und Berufung zugleich.

Meine Prägungen durch meine Eltern

In meinem 60. Lebensjahr weiß ich nicht immer, was mich ausmacht und was ich will. Da ist ein mich begleitendes Gefühl der Unsicherheit, Unfertigkeit und Unentschlossenheit.

Ich kann jede Menge Ressourcen aufzählen, mit denen meine Eltern mich ausdrücklich ausgestattet haben und durch die ich weitere Begabungen entwickeln konnte. Oft empfinde ich mich als ein Glückskind, dem vieles leicht fällt und das sich in seiner Intelligenz und Sportlichkeit wohl fühlt.

Andererseits ergreift mich Lebenspessimismus, Traurigkeit und das Gefühl der Einsamkeit.

Ich führe diese Lebensgefühle einerseits zurück auf meine Entwicklungsgeschichte im ersten halben Lebensjahr und das damals erfahrene Isoliertsein, von dem ich weiß, dass es einem Säugling seelisch keineswegs gut tut und es nachhaltig beschädigt. Andererseits kann ich die Traumatisierungen meiner Eltern sehen, die sie für Vieles unempfindlich und unsensibel gemacht haben. Ich muss mich heute fragen: Kannten mich meine Eltern und nahmen sie mich wahr als ein im besten Sinne eigenes und eigensinniges Kind? Jedenfalls gab ich mir unbewusst jede Mühe als solches gesehen zu werden. Ich fühle bis heute,

dass zu wenig liebevolle und wohlwollende Aufmerksamkeit meiner Eltern auf mir lag.
Meine Eltern projizierten – sicher wie alle Eltern – ihr Idealbild auf ihr Kind, aber sie vermittelten mir auch ihre Gefühlswelt, natürlich unterschwellig und unbewusst. So empfinde ich Besonderes und Elitäres in mir sowie die Ausstattung mit hohen Ansprüchen. Diese suche ich mir auch zu verwirklichen, was mir nicht schwer fällt. Zudem kann ich mich bestens anpassen und Gewinn aus meiner Anpassungsgabe ziehen. Andererseits bin ich mit dem Herzen dabei, mich zu empören und mich in kämpferische Prozesse zu begeben. Eine menschengemachte Grenze ist für mich zunächst einmal keine Grenze. Das alles sehe ich als ein „Erbe" meiner Eltern. Der Vater hat mir die besten Strategien für die Anpassung in das bestehende System vorgelebt. Die Mutter hat mir das Engagement vermittelt, vieles kritisch zu sehen und nicht nur hinzunehmen. Aber wie war das für mich innerlich zusammen zu fügen? Um welche Orientierungen ging es ihnen und mir letztendlich? Und wie ging das ohne eine emotionale Austauschmöglichkeit? Nachhaltig bei mir verblieben die schon erwähnten Gefühle der Unsicherheit, Unfertigkeit und Unentschlossenheit.

Worin ich mir in meinem Wesen sicher bin, das ist mein Leistungswille: In der Schule und im Beruf „gut" und leistungsstark, engagiert, intelligent und ehrgeizig zu sein – das sind die Ausrichtungen meiner Eltern, die sie mir vorlebten.
Wie es mir jedoch außerhalb dieser Werte gehen könnte und womit ich mich ansonsten wohlfühlen könnte, das blieb mir verborgen. Ich vermute, meine Eltern wussten

es auch nicht. Selten oder gar nicht erlebte ich sie genießend oder gar genüsslich. Sie lebten nie in den Tag hinein. Ihr Leben war strukturiert und bestimmt von Pflichten und Aufgaben, die nötig waren und die sie sich selber gaben. Werte wie Kinder haben wollen, Familie gründen, im Beruf Ehrgeiz entwickeln – ja, das wurde mir vermittelt. Aber wie sollte ich mit meiner Emotionalität umgehen? Wie kann eine Partnerschaft gelebt werden, wenn ich die Sprache der Gefühle nicht erlernt habe!

Meine Prägung durch meinen Vater

Der Leistungswille meines Vaters brachte ihm Erfolg. Er lebte sein Leben. Er setzte alles um, was er wollte: beruflich wie auch in seinem Familien- und Freizeitleben. Nie erlebte ich ihn mit sich unzufrieden, wenn auch nicht besonders glücklich. Er schien mit seinem Lebensmodell identisch. Das Maß an sozialen Beziehungen war durch die große Familie abgedeckt. Ihm war nicht wichtig, wie Leute über ihn dachten. Entsprechend „benahm" er sich, war autoritär und streng, als Chef und Vater. Niemand wagte, ihm offen zu widersprechen oder ihm Rückmeldungen zu geben. Erst vor zwei Jahren erfuhr ich von einem Schmähnamen, den ihm das Personal im Erlabrunner Krankenhaus verpasst hatte: „Holzhammer". Seine Gefühle hielt er unter strenger Kontrolle. Ab und an brachen sie sich gewaltsam Bahn. Mein Vater war cholerisch, so lange ich ihn als Kind und Jugendliche erlebt habe. Innerlich erstarrte ich, wenn er seine Stimme erhob oder sie schärfer wurde. Er bekam durch diese Art eine enorme Autorität. Später hielt ich Abstand von ihm und nahm ihn dadurch von einer ganz anderen Seite wahr: als einen unsicheren und gehemmten Menschen.

Abstand halten musste ich aber vor allem von seinen Abwertungen und auch von körperlichen Übergriffen. Schläge kamen selten, aber immer wieder vor. Oft kniff er mir – aus einer für ihn vermeintlich freundlichen Geste – in den Po, meinen Schwestern und meiner Mutter ebenso. Einmal schlug er mich hart und wütend, weil ich frühmorgens neben ihm am Waschbecken etwas anders machte als er es tat. Diese Momente bleiben unvergessen. Sabine Bode schreibt in ihrem Buch „Nachkriegskinder" eine für mich wichtige Passage:

„Manche ... Väter waren lieblos, hart, ausschließlich auf sich selbst bezogen und niemals nur eine Sekunde entspannt. Auch wenn es im Gegensatz zu einer weit verbreiteten Therapeutenmeinung steht: Über manche Väter lässt sich einfach nichts Gutes sagen. Einen solchen Vater muss man nicht lieben... Darüber hinaus gibt es die Töchter und Söhne, die gar nicht anders können, als ihren Vater zu lieben. Sie sagen: Er hat bestimmt auch gute Seiten, ich kann sie nur nicht erkennen, auch er wird sein Päckchen zu tragen gehabt haben... Was immer er mir angetan hat – Schwamm drüber, das Leben wird vorwärts gelebt... So funktioniert Verdrängung, und ohne die Fähigkeit zu verdrängen, würden Menschen ihr Leben nicht meistern können. Aber Verdrängung funktioniert nicht zu jeder Zeit; mit zunehmendem Alter wird es schwieriger, sie aufrecht zu erhalten, ohne dass die seelische Gesundheit Schaden nimmt. So kann es geschehen, dass sich die Selbstberuhigung als fauler Frieden erweist, der im Unterbewusstsein so lange gärt, bis die Seele erkrankt, an einer Depression zum Beispiel." [11]

---

[11] Sabine Bode: Nachkriegskinder. Die 1950er Jahrgänge und ihre Soldatenväter, Klett-Cotta 2011

Zeit seines Lebens verblieb mein Vater in seinem Überlebensmodus, der Anpassung und nochmals Anpassung und Verdrängung hieß und der ihn befähigte, innerhalb des gegebenen, systembedingten Bewegungsspielraums in der DDR das Bestmögliche zu machen. Er arbeitete mit hohem Pflichtgefühl und gleichzeitig mit größtmöglicher Eigenliebe. Davon profitierten auch wir Kinder.

Meine Prägung durch meine Mutter

Das Leben meiner Mutter sehe ich heute als ein tragisches Leben. Nach der „Vertreibung aus dem Paradies" ihrer vielverheißenden Begabungen und Möglichkeiten war ihr Leben bestimmt von der Sorge um Ehemann und Kinder. Meinem Vater hielt sie den Rücken für seine ehrgeizige Arbeit frei; uns Kinder schickte und kämpfte sie ins Leben und stattete uns mit Ehrgeiz aus. Aber wir nahmen auch ihre Bitterkeit und Traurigkeit mit.
Wir wurden ihre neue Heimat. Mit uns wollte sich meine Mutter wieder verwurzeln, vielleicht anknüpfen an ihre eigenen verlorenen Lebenspläne. Aber sie zahlte den hohen Preis, uns zum Studieren befähigt und gefördert zu haben damit, dass wir alle zum Studium wegzogen. Sie blieb zurück und lebte einsam – und nicht mehr lange.
Ich habe ihre Tragik, ausgelöst durch Krieg und Vertreibung, erst später in ihrer ganzen Dimension erfasst. Intuitiv aber sorgte ich für mich für ein anderes Rollenverständnis und -verhalten.

Meine Mutter war es, die mir zeigte und vorlebte, wie ich im Leben engagiert und kraftvoll sein kann und nichts als gegeben hinnehmen sollte oder müsste. Mutter wie Vater fügten den gewichtigen Anteil Anpassungsfähigkeit hinzu. Alles das hat mich bis heute zu einem äußerlich durchaus „erfolgreichen“ Menschen gemacht.

Weitere Fundstücke

Ein weiterer Brief soll den Abschluss meiner Lebensbetrachtung bilden: Im Rahmen einer Weiterbildung in der psychologischen Beratung hatten wir / hatte ich die Aufgabe, einen meiner Vorfahren einen Brief an mich schreiben zu lassen. Hier ist der Brief meines Großvaters, Heinrich Franck, an mich zu lesen:

„Liebe Hansi,
ich bin Heinrich Franck und es ist März 1945 und ich überlege mir, ob ich noch weiter auf der Welt bleiben will. Ich will nicht mehr. Ich möchte aber so gerne, dass Du es willst, denn ich ahne, dass Du diejenige sein wirst, die sich nach meinem Tod noch um mich kümmern wird. Dafür danke ich Dir von ganzem Herzen, denn ich fühle mich sehr verlassen. Meine Frau ist weggegangen und meine Tochter mit ihr. Ich halte hier die Stellung und frag mich, wozu? Ich will gehen. Und ich gehe mit der Gewissheit, dass Du meinen Faden aufnehmen wirst, den Faden des Verstehens und auch des Vermittelns in die Familie hinein. Ich weiß, dass das schwer sein wird, denn ich bin genau so ein „Schweiger“ wie dein Vater und es hatte es deshalb niemand leicht mit mir. Du bist mein 6. Enkelkind. Dir lege ich meine Geschichte in die Hände, damit Du sie gut in der Familie ablegen kannst.
Ich gebe Dir den Segen des Verstehens!
Dein Großvater Heinrich“

Das, was ich eine Lebensetappe lang als Auftrag empfunden habe, nämlich diejenige zu sein, die sich um das emotionale Erbe in der (Herkunfts-) Familie kümmert, hat sich verflüchtigt. Ich bin es, nach der ich auf der Suche war. Jetzt weiß ich ein Stückchen mehr von dem, was mein „Lebenskonzept“ ausmacht.

Brunhild W.-H.
Das Regenbogentuch

Mein Name ist Brunhild W.-H. Ich bin jetzt 56 Jahre. An vielen Stellen meines Lebenslaufes habe ich mich gefragt, wer ich eigentlich bin, was ich für Träume und Wünsche habe. Erst als ich begonnen habe, mich mit meinen Fragen an andere Menschen zu wenden und meinen Blick auch auf das zu richten, was ich bisher oft verdrängt und in mir verschlossen habe, erfahre ich mit jedem Schritt, den ich gehe, auch etwas über mich.

\- 1 -

Meine Kindheit war alles andere als golden. Persönliche Freiräume gab es kaum, dafür aber legten besonders meine Mutter und mein zweiter Stiefvater großen Wert auf

Zucht und Ordnung. Durch viele Umstände, die ich erst jetzt genauer beschreiben kann, verlief meine Kindheit nicht so wie ich es mir für meine Tochter und die Enkelkinder wünsche.

Meine Mutter ist ein Kriegskind. Sie hat schon sehr zeitig ihren geliebten Vater verloren. Er starb mit 36 Jahren an einer Lungenentzündung. Ich spüre noch heute, dass sie den Tod des Vaters nie verwunden hat. Sie kann ihn bis heute nicht loslassen.

Ihre Mutter kam aus dem Erzgebirge und hatte elf Geschwister. Das Leben war sehr hart. Es war täglich ein Kampf um das Überleben. Als ihr Mann, den sie sehr liebte, plötzlich starb, musste sie sich um ihre beiden Töchter alleine kümmern.

In der Zeit des zweiten Weltkrieges wurde meine Großmutter von mehreren Russen in ihrer Wohnung skrupellos vergewaltigt. Meine Mutter und ihre Schwester haben diese Vergewaltigung im Nebenzimmer miterleben müssen. Sie haben gehört, wie sie geschrieen und sich gewehrt hat. Meine Großmutter hat dieses schlimme Trauma nicht verarbeiten können und ist bald darauf gestorben. Meine Mutter und meine Tante mussten ohne Vater und Mutter ihre Kindheit und Jugend verbringen. Manchmal frage ich mich, ob meine Mutter deshalb so sehr auf Zucht und Ordnung bedacht war oder auch so hart wurde und oft Wutausbrüche hatte.

Meine Mutter lernte schon zeitig, auf eigenen Beinen zu stehen und ihr Leben zu organisieren. Nach der sinnlo-

sen Zerstörung der Stadt Dresden am 13. Februar 1945 half sie in ihrer Jugend als Trümmerfrau mit ihre geliebte Heimatstadt unter schwersten Bedingungen wieder aufzubauen. Sie lernte 1947 Kindergärtnerin. Später studierte sie. Sie wollte Lehrerin werden. Doch die vielen schlimmen Ereignisse haben sie geprägt. Bis heute habe ich das Gefühl, dass sie diese Ereignisse ein für allemal hinter sich lassen und nicht aufarbeiten wollte. Sie verdrängt das, was sie erlebt hat. Immer hatte ich als Kind das Gefühl, dass sie ständig in Bewegung und immer auf dem Sprung ist. Sie hatte immer etwas Gehetztes an sich. Das erschien mir so, als haben sich ihre traumatischen Erlebnisse in ihrem Körper wie kleine Zeitbomben festgesetzt. Ihr Körper hat im Nachhinein immer wieder auf diese schlimmen Ereignisse mit Migräne, Magen-Darm-Problemen und Gallenkoliken reagiert. Doch meine Mutter ist ein Stehaufmännchen. Sie hat sich immer wieder aufgerappelt.
Während ich das schreibe, weiß ich ganz genau, dass ich ihr hier sehr ähnlich bin. Denn egal, was in meinem Leben passiert ist und welche Ereignisse in mich hineinfielen, ich habe mich auch immer wieder aufgerappelt. Es ging immer irgendwie weiter.

- 2 -

Neben meinem leiblichen Vater hatte ich später noch zwei Stiefväter, einen als Kind, den anderen als Jugendliche. Mit den Stiefvätern gab es oft sehr viel Stress. Der erste Stiefvater trank gerne mal ein Bierchen mehr. Da das Geld ständig knapp war, gab es auch immer wieder Streit und harte Auseinandersetzungen mit heftigen Beschimpfungen. Ich habe das als Kind immer unbewusst oder sehr sensibel aufgenommen. Es war ständig dicke Luft und ich hatte immer das Gefühl, weglaufen zu wollen. Ich kann mich nicht erinnern, dass ich mich mal über einen etwas längeren Zeitraum richtig wohl zu Hause gefühlt hätte. Meine Mutter schimpfte oft mit mir, und es gab auch oft Schläge mit dem Ausklopfer, wo ich nicht selten Striemen am ganzen Körper hatte. Ich hatte immer Angst vor diesen Wutausbrüchen meiner Mutter. Irgendwann trennte sich meine Mutter von meinem ersten Stiefvater. Das war zur damaligen Zeit nicht üblich. Immer noch waren viele Menschen in Vorurteile und frühe Lebensmuster verstrickt. Auch das habe ich als Kind gespürt. Er wohnte auch noch im selben Haus und wir liefen uns oft über den Weg. So lag immer sehr viel Spannung in der Luft.

In dieser Zeit hat sich noch ein Erlebnis ganz tief in mich eingeprägt. Ich habe es bis heute nicht vergessen. Es war der Tag meiner Schuleinführung. Da meine Mutter selbst Lehrerin war, hatte sie an diesem Tag eine 1. Klasse übernommen und konnte nicht an meiner Seite sein. Da stand ich also mutterseelenallein auf dem Schulhof. Um mich herum bekamen alle Kinder ihre Zuckertüte überreicht und waren sehr stolz. Nur ich stand ganz verloren da inmitten der Freude ausstrahlenden Kinder und der Eltern, die sich um ihre Kinder bemühten.

Auch jetzt, wenn ich daran denke, kommen mir die Tränen. Ich fühlte mich hilflos, traurig und verloren. Auch das konnte ich erst sehr viel später verstehen lernen und verarbeiten. An diesem Tag holte mich später mein erster Stiefvater ab.

Noch als mein erster Enkel in die Schule kam, hatte ich dieses Erlebnis so stark in mir, dass ich aus gesundheitlichen Gründen nicht zu seiner Schuleinführung gehen konnte. Die Erinnerung und der damit verbundene Schmerz waren zu stark.

In mir kam viel Trauer, aber auch Wut hoch. Die Ursachen habe ich zu diesem Zeitpunkt noch nicht verarbeiten können. Und so war es für meine Tochter und auch für meinen Enkel sehr schwer, zu verstehen, dass ich zu diesem Zeitpunkt noch nicht die Kraft hatte, dieses traumatische Erlebnis loszulassen. Ich habe es bis dahin in mir festgehalten und konnte es erst in den darauf folgenden Jahren verarbeiten. Und so freue ich mich jetzt um so mehr, zur Schuleinführung von unserem zweiten Enkel gehen zu können.

Als meine Mutter sich scheiden ließ, musste ich plötzlich meinen Geburtsnamen annehmen. Als Kind habe ich das überhaupt nicht verstanden, zumal ich auch in der Schule nun mit diesem Namen angesprochen wurde und ihn auch auf meine Schulhefte schreiben musste. Mit mir war im Vorfeld nicht darüber gesprochen worden. Es wurde einfach ganz streng fest gelegt und hatte fortan so zu sein. Ich hatte zu funktionieren.

Als ich acht Jahre war, lernte meine Mutter den Vater meiner Geschwister kennen. Er ließ mich spüren, dass ich nicht sein leibliches Kind war Im wahrsten Sinne des Wortes stand ich einfach im Weg. Ich sollte ins Kinderheim kommen. Zum Glück verhinderte das meine Mutter und konnte sich durchsetzen. Ich blieb zu Hause.

Meine Mutter kam immer schwerer mit ihrem neuen Partner klar. Für mich war diese Zeit eine ziemliche Katastrophe. Ich war noch ein Kind und ging ganz langsam auf die Pubertät zu. Ungefähr im Alter von zehn Jahren, als ich sonnabends aus der Schule kam, war der Tisch ganz festlich gedeckt. Ich fragte: „Was ist denn hier?“ - „Wir haben geheiratet“, wurde mir so ganz nebenbei gesagt.

Schön, dass ich das auch schon erfahre, dachte ich. Nun hatte ich also wieder einen Stiefvater, einen, der mich nicht leiden konnte und mich ständig kontrollierte und tyrannisierte. Ich merkte ganz deutlich: Hier gehörte ich nicht dazu. Ich bekam seinen Namen nicht. Ich war nicht seine Tochter. Das bekam ich regelmäßig zu spüren. Ich wurde einfach geduldet.

Als ich elf Jahre war, bekam ich eine Schwester und als ich 13 Jahre war, einen Bruder. Mit einem Mal wurden mir schon zeitig verantwortungsvolle Aufgaben zu Hause aufgetragen. Ich musste mich um meine Geschwister kümmern. Meine Schwester brachte ich vor der Schule in die Kinderkrippe und holte sie nachmittags wieder ab. Der Weg war lang und meine Schwester probierte ihre Grenzen aus. Ich war dabei überfordert. Aber wir kamen immer heil zu Hause an.
Mein Stiefvater war Kraftfahrer, und manchmal fuhr er an mir vorbei. Er beobachtete und kontrollierte mich. Ich durfte meinen Schulranzen nicht auf den Kinderwagen legen und die Kleine nicht laufen lassen. Als ich das einmal tat, bekam ich Ärger. Das Gefühl, ständig von ihm beobachtet zu werden, habe ich lange in mir getragen.

Immer wieder bekam ich die Unterschiede zu spüren – seine leiblichen Kinder bekamen immer Vorzüge. Ich bekam unter dem Tisch von ihm Tritte, wenn ich wie meine Geschwister zum Fernseher schaute. Später musste ich wie eine Magd alleine in der Küche essen, da er mich nicht am gemeinsamen Tisch haben wollte. Voll innerer Zerrissenheit zog ich Grimassen und Fratzen und schaffte mir damit ein Gefühl, dass so eine Situation trotz aller Tragik auch lustig sein kann. Immerhin, ich brauchte seinen bösen Blicken am Tisch nicht mehr begegnen. Was ich allerdings nicht wusste: Er hat mich über einen Spiegel am Fenster ständig beobachtet.
Oft fühlte ich mich ausgesperrt, nicht geliebt und allein gelassen.

Eine große Leidenschaft von mir war, dass ich gerne Süßes aß. Das Geld reichte nie. Und so habe ich oft Marmelade oder Sirup genascht. Auch hier wurde ich von meinem Stiefvater kontrolliert. Er hatte das Etikett mit Strichen markiert. Als Strafe musste ich ein ganzes Glas Marmelade, die überhaupt nicht schmeckte, auf einmal essen. Mir wurde schlecht, ich erbrach alles. Noch heute habe ich oft eine Abneigung gegen Marmelade. Als meine Mutter mit einem Nervenzusammenbruch im Krankenhaus lag, rührte er Backpulver in den Sirup. Er kannte meine Gewohnheit, warme Milch mit Verdünnungssaft zu trinken. Allerdings ging seine Rechnung nicht auf. Ich schmeckte das sofort.
Da ich wissen wollte, was in dem Getränk war, ließ ich mir später eine Analyse darüber erstellen. Mir kam sein bedrohlicher Satz: „Ich tu dir mal was ins Essen, dass dir der Wanst platzt“ in Erinnerung.

Als einmal in meinem Zeugnis stand, dass ich einen ausgeprägten Gerechtigkeitssinn und einen eigenen Willen habe, sagte der Stiefvater zynisch: „Den Willen werde ich dir brechen." Ich habe viele ähnliche Erlebnisse in meiner Kinder- und Jugendzeit aushalten müssen.

Vor kurzem hörte ich ein Lied von Bettina Wegner. Ich bin sehr berührt von diesem Text. Er hat viel mit mir selbst zu tun:

Sind so kleine Hände, winz'ge Finger dran.
Darf man nie drauf schlagen, die zerbrechen dann.

Sind so kleine Füße, mit so kleinen Zeh'n.
Darf man nie drauf treten, könn'sie sonst nicht geh'n.

Sind so kleine Ohren, scharf und ihr erlaubt.
Darf man nie zerbrüllen, werden davon taub.

Sind so schöne Münder, sprechen alles aus.
Darf man nie verbieten, kommt sonst nichts mehr raus.

Sind so klare Augen, die noch alles seh'n.
Darf man nie verbinden, könn'n sie nichts versteh'n.

Sind so kleine Seelen, offen und ganz frei.
Darf man niemals quälen, geh'n kaputt dabei.

Ist so'n kleines Rückgrat, sieht man fast noch nicht.
Darf man niemals beugen, weil es sonst zerbricht.

Grade klare Menschen wär'n ein schönes Ziel.
Leute ohne Rückgrat hab'n wir schon zuviel.

- 3 -

Auch mein Verhältnis zur Mutter war nicht besonders gut und machte mich oft sehr traurig. Ich wusste nicht viel von meinem leiblichen Vater. Oft sagte meine Mutter, dass ich ihm sehr ähnlich sei. Das sagte sie mir auch manchmal in einer Art und Weise, die verletzend war. Einmal sagte sie, dass ich genau so ein missratener Balg wie mein Vater sei. Ich kannte nur den Namen meines Vaters, mehr wusste ich nicht von ihm.

Meine Mutter hatte meinen leiblichen Vater beim Studium kennen gelernt. Er war auch Lehrer. Aus politischen Gründen hat er 1956 Dresden verlassen und ist in den Westen gegangen. Erst als ich älter wurde und selbst eine Tochter hatte, entwickelte sich das Bedürfnis stärker, meinen Vater kennen zu lernen. Durch die innerdeutsche Grenze war das aber nicht einfach. Mein Wunsch wuchs immer mehr und so habe ich noch in DDR-Zeiten im Archiv des Jugendamtes im Rathaus meine Akte lesen können. Dort habe ich den Wohnsitz meines Vaters erfahren. Trotzdem hat es noch Jahre gedauert, bis ich durch gute Bekannte seine richtige Adresse bekam. Ich wusste, dass die Staatssicherheit der DDR oft die Briefe ins kapitalistische Ausland abfängt. Meinen Brief, den ich im Urlaub an der Ostsee an meinen Vater schrieb, erreichte ihn und ich bekam sehr schnell Antwort. Dann ging alles sehr schnell. Schon im September 1989 trafen wir uns.

Die Begegnung mit ihm war etwas ganz Besonderes in meinem Leben. Ich dachte sofort: Ja, er ist wie ich, lustig, offen und herzlich. Wir führten viele gute Gespräche. Zum ersten Mal in meinem Leben fühlte ich mich von jemandem verstanden und so akzeptiert wie ich war. In meiner Kindheit wurde ich oft klein und wertlos gemacht. Da meine Mutter auch noch einige Zeit nach der Trennung von meinem Vater so etwas wie Hassgefühle ihm gegenüber hatte, projizierte sie diese Gefühle oft auf mich. Erst später habe ich verstanden, dass ihr Verhalten nur sehr wenig mit mir selbst, aber sehr viel mit ihr zu tun hat. Und erst, als ich das erkannte, konnte ich Schritt für Schritt meiner Mutter vergeben. Das ist mir nicht leicht gefallen.

Mein Vater ist leider nicht sehr alt geworden. Ich bin sehr froh, dass ich sehr zielstrebig nach ihm gesucht habe und mit der Begegnung für mich ein kleines Stück Frieden fand.

- 4 -

Es hat viele Jahre gedauert, bis ich begonnen habe, über mein eigenes Leben nachzudenken. In mir waren sehr viele Fragen. Erst 2005 habe ich angefangen, mich mit diesen Fragen auf den Weg zu machen, um Antworten zu finden. Ich spürte tief in mir, was ich wollte. Immer wieder fand ich Worte wie FRIEDEN und HARMONIE.

Auf diesem Weg kam mir sehr oft der Gedanke, dass die Erlebnisse meiner Kinder- und Jugendzeit tief einschneidend für meine Entwicklung gewesen sind. Immer habe ich das Gefühl gehabt, wenig zu taugen und nicht die Erwartungen anderer Menschen erfüllen zu können. Ich wollte geliebt sein und wurde nicht geliebt. Ich wollte Anerkennung erfahren und bekam sie nicht. Ich wollte so sein wie alle Kinder, die ich um mich sah, ich konnte das einfach nicht. Nie mehr, so wünschte ich mir schon damals, sollten Kinder so ein Leben haben wie ich es hatte – da war sehr wenig Liebe, kaum Umarmung, kein Lob, kein Raum für inneren Frieden, Freiheit und Harmonie, keine Achtung und kein Verständnis gegenüber einem Kind, das um sich herum nur das leben konnte, was ihm gesagt und gezeigt wurde.

Ich besuchte Seminare, las Bücher über psychologische Themen, beispielsweise von Alice Miller, Robin Norwood oder Thomas Schäfer, aber auch eine Vielzahl von Biografien und Entwicklungswege anderer Menschen. Ganz wichtig wurden mir Gespräche. Hier habe ich oft erfahren, dass viele Menschen ähnliche Erfahrungen hatten wie ich. Oft hatte ich mich einsam und allein gefühlt. Im Kreis dieser Menschen und mit dem, womit ich nach außen ging, fühlte ich mich angenommen und bestärkt. Ich habe für mich herausgefunden, dass mein Weg auch weiter in diese Richtung gehen wird. Es gibt Augenblicke, wo ich auch anderen Menschen Kraft und Zuversicht geben kann. Diese Augenblicke halte ich sehr in mir fest. Ich weiß, dass ich noch immer meinen starken Willen habe, dass mein zweiter Stiefvater ihn nicht hat brechen können! Immer mehr entdecke ich an mir Ressourcen und erfahre, auch durch die Rückmeldungen, die ich erhalte, Stärke und Liebe. Ich weiß, dass ich ohne die Unterstützung meiner Tochter, die mir immer eine große Hilfe und immer an meiner Seite war, und meines jetzigen Mannes, der mich liebt und so annimmt wie ich bin, nicht begonnen hätte, über mein eigenes Leben nachzudenken oder es gar aufzuschreiben. Ich bin sehr glücklich darüber, ein so gutes Miteinander zu haben.

Auch bei meiner Tante möchte ich mich bedanken, die mir oft in schwierigen Tagen geholfen hat.

Ganz wichtig war mir, dass ich lernte, auf meine innere Stimme zu hören. Sie ist ein Wegweiser und äußert sich über Gedanken, Emotionen, Körpergefühle und Träume. Unausgedrückte Gefühle bleiben wie kleine Zeitbomben im Körper stecken – ich habe das oft an meiner Mutter erlebt, ich wollte das nicht erleben.
Es fällt mir auch heute manchmal noch schwer, auf meine innere Stimme zu hören und mich selbst immer mehr mit Ruhe, Meditation und persönlichen Freuden zu verwöhnen. Auf diesem Weg habe ich mir immer die Frage gestellt: Was will ich? Anfangs habe ich noch diese Frage verdrängt. Viel zu lange habe ich mich Situationen und Menschen angepasst. Oft wusste ich mehr, was andere wollen als das, was ich bin und was ich selber will. Ich drehte mich ständig im Kreis und kam mir vor wie ein Hamster im Laufrad. Es gab eine Zeit, wo ich dachte, dass ich nie Ruhe in meinem Leben finden werde. Ich flüchtete vor mir selbst. Das Buch „Gesundheit für Körper und Seele" habe ich immer wieder gelesen. Ich erfuhr von den Möglichkeiten der Asiatischen Heilkunst und fing an, mich mit Yoga zu beschäftigen. Ich musste erst lernen, dass sich jeder Mensch anders entspannt. Ich brauche zur Entspannung Ruhe und oft absolutes Nichtsmachen, aber ich höre auch Musik, treibe Sport, gehe in die Sauna, tanze und singe. Noch vor ein paar Jahren hätte ich nicht für möglich gehalten, dass ich einmal sagen kann, dass das auch weiterhin mein Weg sein wird.
Mit meiner Mutter habe ich zu sprechen begonnen. Aber noch heute macht sie vieles mit sich selbst aus. Immer

wieder spüre ich ihre Einsamkeit und Verbitterung. Für mich ist es wichtig, dass ich mich nicht abtrenne von meinen Wurzeln, aber ganz genau hinsehe, was zu mir gehört oder zu anderen Menschen. Und so gelingt es mir zunehmend, mich weiter mit meiner Mutter zu versöhnen. Das ist mir ganz wichtig. Sie ist meine Mutter.

- 5 -

Das Regenbogentuch. Es steht für mein Leben. Es ist eine eigene Geschichte. Es ist meine Geschichte:
Mich haben in meinem Leben oft unbewusst Farben schon immer bekleidet. Aber erst heute weiß ich, warum das so ist. Bei einem Kurs griff ich sofort nach einem Tuch mit Regenbogenfarben. Es hatte mich gleich magisch angezogen. Ich legte es mir locker um meinen Hals und wusste sofort: Das sind meine Farben. Den Chakren unseres Körpers werden bestimmte Farben zugeordnet. Sie symbolisieren aber auch die Olympischen Farben, die Farben der Fahnen aus allen Ländern der Welt. Ganz bewusst setze ich mich mit den Farben auseinander. Erst jetzt erfahre ich, dass diese Farben schon immer in mir gewesen sind, dass sie für mich eine ganz starke Bedeutung haben. Heute gestalte ich ganz bewusst meine Wohnung mit diesen Farben. Sie erzeugen in mir ein wohliges Gefühl – ich fühle mich zu Hause. Der Regenbogen ist ein Lichtbogen in vielen Farben. Bei tief stehender Sonne ist die Lichtfarbe rötlich. Selbst in einem Regentropfen ist er erkennbar. Ich bin mir sicher, dass er noch viele Farben hat, die das menschliche Auge nicht wahrnehmen kann. So muss es mir ergangen sein. Ich konnte die Farben, die ich schon immer in mir habe, erst jetzt entdecken. Aber sie waren schon als Kind in mir. Das weiß ich.

Ich habe noch viele Träume. Einmal möchte ich auf ein Segelschulschiff steigen, dass für den Frieden um die Welt segelt. Fahrtziel ist eine bessere Welt.
In meiner Kinder- und Jugendzeit habe ich oft den Glauben daran verloren. Wenn wir die Träume verlieren – was begegnet uns dann?

Ich höre gerne die Lieder von Nicole:

Ein bisschen Frieden, ein bisschen Träumen
und dass die Menschen nicht so oft weinen.
Ein bisschen Frieden, ein bisschen Liebe,
dass ich die Hoffnung nie mehr verlier'.
Sing mit mir ein kleines Lied,
dass die Welt im Frieden lebt.

\- 6 -

Ich bin eine Frau, die für das Leben geboren ist, wenn das Umfeld stimmt.

Ich bin eine Frau, die Freude vermitteln kann, wenn es an der Zeit ist.

Ich bin eine Frau, die sich nicht mehr verheizen lässt, wenn kein anderer kann.

Ich bin eine Frau, die nicht mehr auf jeder Hochzeit tanzt, wenn sie Ruhe braucht.

Ich bin eine Frau, die eigenwillig ist.

Die keine Frau ist, die vor sich selbst davonläuft.

Liane H.
Heil werden

„Als du auf die Welt kamst, so wie das kleine Wesen, das bald geboren wird, gab es etwas, das gesagt hat: 'Wie schön, dass es dich gibt'. Und die Freude hat Flügel bekommen in diesem Moment. Sie hat dich gewiegt und besungen, sie hat in die Sternenweite gelacht und dich eingehüllt, sie hat dich umflügelt mit ihren Schwingen und ihre Kraft in dein Herz gelegt." *Cambra Skadé*

1 - Meine Gründe

Die Worte von Cambra Skadé bedeuten für mich, dass jeder Mensch, da er einmal willkommen war auf dieser Erde, wahrscheinlich auch die Qualitäten in sich trägt, die es ihm ermöglichen, zur Wertschätzung und Erhaltung allen Lebens beizutragen.

Seit früher Kindheit begleitet mich ein unerschütterlicher Glaube an das Gute im Menschen. Der Mensch ist Mensch, weil er über sein eigenes Überleben hinaus zu fühlen, zu denken und nach einem Sinn zu fragen fähig ist. Beinahe ebenso lange beschäftigt mich die Frage, weshalb Menschen skrupellos gewalttätig sein können. Wo kommt das Böse im Menschen her?
Seit den 80er Jahren bewegt es mich, wie es dazu kommen konnte, dass in meiner Generation, die mit dem „unbedingten“ Willen zu Frieden und Völkerfreundschaft aufgewachsen ist, wieder antisemitisches, ausländerfeindliches und neonazistisches Gedankengut so aufbrechen konnte. Wahrgenommen habe ich Ausländerfeindlichkeit nicht erst bei den Gewaltexzessen der Neonazis in Hoyerswerda, Greifswald und an weiteren Orten. Das begann für mich bereits in Gesprächen bei Familienfeiern und durch verschiedene Erlebnisse im öffentlichen Raum lange vor dem politischen Wendejahr 1989: Beispielsweise wurden in meiner Gegenwart Ausländer in der Straßenbahn belästigt. Ein andermal hörte ich mit, wie eine junge Mutter ihr etwa dreijähriges Kind belehrte, dass da ein schmutziger Ausländer sei, der hier nichts zu suchen habe.

Auch war ich erschüttert, als ich erfuhr, dass 1989 ehemalige Pionierlager in der DDR umgebaut worden waren zu KZ-ähnlichen Lagern, in die Menschen, die als systemfeindlich eingestuft worden waren, gebracht werden sollten. Da ich es von jemandem weiß, der solche Einrichtungen selbst mit umgebaut hat, erscheint mir diese Information glaubhaft. Nicht sicher bin ich mir, ob es tatsächlich schon Inhaftierungslisten gegeben hat mit Namen von Menschen, die dort inhaftiert werden sollten.

Angeblich sollten es auch alle die sein, die sich am 7. Mai 1989 nicht an der Wahl beteiligt hatten. Das hätte dann auch uns, meinen damaligen Ehemann und mich, betroffen. Wir hatten bewusst die Taufe unserer damals drei Kinder auf den Wahltag gelegt. Ich glaubte diese ungeheuerliche Nachricht. Verstehen konnte ich sie jedoch nicht: Entschieden hatten das doch dieselben Menschen, die jahrelang Frieden und Antifaschismus propagiert hatten und zum Teil selbst im Nationalsozialismus inhaftiert gewesen waren. Wie konnten sie uns dasselbe antun, was sie vorher schmerzhaft durchlitten hatten?
Im Jahr 2001 begegnete ich dem Thema Täter und Täterinnen in unseren Familien zum ersten Mal bewusst. Ich erfuhr von einem Berliner TZI[1]-Kollegen, dass er Dan Bar On kennen gelernt hatte und ganz begeistert war von den Interviews und Workshops, die dieser mit Kindern von Tätern des NS-Regimes durchgeführt hatte. Ich wurde zum ersten Mal darauf aufmerksam, dass das Verhalten unserer Angehörigen im Dritten Reich auch für unser Verhalten in der heutigen Zeit eine Rolle spielen kann. Da ich nicht auf die Idee kam, selbst etwas damit zu tun zu haben, besorgte ich mir keine Literatur dazu. Erst im Zusammenhang mit meinem beruflichen Interesse an Familiensystemen kam das Thema wieder in mein Blickfeld. Im Zusammenhang mit der Arbeit in unserer Biografiegruppe bin ich auch wieder auf Dan Bar On und seine Interviews mit Kindern von Tätern im Dritten Reich aufmerksam geworden. Im Ergebnis erkannte ich,

---

[1] TZI = Themenzentrierte Interaktion - ein von Ruth C. Cohn entwickeltes Verfahren für lebendige, Gefühle und Bedürfnisse respektierende, wachstumsorientierte Gruppenarbeit.

dass wir Sichtweisen sowie emotionale und strukturelle Verhaltensmuster bewusst oder unbewusst von unseren Vorfahren übernehmen.
Nachdem ich Sabine Bode bei unserer Dresdner Frauen-Sommer-Universität[2] 2007 auf Gut Frohberg begegnet war, ihre Bücher über Kriegskinder und Kriegsenkel gelesen hatte und aus nachfolgenden Erzählungen meiner Mutter eine Verstrickung ihres Vaters, meines Großvaters, in die Verbrechen der Nazis erkennen musste, habe ich im Internet recherchiert und mir Bücher von Dan Bar On[3] und von Dörte von Westernhagen[4] besorgt. Diese Bücher waren Grundlagen für mein Nachdenken, um Zusammenhänge zwischen gesellschaftlichen Ereignissen von 1933 bis 1945 und individuellem Verhalten auch Jahre später noch besser verstehen zu können. Beide Bücher entstanden vor der politischen Wende in den Jahren 1987 und 1989. Daher kommen in ihnen keine Geschichten aus der DDR vor. Das hat mich noch einmal darin bekräftigt, dieses Thema, das mich solange schon umtreibt, hier zu behandeln. Ich habe vieles in den beiden Büchern gefunden, was ich auch kenne. Viele Gedanken und Erzählungen haben mir geholfen, mich selbst, meine Geschichte sowie die meiner Mutter und ihrer Eltern besser zu verstehen und auch emotional zu erfassen. Mit dem Erzählen dieser Geschichte will ich das Schweigen meiner Familie beenden und mich mitteilen. Doch ich merke: Je mehr ich mich schreibend mit mir und meiner

---

[2] Jährlich stattfindende Konferenz der Interkulturellen FrauenNetzwerkUniversitas YONI Dresden e. V.
[3] Dan Bar On: Die Last des Schweigens. Gespräche mit Kindern von NS-Tätern; Körber-Stiftung, 2003
[4] Dörte von Westernhagen: Die Kinder der Täter; Verlag Kösel; 1987

Familie auseinandersetze, desto schamvoller wird diese Geschichte für mich, desto belangloser und alltäglicher wird für mich, was ich erlebt habe. Je mehr ich aufschreibe, desto mehr kann ich wahrnehmen, wie meine Gefühle für lange Zeit mit Scham, Angst und Schuld behaftet waren. Erfreulicherweise bemerke ich auch starke Veränderungen in meinem Verhalten: Ich überwinde nach und nach die alten Muster, nach denen ich jahrzehntelang versucht habe, mein Leben zu bewältigen.

2 - Kindheit und Jugendzeit in der DDR

Ich wurde 1956 in einer Kleinstadt am Rande Berlins geboren, habe keine Geschwister und lebte mit meinen Eltern und Großeltern zunächst in einer Zwei-Raum-Wohnung. Da damals viel gebaut wurde, konnten wir schon 1957 eine eigene Wohnung in einem Drei-Familien-Haus in derselben Straße beziehen. Hier hatten wir die Möglichkeit, den Garten mit zu nutzen. Für uns Kinder gab es einen Sandkasten und eine Schaukel auf einer kleinen Wiese, die mir damals groß und weitflächig erschien. Ich erinnere mich daran, dass mir dieser Garten mit seinen Blumen, Sträuchern, Gemüsebeeten und der Wiese das Gefühl von Freiheit schenkte. Die Familie, die im Erdgeschoss wohnte, der wohl auch mal das Haus gehört hatte, besaß viele Haustiere. Gern war ich bei ihnen, wurde von dem Ehepaar liebevoll aufgenommen, und spielte oft mit dem Hund und den Katzen. Für die Kaninchen brachte ich regelmäßig Kartoffelschalen mit. Die Tiere waren mir alle sehr ans Herz gewachsen.

Da mein Vater gern musizierte, wurde in der neuen Wohnung bald ein Klavier angeschafft. Bei meinen Großeltern stand auch schon ein Klavier. Auf diesem hatte mein

Großvater gespielt. Damals hatte auch die Wäscheleine an den Leuchterständern des Klaviers gehangen. So eng war es in dieser Wohnung.
Meine Eltern arbeiteten in Berlin im Außenhandel. Das bedeutete jeweils zweieinhalb Stunden Fahrtzeit, da sie als Mitarbeiter im Außenhandel schon vor dem Mauerbau nicht durch Westberlin hindurch fahren durften (die Durchfahrt hätte den Arbeitsweg auf 45 min. verkürzt). Ich wurde aufgrund dieser Umstände im Alter von einem Jahr und drei Monaten in einer Wochenkrippe, also einer Einrichtung, in der die Kinder auch über Nacht blieben und schliefen, untergebracht.
An Böses erinnere ich mich frühzeitig, an Erlebnisse in der Wochenkrippe: Kinder wurden voreinander bloßgestellt, weil sie nachts eingenässt oder mittags nicht geschlafen hatten. Ich schämte mich, obwohl es mich meistens nicht betraf. Ich erinnere mich emotionslos, dass mich meine Eltern sonnabends nachmittags von der Krippe abholten und sonntags wieder zurückbrachten[5]. Es war einfach so. Ich erinnere mich an ein schönes Erlebnis: Ich war krank geworden und durfte deshalb nicht über das Wochenende nach Hause geholt werden. Meine Eltern besuchten mich mit einer großen Tafel Schokolade. Ich war mindestens eine Stunde lang nur mit ihnen zusammen. Da wurde ich einmal liebevoll wahrgenommen. Das war ein gutes Gefühl.
Im vierten Lebensjahr musste ich die Kindereinrichtung wegen einer ansteckenden Hautkrankheit verlassen. Meine Mutter blieb bei mir. Sie gab dafür ihre Arbeit auf. Doch ich glaube nicht, dass sie das gern für mich getan

---

[5] Bis 1967 wurde montags bis sonnabends gearbeitet.

hat. Eher scheint es mir, dass daraus für sie neue, übermächtige Konflikte entstanden, wahrscheinlich auch finanzielle. Und anscheinend konnte sie nichts mit mir anfangen. Denn sie nahm keine Notiz von mir. Sie bemerkte mich nur, wenn ich quengelte und fragte, was ich machen solle. Darauf antwortete sie mir meistens, dass ich Kopf stehen und lachen solle. Ich fühlte mich abgelehnt, es tat weh, wie sie mit mir redete. Meistens verzog ich mich und suchte mir eine neue Beschäftigung. Der Garten und die Schaukel, Ball und Sandkasten waren meine Kraftorte. Später war es die Geige, auf der ich besonders gern spielte, wenn ich von meiner Mutter nicht angesprochen werden wollte. Ein Instrument zu spielen war in unserer Familie Tradition. Ich wählte mir die Geige, weil ich sie bei meinem Großvater erlebte und sie als geheimnisvoll und wohlklingend empfand. Noch bevor ich ihr Töne entlocken konnte, schwang ich als Fünfjährige die Geige meines Großvaters herum und stellte mir vor, wie ich später einmal auf einer Bühne tanzen und geigen würde.
Das Zusammenleben mit meinen Eltern war für mich schwierig. Ich fühlte mich immer wieder abgelehnt und hatte Angst vor ihnen. Später als Jugendliche habe ich unzählige Ideen entwickelt, wie ich erreichen konnte, dass sie gut zu mir waren. Doch es glückte mir nicht.
Mein Vater schlug mich oft - oder vielleicht auch nur manchmal. Ich hatte keinen Maßstab dafür, was „oft" ist. Ich wusste nur: Es tat weh. Ich musste es erdulden. Wenn meine Nase blutete, tröstete meine Mutter mich und schimpfte mit meinem Vater. Ich verstand nicht, weshalb ich geschlagen wurde. Ich verstand auch nicht, weshalb ich getröstet wurde von meiner Mutter, die mich

nicht mochte. Ähnliches erlebte ich auch bei anderen Kindern. Die Schläge waren dort oft viel grausamer als meine zu Hause. Ich empfand es immer wieder als ungerecht, konnte nicht helfen und wusste, es gab nur einen Weg, um Schläge zu verhindern: Man musste versuchen, genau das zu machen, was die Eltern wollten. Das heraus zu finden war allerdings meistens sehr schwer. Meistens gab es erst die Schläge und dann eine Erklärung, die aber häufig von dem, wie wir Kinder die Situation erlebt hatten, weit entfernt war.

Meine Kindheit stand im Schatten des Krieges, der gerade erst vorüber war. Wir sollten keine Gewehre bauen, nicht mit Waffen spielen. Die Nachbar/innen ermahnten uns Kinder, wenn sie erlebten, dass wir Krieg spielten. Doch ich spielte gern mit Jungen, wir bauten Waffen aus Holz und spielten damit Räuber und Gendarm. Wir wollten unsere Fähigkeiten ausprobieren und unsere Körperkräfte spüren.

Als ich zu lesen begann, las ich mit Vorliebe Bücher über die Nazi-Zeit und den Krieg. Das waren heldenhafte Geschichten von Menschen, die dem Nationalsozialismus widerstanden. Und es waren Geschichten über grenzenlose Grausamkeiten von Menschen, die an anderen Menschen begangen wurden. Wo wir als Kinder standen, war klar: Wir würden einst zu den Helden gehören, die solchen grausamen Menschen widerstehen. Doch weshalb konnten Menschen überhaupt so grausam werden?

Nach meinem Schulbeginn 1962 begannen meine Eltern, Pädagogik zu studieren. Die Fahrtzeit zum Außenhandel der DDR in der Mohnstraße in Berlin hatte sich nach dem Mauerbau auf knapp vier Stunden ausgedehnt. So konnten beide Eltern nicht mehr dort arbeiten. Finanziell bedeutete das, soweit ich davon etwas verstand, dass das Geld nur für Essen, Miete und Fahrgeld reichte. Die Kleidung bezahlte mein Großvater, worüber er jedoch niemals sprach. Über die Mauer wurde bei uns auch nicht gesprochen. Meine Eltern waren systemtreu. Ich vermute, dass sie das aus Angst waren und weil sie Hoffnung auf Frieden hatten.

Während meine Mutter nie als Lehrerin gearbeitet hat - sie wurde Technische Übersetzerin, wurde mein Vater ein bei vielen Schülerinnen und Schülern beliebter Lehrer. Doch zu Hause konnte er sehr grausam sein. Irgendwann habe ich gemerkt, dass er grausam war, wenn meine Mutter da war. Wenn ich mit ihm allein war, hatte ich Ruhe und Frieden. Da war er sogar manchmal lustig. Er spielte oft Klavier zu meiner Geige - das konnte er sehr gut, dafür hatte er ein gutes Gefühl.

In der Schule habe ich damals gelernt, mit anderen Menschen und anderen Völkern solidarisch zu sein und das als Wichtigstes in meinem Leben zu behandeln. Es gab damals viele Kontakte zu Ausländer/innen, vor allem sogenannte Freundschaftstreffen. Ich war als Mitglied in der Pionierorganisation, der Freien Deutschen Jugend (FDJ) und der Gesellschaft für Deutsch-Sowjetische Freundschaft (DSF) in sozialistische Massenorganisationen eingebunden. Ich lernte, mich zu engagieren, anderen Kindern und alten Leuten zu helfen und niemals unparteiisch zu sein. Ich lernte, Opfer und Täter zu unterscheiden und Völkerfreundschaft zu üben. Wir trafen uns häufig mit „Patenkompanien", mit sowjetischen Soldaten und deren Kindern. Ich wollte gut sein, Frieden schaffen und das Böse besiegen. Mir fiel schon sehr früh auf, dass es widersprüchlich ist, mit Panzern und Waffen Krieg

und Gewalt bekämpfen zu wollen. Doch es gab dafür Erklärungen, die ich zu akzeptieren hatte. Widerspruch wurde von Pädagog/innen und Funktionär/innen nicht geduldet.
Später, als meine Eltern und mein Großvater mütterlicherseits mit mir in eine sächsische Großstadt gezogen waren, spielte ich mehrere Jahre in einem Ensembleorchester der Pionierorganisation Geige und erlebte viele organisierte Begegnungen mit Ausländern, besonders in der Pionierrepublik „Wilhelm Pieck" am Werbellinsee. Dort nahm ich am Internationalen Sommerlager teil. Die Begegnungen mit ausländischen Kindern waren sehr lustig und fröhlich, wir sangen, spaßten, spielten miteinander. Wir sangen ernste Lieder, in denen wir uns nach damaligem Verständnis besannen, dass wir zusammen gekommen waren, um zum Weltfrieden beizutragen. Und wir sangen lustige Lieder, die unserer Fröhlichkeit und Jugendlichkeit entsprachen. All das stand unter dem Slogan „Frieden-Freundschaft-Solidarität".[6]

Solo-Auftritt mit dem Pionierorchester 1969

[6] Juden habe ich bei diesen Treffen nicht wahrgenommen. Vielleicht hing das mit den politischen Spannungen zwischen DDR und Israel zusammen. Ich bin aber auch nicht sicher, ob Juden bei der staatlich verordneten Solidarität und Völkerfreundschaft der DDR überhaupt mit gedacht waren.

In der Schule behandelten wir die Themen „Deutsches Reich", „II. Weltkrieg" und „Judenverfolgung" sehr zeitig und auch immer wieder sehr intensiv. Alles, was wir oder junge Leute vor uns taten (z. B. die Aktion „Max braucht Wasser", Weltjugendfestspiele 1951 u.a.), stand irgendwie im Zusammenhang mit der Wiedergutmachung deutscher Schuld und mit dem Friedenswillen unseres DDR-Volkes. Ich hatte damals durchaus die Vorstellung, dass „das Volk" eine zusammenhängende Menschenmenge, eine große Gemeinschaft ist. Der oder die Einzelne war dabei ein Glied des Körpers, wie ein Arm oder ein Bein. Die „deutsche Schuld" erschien so als eine gemeinsame Schuld von allen Deutschen; sie schien nicht individuell zu sein, brauchte nicht an persönlichem Handeln wahrgenommen und benannt zu werden. Aber anscheinend gab es in Ost und West einen unterschiedlichen Umgang mit der Schuld. Im Osten waren ehemalige Nazis entnazifiziert[7] worden oder sie waren in den Westen gegangen. Von den Nürnberger Prozessen hatte ich gehört. So schienen auch im Westen die schlimmsten Verbrecher verurteilt worden zu sein. Von Entnazifizierungsmaßnahmen in der Bundesrepublik habe ich damals nichts erfahren. Nach meiner Wahrnehmung waren wir dabei, die bessere Gesellschaftsordnung zu entwickeln.[8]

---

[7] Unter Entnazifizierung stellten wir uns damals vor, dass die Nazis in Erziehungslager gebracht worden waren, wo sie umerzogen wurden. Wir glaubten, sie hätten ihre Grausamkeiten abgelegt und waren friedliebend geworden. Die nackte Wahrheit, dass Menschen, unabhängig davon, ob sie vorher Nazis oder Kommunisten waren, sobald sie nicht mit der neuen Ideologie kritiklos einverstanden waren, in Lager gebracht wurden, die größtenteils ehemalige KZs waren, dass dort Tausende ermordet wurden, erfuhr ich erst im Dezember 1989.

Als Kind und als Jugendliche war für mich sonnenklar, dass unser gemeinsames Ziel, Frieden und eine gerechte Gesellschaft, nur erreichbar sein würde, wenn alle „an einem Strang ziehen" würden, wenn wir alle gemeinsam handeln und Gleiches wollten. Auf den kleinsten gemeinsamen Nenner, den Friedenswillen, konnte man sich wohl mit allen Menschen einigen. Vom Krieg hatten alle genug. Also musste man nur noch schauen, wie man den Frieden im praktischen Leben erhalten kann. Dafür hatte „die Partei" (die SED) mit dem Wissenschaftlichen Kommunismus einen klaren und scheinbar richtigen Weg gefunden. Das war wie ein Rezept oder ein Fahrplan. Ich glaubte daran. Wir hörten natürlich auch vom „Kalten Krieg". Da dieser nach DDR-Lesart vom Westen ausging, waren wir nach meinen Vorstellungen allein auf dem richtigen Weg.

Dieses Gedankengebäude bröckelte für mich erst, als ich merkte, dass die von der Partei aufgestellten Regeln von dieser selbst nicht eingehalten wurden. Einerseits wurden wir in der Schule und in der Pionierorganisation bzw. später in der FDJ immer wieder aufgefordert, unsere eigene Meinung zu vertreten. Andererseits wurde diese persönliche Meinung bekämpft, sobald sie von der herrschenden Ideologie abwich. Dabei wurde nicht nur die Meinung kritisiert, sondern die Person wurde bloßgestellt,

---

[8] Über den Aufstand 1953 hörte ich zum ersten Mal in den 70er Jahren, obwohl mein Vater, wie er mir später auf mein Nachfragen hin gestand, von seinem Arbeitsplatz aus den Aufstand am Brandenburger Tor und seine Niederschlagung beobachtet hatte. Widerstand wurde totgeschwiegen, dadurch hatte ich als Kind bis in die 60er Jahre die Vorstellung, dass die meisten Bürger/innen der DDR das System gut fanden.

abgewertet und bekam Probleme. Die Partei ging mit Menschen, die eine Meinung vertraten, die nicht der kommunistischen Ideologie entsprach, sehr rigoros um. Ich wusste zwar noch lange nichts von der Stasi und von den vielen politischen Verfolgungen schon in den 50er Jahren. Aber wie mit Leuten umgesprungen wurde, die anderer Meinung waren, ist mir nicht entgangen: Diskreditierung, Benachteiligung, Verfolgung oder gar Ausschluss vom Studium wegen Kirchenzugehörigkeit Ich bin als Funktionsträgerin selbst in einigen Fällen soweit gegangen, anderen Menschen meine „objektiv richtige" Meinung aufzudrücken, abweichend denkende Menschen zu beleidigen oder anderweitig zu versuchen, sie zu disziplinieren. Allerdings war ich strikt gegen Verfolgung oder Ausschluss von Menschen. Genau das passierte aber häufig. In meiner Seminargruppe habe ich das direkt miterlebt und mich dagegen positioniert. Ich bin auf die von der Parteileitung direkt oder indirekt nachgefragten üblen Nachreden oder die Erfüllung von Parteiaufträgen, wenn sie der Diskreditierung von Kommiliton/innen oder - später - Arbeitskolleg/innen dienten, nicht eingegangen. Dennoch tut es mir leid, dass ich damals einige Kommilitoninnen sehr verletzt habe. Für mich waren die sehr eindrücklichen Erlebnisse zusammen mit der Wahrnehmung meines eigenen Schuldig-Werdens sehr prägend.
Es war damals undenkbar, wirklich völlig undenkbar, Nazi-Täter in der eigenen Familie zu identifizieren. Hätte es welche gegeben, wären sie entnazifiziert worden. Und das bedeutete, man durfte ihnen nichts mehr nachsagen, ihnen ihre Taten nicht vorhalten, sie nicht darauf ansprechen usw. So jedenfalls habe ich das erlebt. Altnazis gab es nach unserer Information nur im Westen, im

„faschistischen Teil" Deutschlands. Zugegebenermaßen fühlte es sich auch gut und sicher an, wenn die eigene Familie nicht zu den Tätern zu gehören schien, sondern eher zu den Opfern. Andererseits schämte ich mich oft, Deutsche zu sein: Alle Welt, so glaubte ich, sah auf uns herab, weil von uns Deutschen zwei Weltkriege ausgegangen waren.

Meine Eltern hatten von meinen Gefühlen und von meinen Überlegungen keine Ahnung.

3 - Meine Großeltern - Deutsche ihrer Zeit

Mein Großvater Otto wurde 1893 in Berlin als Sohn der Mutter Anna und des Musikers Carl geboren. Er war der älteste von drei Brüdern. Als Otto 13 Jahre alt war, trennte sich sein Vater von seiner Mutter. Die Eltern wurden 1907 ohne Schuldspruch geschieden. Die Kinder blieben bei dem Vater.

Mein Großvater litt nach Aussage meiner Mutter sehr unter dem Verlust seiner Mutter. Leider soll er immer geglaubt haben, dass sie ihn nicht haben wollte. So hatte es wohl keinen Kontakt mehr zu ihr gegeben. Als er seine Mutter einmal traf, soll sie die Straßenseite gewechselt haben.

Für meine Mutter war ihre Großmutter eine verantwortungslose Rabenmutter und ihr Vater ein bedauernswertes Kind.

Aus meiner Sicht ist es jedoch möglich, dass ihr damals der Kontakt mit den Kindern verboten wurde. Nach §1634 BGB in der Fassung des Jahres 1900 war für Mütter grundsätzlich kein Mitspracherecht bezogen auf ihre minderjährigen Kinder vorgesehen. Der Vater hatte das alleinige Entscheidungsrecht.[9] Die Kinder blieben nach Scheidungen demnach regulär bei den Vätern. Sich diese Situation so vorzustellen, war manchmal für Frauen in der DDR schon sehr fremd geworden. Diese Realität schien ganz vergessen. Ich glaube nicht, dass meine Mutter die Gleichberechtigung in der DDR und ihre Sorgerechtsregelungen, mit denen die Leistungen von Müttern anerkannt wurden, als einen Fortschritt wahrnahm und so das Handeln meiner Uroma irgendwo verständnisvoll einordnen konnte.

Wenn außerdem die Annahme meiner Mutter stimmt, dass sich ihre Großmutter mit einem Friseurgeschäft selbstständig gemacht hatte, hat diese Frau meine Hochachtung. Ein Geschäft zu führen erforderte sicher auch damals von Frauen viel Selbstvertrauen, entsprechende Kompetenzen und Durchhaltevermögen.

Mein Großvater spielte Klavier und Geige. Sein Vater war von Beruf Trompeter und Geiger. Er spielte in einem Sinfonie-Orchester. Zusätzlich verdiente er Geld mit Kaffeehausmusik und Geigenunterricht. Auch die beiden Brüder meines Großvaters wurden Musiker. Nicht so mein Großvater: Er war der Älteste. Für ihn hatte sich der Vater vorgestellt, dass er einen „anständigen Beruf" erlernen sollte. Er schickte ihn zur Ausbildung in die Deutsche Bank. So wurde dem jungen Mann Otto nach dem Verlust der Mutter und dem Zwang, einer Stiefmutter zu gehorchen, die nur elf Jahre älter war als er selbst, wohl ein weiteres Mal Gewalt angetan: Wie er mir manchmal voller Stolz erzählte, hatte er schon als Fünfzehnjähriger

---

[9] http://www.welt.de/politik/deutschland/article8799024/Deutschland-ueberwindet-rueckschrittliches-Sorgerecht.html

häufig seinen Vater musikalisch vertreten müssen, wenn dieser wieder einmal zwei Termine parallel zugesagt hatte. Auch er wäre gern Musiker geworden.
Dass meine Mutter nachfühlen konnte, wie es ihrem Vater ergangen war, glaube ich nicht. Offenbar war er für sie ein Mann, dem sie zu gehorchen hatte. Folglich versuchte sie, ihm alles recht zu machen. Möglicherweise hatte sie auch wegen der „bösen“ Mutter Mitleid mit ihrem Vater und konnte ihn so leichter ertragen.
Ich stand als Kind oft hinter oder neben meinem Großvater. Wenn ich sein Gesichtsprofil von der Seite sah, dachte ich: „Opa sieht aus wie ein Nazi, so kalt, so brutal, so gesichtslos, ohne Blick in den Augen.“ Ich glaube heute, er hat mich nie wirklich angesehen. Er ähnelte den Nazi-Schergen aus den vielen Filmen, die wir zu sehen bekamen, und er fühlte sich auch so an. Er konnte mit gehobener Stimme in einer „Ich-bin-der-Größte“-Form reden und Spannung verbreiten, obwohl er immer dieselben Geschichten erzählte. Er erzählte nie von Problemen, von Familienereignissen, von Festen oder Urlaubsreisen, sondern stets davon, wie großartig er sich anderen gegenüber durchgesetzt hat.
Er erzählte neben Musikerwitzen und Erinnerungen aus seiner Jugend auch Anekdoten, die davon handelten, wie er als Bankangestellter die Inflationszeit 1929 bewältigt und Widerstand geleistet hatte - gegenüber den Nazis und später den SED-Kommunisten. Er liebte „seinen“ Kaiser Wilhelm und war von den sportlichen Aktivitäten in Jungen-Organisationen der Kaiserzeit auch nachträglich noch begeistert. Beim Erzählen konnte er auch sehr witzig sein. Die Vor-Nazizeit schien in seinem Leben am schönsten gewesen zu sein. Über seine Niederlagen in

schwierigen Situationen erzählte mein Großvater jedoch niemals etwas. Wichtig war ihm, sich so darzustellen, dass er immer alles gut bewältigt hatte.
Tatsächlich hatte er eine außerordentliche Fähigkeit zur Selbstbeherrschung. Nie redete oder klagte er über seine körperlichen Schmerzen, die man ihm ansehen konnte.
Unschön war, dass er sich von uns gerne bedienen ließ und sehr fordernd war. So ließ mein Großvater nie zu, dass am Tisch dasselbe Messer für Käse und Butter benutzt wurde. Nachdem er gestorben war, verschwand nicht nur das Extra-Käsemesser. Auch Wurst und Käse landeten im gleichen Kühlschrankbehälter. Ich verstand das als befreiende Reaktion meiner Mutter, fand das aber auch wieder extrem.
Schon als Kind fragte ich, was mein Großvater in der Hitlerzeit gemacht hat. Von meiner Mutter erfuhr ich daraufhin, er hätte nichts Schlimmes getan, sei nicht mal im Krieg gewesen, weil er als Finanzangestellter bei der Deutschen Bank unentbehrlich gewesen sei. Sie erzählte, mein Großvater habe schon zeitig gewusst, dass Krieg kommen werde. Er sei immer dagegen gewesen. Sogar Mitglied in der SPD sei er gewesen. Allerdings durfte das seine Frau nicht wissen, seine Tochter erst recht nicht. Dieses Wissen wäre gefährlich gewesen für alle. Vieles durfte nicht erzählt werden. Die Familie wurde vom Vater zum Schweigen angehalten. Reden war zu gefährlich.
Aus diesen vermeintlichen Tatsachen lernte ich über mich, dass ich meinen Wahrnehmungen nicht trauen könne: Mein Großvater machte auf mich den Eindruck eines Nazis, aber er war keiner. Er war ein SPD-Mann, also fast ein Kommunist. Die SED schloss ihn 1951 aus der Partei aus. Zur Begründung wurde mir erklärt, dass die

Partei nur Arbeiter haben wollte und ihn als Finanzbeamten rausgeschmissen habe.
So lernte ich Vergangenheit kennen. Die Widersprüche zwischen meinen Wahrnehmungen und den in Erzählungen dargestellten Wirklichkeiten ließen sich nicht aufklären. Dazu kamen Regeln, die zu akzeptieren waren: „Man beschmutzt nicht sein eigenes Nest.“, „Man hält nicht einen mutigen SPD-Mann wegen seines schlechten Charakters für einen Nazi.“
Erst Jahre später wurde mir klar, dass mein Großvater bei seiner beruflichen Position vor 1945 kaum in der SPD gewesen sein konnte. Erst vor wenigen Jahren antwortete mir meine inzwischen über achtzigjährige Mutter, er sei erst 1945 in die SPD eingetreten. Nun fragte ich noch einmal nach, was mein Großvater genau gearbeitet habe. Sie sagte mir, dass er in den 30er Jahren Kredite freigegeben hätte für den Bau von Konzentrationslagern und Rüstungsbetrieben. Er war Revisor bei der Deutschen Bank. Nun begann ich zu verstehen, dass mein Großvater durch diese Arbeitsaufträge vom nahenden Krieg gewusst haben musste und deshalb seine Familie vorgewarnt hatte. Vermutlich wusste er auch, was KZs bedeuteten und was darin geschah, nur sprach er darüber nie. Er war Geheimnisträger des Deutschen Reiches. Er hat seine eigene Familie zum Schweigen angehalten. Sicher wusste er, dass jeder Mensch gefährdet war, der anders dachte als die Nazis oder irgendwo „etwas Falsches“ sagte. Offensichtlich nahm mein Großvater zwar die drohenden Gefahren für sich und seine Familie wahr, seine eigene Beteiligung an der Vorbereitung der Massenmorde scheint aber für ihn kein Problem gewesen zu sein. Vielleicht hat er das einfach ausgeblendet.

Doch was auch immer mein Opa getan oder gewusst haben mag: Ich habe von ihm nie nationalsozialistische Parolen gehört.

Seine Frau, **meine Großmutter Helene**, lebte von 1888 bis 1958. Ich habe sie nicht richtig kennen gelernt, erinnere mich nur als Zweijährige dunkel an sie: Sie liegt im Krankenhaus, mein Großvater schneidet ihr einen Apfel. Das ist das Bild, das ich von ihr in mir trage.
Auf Fotos von meiner Oma sehe ich ein ausdrucksloses Gesicht. Doch ein Foto gibt es von ihr, 1906 in einem Atelier aufgenommen. Sie ist als Achtzehnjährige zu sehen: Eine stolze, junge, optimistische und lebensdurstige, toll gekleidete Frau mit fröhlichem Gesicht und in wunderbarer herrschaftlich anmutender Kleidung. Eine Trophäe von Hut vollendet ihr Kleidungsarrangement. Wunderschön. Ich habe dieses Foto erstmals als Fünfzigjährige gesehen, war sehr überrascht und spürte förmlich, wie sich auch in mir Stolz regte, von dem ich gar nicht wusste, dass es ihn gab. Ich fand meine Großmutter als Achtzehnjährige wundervoll.
Auf einem Foto von 1929 war sie in einem Cabrio mit Freunden, Freundinnen und Ehemann zu sehen. Sie waren unterwegs auf einer Urlaubsreise. Auch da strahlte sie Optimismus und Freude am Leben aus. Sie lachte und schien glücklich zu sein. Das passt für mich nicht zum Jahr 1929, dem Tiefpunkt der zweiten Inflationszeit. Aber offensichtlich war Geld da, ein vielleicht nicht sehr großer, wohl eher bescheidener, aber scheinbar doch stabiler Reichtum. Aber warum sah sie ein Jahr später, Weihnachten 1930, mit ihrem knapp einjährigen Kind, meiner Mutter, so traurig aus?

Nach dem Erzählen meiner Mutter war meine Oma eine distanzierte bis grausam abweisende Frau, die sich als Opfer der Verhältnisse präsentiert haben soll. Sie erledigte offensichtlich ihre Pflichten und hatte spätestens seit der Geburt ihres einzigen Kindes keinen Spaß mehr im Leben.

Dazu gehört auch eine noch frühere Geschichte: Meine Oma heiratete zu Beginn des I. Weltkrieges. 1914 war sie 26 Jahre alt. Drei Monate nach der Hochzeit fiel ihr Ehemann an der Front. Ich weiß nicht, wie sie das bewältigen konnte. Berichte darüber gibt es nicht. Meine Mutter erzählte, sie habe auch später noch wegen dieser Erfahrung „herum gejammert". Auch sie konnte ihre Mutter nicht verstehen. Manchmal denke ich, dass die Oma ja vielleicht auch schwanger war und nicht nur ihren Mann, sondern auch ihr Kind verlor. Berichtet wurde, dass weder sie in zweiter Ehe noch mein Großvater, mit dem sie da verheiratet war, ein Kind haben wollten. Dennoch gebar sie sehr spät, mit 42 Jahren, ein Kind: meine Mutter. Erzählt wurde, das Kind sei mit dem Wunsch gezeugt worden, im Alter nicht unversorgt zu sein. Doch als meine Mutter geboren war, konnte meine Oma sie wohl dennoch nicht annehmen. Das musste Gründe haben. Heute würde man so eine Frau vielleicht wegen Schwangerschaftspsychosen oder Depressionen behandeln. Aber damals waren die Zeiten anders. Viele Menschen waren gezwungen, alles allein zu bewältigen. Man hielt sich nicht für krank, wenn die Seele trauerte und sich weigerte, Gefühl, Bewegung, Lebendigkeit und Aktivität zuzulassen.

Da mein Opa seiner Frau vor der Hochzeit 1920 das Versprechen abgenommen hatte, für ihn Hausfrau zu sein, ging meine Oma nicht arbeiten. Bis 1919 war sie Verkäuferin bei Woolworth. Meine Oma hatte vier jüngere Schwestern, eine war schwerhörig und brauchte von ihr finanzielle Unterstützung. Ihre Mutter war immer krank und benötigte ihre Pflege, der Vater verdiente Geld, das jedoch nie reichte. So war die Heirat mit meinem Großvater für meine Oma sicher eine große Hoffnung. Die Anstellung meines Großvaters sicherte ein stabiles Einkommen, sie war versorgt. Obwohl meine Großmutter sich intensiv um ihre Mutter und ihre fast taube Schwester kümmerte, empfing meine Mutter keinerlei Zuwendung.

Ich weiß nichts von Beteiligungen meiner Oma an den Verbrechen des Nationalsozialismus. Jedoch erzählte meine Mutter mit Sarkasmus in der Stimme, dass meine Oma von Hitler, dem „geliebten Führer", sehr begeistert war. Wenn das stimmt: Welche Hoffnungen wird meine Großmutter mit dem Glauben an Hitler wohl verbunden haben?

Nachdem 1945 die Familie gezwungenermaßen aus Schlesien zurückkehrte, wovon noch die Rede sein wird, fand sie die Berliner Wohnung zerbombt vor. Geld und Besitz waren verloren, meine Oma brach zusammen. So jedenfalls erzählte es meine Mutter. Die Oma klagte, sie habe nun alles verloren, was sie gehabt hatte. Sie soll sich davon nie erholt haben. Ihr Leben blieb freudlos. Sie starb siebzigjährig an Parkinson.

4 - Meine Mutter und ihr Schweigen

Meine Mutter wurde 1930 in Berlin geboren. Sie hatte, wie ich, keine Geschwister. Mit ihren vielen Cousinen und Cousins verbanden sie sehr unterschiedliche Bezie-

hungen und Erfahrungen. Mal suchte sie Distanz, manchmal brauchte sie Nähe.
Auf Fotos von der kleinen Familie glaube ich zu erkennen, dass es nicht viel Lebendiges gab zwischen ihrer Mutter und ihr. Auch mit der Beziehung des Vaters zu ihr stimmte offensichtlich etwas nicht: Der sonst so pedantische Buchhalter hatte mehrere Fotos von zwei aufeinanderfolgenden Weihnachtsfesten vertauscht, was für mich an der jeweiligen Kleidung meiner Mutter sichtbar wurde. Er war der Fotograf, er hatte die Fotos einsortiert und säuberlich beschriftet. Er muss sehr im Stress gewesen sein, so dass ihm dieser Fehler unterlief. Auf Fotos zwischen 1930 und 1934 war meine Mutter selten zu sehen, ihre Mutter jedoch fast nie. In dieser Familie wurde anscheinend wenig geliebt und kaum gesprochen.
Meine Mutter erzählte mir sehr früh, dass sie mit fünf Jahren das erste Wort und gleichzeitig den ersten Satz gesprochen hätte. Sie erzählte mir - als 75jährige - dass sie auch danach mit ihren Eltern normalerweise nicht gesprochen habe und bis heute nicht wisse, was der Grund dafür war.
In meiner Gegenwart redete meine Mutter sehr viel, aber nicht über Vergangenes. Entsprechend wenig erfuhr ich von ihrer Kindheit. Manchmal erzählte sie, der Lehrer hätte sie in der Schule oft geschlagen, mit dem Lineal auf die ausgestreckten Finger. Manchmal klagte sie, dass ihre Mutter nie die Geschenke gewürdigt hätte, die sie von ihr, der kleinen Tochter, bekommen hatte. Wie alle Mädchen trat auch meine Mutter als Zehn- oder Elfjährige dem BDM (Bund Deutscher Mädel) bei, aber sie hat mir nie davon erzählt. Traditionell hatte auch sie musizieren gelernt: auf der Blockflöte und dem Klavier.

Ich weiß leider nicht, wieweit meine Mutter Freude daran hatte.
Ihre Informationen waren immer sehr spärlich. Doch wenn sie ins Erzählen kam, dann erzählte sie oft von Schlesien. In Schlesien wohnte sie eine Zeit lang mit den Eltern bei Tante und Onkel, Cousins und Cousinen. Der Onkel, Bruder meines Opas, spielte dort in einer Kurhauskapelle als Konzertmeister Violine. Meine Mutter muss sich bei den Verwandten sehr wohl gefühlt haben. Ihre Erzählung erweckte in mir den Anschein, dass es eine lange Zeit war, die sie dort verbrachte. Wie erstaunt war ich, als ich später erfuhr, dass sie nur ein Dreivierteljahr dort gelebt hat! Sie kam im Februar 1944 mit ihrer Mutter nach Waldenburg in Schlesien im Rahmen einer groß angelegten Verschickungsaktion, mit der Berliner Mütter und Kinder vor Luftangriffen geschützt werden sollten. Mein Großvater folgte einige Zeit später. Nach einem Dreivierteljahr mussten sie wieder von Schlesien nach Berlin zurückkehren. Da sie von der ersten Ausweisungswelle aus Schlesien betroffen waren, konnte die Familie noch mit der Eisenbahn fahren. Wahrscheinlich war ihre Ausweisung nicht so grausam wie später die Vertreibungen waren, wie wir sie aus Filmen und Erzählungen kennen. Doch ihre Wohnung in Berlin war inzwischen ausgebombt. Für meine fünfzehnjährige Mutter ein grausamer trauriger Anblick - schlimm war für sie der Verlust ihrer Lieblingspuppe, die noch im Luftschutzkeller geblieben und gestohlen worden war. Eine Tante mütterlicherseits nahm die Familie in F., einem Ort nahe Berlin auf.
In Schlesien begann meine Mutter mit ihren Eltern zu sprechen, weil sie mit den anderen Verwandten auch

sprach. Ihr sei nichts anderes übrig geblieben, sagte sie mit dem mir so bekannten vorwurfsvollen Unterton. Ihre Körpersprache zeigte mir Hilflosigkeit und eine große Traurigkeit über etwas, das sie nie haben konnte. Ich verstehe nicht, wie man zusammen leben kann ohne zu sprechen, deshalb fällt es mir schwer, ihr zu glauben. Wenn ich sie frage, sagt sie mir bestimmt, ich spinne, so etwas hätte sie nie gesagt. Meine Mutter ist für mich ein Mensch mit totaler Konfusion und Widersprüchlichkeit.

Allmählich kann ich damit umgehen. Doch als Kind hatte ich damit große Probleme. Ich war allzu oft ohnmächtig dagegen, denn was sie sagte, das galt, auch wenn sie es im nächsten Moment wieder veränderte. Ich wurde bestraft, wenn ich nicht in ihrem Sinn gehandelt hatte. „Ihr Sinn" aber konnte sich innerhalb weniger Minuten verändern.

Früher habe ich nicht verstanden, wie sich meine Mutter benahm: Z. B. habe ich wiederholt erlebt, wie sie sich regelmäßig über junge Mütter oder alte Frauen lustig machte, die sich über Kinderwagen beugten und mit den Babys redeten oder brabbelten. Sie sagte immer spöttisch zu mir: „So was Dummes: Das Baby kann sie doch gar nicht verstehen!" bzw. „Das ist doch ulkig, nicht wahr, wenn so erwachsene Frauen wieder in die Babysprache verfallen, als ob das Baby sie verstehen könnte!" Mir sind solche Aussagen sehr an die Nieren gegangen, haben mich tief getroffen und beschämt. Es war mir furchtbar peinlich. Bei meinen Kindern habe ich später aufgepasst, dass mich niemand dabei sah, wenn ich mit ihnen redete oder Laute austauschte. Heute beginne ich zu realisieren, dass meine Mutter starke Kommunikationsprobleme hatte und hat und dass die Ursache in ihrer frühen Kindheit liegt.

Sie hatte keine Zuwendung bekommen und blieb vermutlich bei jeglichen Kontaktversuchen damals allein. Heute kann ich zunehmend erkennen, wie hilflos und verletzt meine Mutter vielleicht gewesen ist, weil sie selbst den wohligen Zuspruch einer Mutter nie erlebt hatte. Als Kind hingegen habe ich sie als übermächtig und gefährlich erlebt. Ich habe furchtbar unter den ständigen Widersprüchlichkeiten, die ich an ihr erlebte, und ihren widersprüchlichen Forderungen an mich gelitten.

5 - Erfahrungen mit Ausländern in der DDR - emotionale Folgen

Als Kind oder Jugendliche wäre mir nicht in den Sinn gekommen, dass ich eine Antipathie gegen Ausländer oder Juden entwickeln könnte. Schließlich beschäftigte mich das unsägliche Leid der Opfer des Nationalsozialismus sehr. Oft habe ich versucht, mich vor allem mit jüdischen Menschen, die im KZ brutal gequält und ermordet worden waren, zu identifizieren. Ich wollte so sein wie sie: stark und ohne Schuld. Wann immer ich von dem brutalen Vorgehen deutscher Menschen erfuhr, war ich im Innersten betroffen. Ich hielt es für meine Lebensaufgabe zu verhindern, dass so etwas noch einmal geschieht. Und doch erinnere ich mich im DDR-Alltag an solche, aus dem Unterbewusstsein aufsteigende Gedanken: „*Es ist zwar nicht gut, wie die Juden umgekommen sind, aber trotzdem bin ich heute froh, dass es keine mehr bei uns gibt. Sie waren doch hauptsächlich Geschäftsleute und Fabrikbesitzer, also Kapitalisten. Die wollen wir doch hier gar nicht haben. Wir sind eigentlich Nutznießer der Massenmorde an jüdischen Menschen.*“ Mich graust es bei diesen Gedanken. Erschrocken über mich selbst konnte ich damit nicht umgehen. Problematisch war für mich, darüber mit niemandem reden zu können. Auf keinen Fall durfte ich solche Gedanken irgendwo aussprechen. Vermutlich hätte man mich bloßgestellt, bestraft und ausgestoßen.[10] Solche Gedanken verdrängte ich immer sehr schnell. Ich kam nicht zurecht mit dem Widerspruch zwischen meinem humanistischen Denken und meiner Angst vor dem, was mir fremd war. Juden mit ihrer teilweise spezifischen Gestik und Mimik, ihr Auftreten, wie ich es in Filmen oft gesehen habe, sind mir fremd geblieben, vermutlich, weil es zu wenige Begegnungen mit ihnen gab.

Im DDR-Alltag hatte ich mit Ausländer/innen neben unvergesslich fröhlichen und stärkenden Begegnungen leider auch sehr schlimme beängstigende Erfahrungen. Als Jugendliche wurde ich auf Tanzsälen immer wieder Zeugin von Gewalt ausländischer junger Männer gegen andere Männer, wobei es oft schwere Verwundungen gab. Einmal verstarb das Opfer noch in derselben Nacht. Die Polizei kam nach meiner Beobachtung in der Regel zu spät, um bei Schlägereien helfend einzugreifen.
Ich hatte meistens Angst vor Ausländern und nachdem ich zweimal im Ausland war (Bulgarien und Rumänien) und dabei immer wieder sexuell belästigt wurde, hatte ich keinerlei Interesse mehr an Auslandsreisen. Ich fuhr nie ohne männliche Begleitung in ein anderes Land. Mein Desinteresse hatte wiederum eine positive Begleiterschei-

---

[10] Ich möchte hier nicht falsch verstanden werden: Ich bin auch heute noch zutiefst davon überzeugt, dass man nicht einfach solches antisemitisches Gedankengut raus lassen darf. Das auszusprechen hat nur dort einen verantwortbaren Platz, wo es hinterfragt, angezweifelt, „durchgearbeitet“ und verändert werden kann.

nung: Ich kam auf diesem Weg nicht in Konflikt mit der Staatsmacht. Weniger Bedürfnisse zu haben, machte das Leben in der DDR für mich einfacher und konfliktfreier. Heute, 20 Jahre nach der Grenzöffnung, habe ich nicht mehr so viel Angst, aber mein Leben ist doch noch von dieser Unlust geprägt, in ein anderes Land zu reisen.
Lange glaubte ich, dass meine Abneigung und Distanzierung gegenüber Fremden nur durch meine Gewalterfahrungen bedingt war. Seit ich jedoch begann, mich mit den Zusammenhängen zwischen den Werten und Ideologien, die zur Zeit meiner Großeltern herrschten, sowie den Ideologien, denen ich selbst unterlag, zu beschäftigen, ist dies nicht mehr so klar für mich. Möglicherweise liegt dem auch eine entsprechende Haltung zum Leben mit Ausländer/innen und Juden/ Jüdinnen zugrunde, die im oder vor der Zeit des Nationalsozialismus erlernt und an mich weiter gegeben wurde. Allerdings war eine klare Haltung durch meine Eltern oder Großeltern nicht erkennbar. Sie waren widersprüchlich.
Dazu kommt, wie ich im Nachhinein feststellen musste, dass sich die DDR-Regierenden ebenfalls eher widersprüchlich zu ihren eigenen Solidaritätsbekundungen verhielten. Manchmal merkte ich zwar solche Widersprüche, aber meistens eben nicht. Dass wir kaum jüdischen Menschen begegnet sind, obwohl das auf jeden Fall zu ermöglichen gewesen wäre, merkte ich nie. Was mir auffiel: Bei mehreren aufeinander folgenden Freundschaftstreffen waren immer dieselben sowjetischen Soldaten geschickt worden. Unverständlich, verwirrend war auch ein Treffen mit Palästinensern, zu dem ich mit anderen Student/innen im „Studentensommer“ geschickt wurde. Gleichzeitig wurden wir vor ihnen gewarnt: Sie hätten

Messer mit und würden schnell aggressiv werden. Wir sollten uns zu unserem Schutz ruhig verhalten. Doch: Es gab keine Gespräche mit ihnen, also weshalb waren wir dort? Ich fühlte mich ausgeliefert und hatte große Angst. Wie auch immer es war: Es liegt in meiner eigenen Verantwortung, damit so umzugehen, dass es meinen Werten entspricht. Ich distanzierte mich von allem, was mir fremd war. Dieses Distanzieren war sehr stark in mir, führte immer wieder zu Blockierungen im Zusammensein mit anderen Menschen, besonders mit fremder Herkunft. Zweifellos habe ich dieses Distanzieren von meinen Eltern gelernt. Doch die sozialistische Ideologie, die eine bestimmte Denkweise von mir und Anderen forderte, tat ein Übriges.
Ich denke, wo Zugehörigkeit und wertschätzendes Eingebunden-Sein für Menschen nicht möglich sind, können sich Ausländerhass und Ausgrenzung von Menschen, die aus welchen Gründen auch immer unbequem sind, immer wieder neu entwickeln.

6 - Auswege aus Ideologien, Lösungsversuche

50 Jahre habe ich mich für eine friedliebende antifaschistisch denkende und handelnde Frau gehalten. Dann erst merkte ich, dass es nicht ausreicht, antifaschistisch und friedliebend zu denken: Es wäre gut, wenn ich entsprechend fühlen könnte. Doch wenn mir Menschen fremd sind, fühle ich, was nicht zu meinem Denken passt: Distanz, Abstand, Angst, Scham, Fremdsein.
Ich bewerte es als faschistisch, wenn ich bei Bewusstwerden, dass bei uns weniger Migrant/innen leben als in den alten Ländern, Erleichterung empfinde. Ich will so nicht fühlen.

Das ist mein Problem: Wie kann ich mein Denken, Wollen und Fühlen in Übereinstimmung bringen? Mir ist es wichtig, Gefühle als Gefühle zu belassen, sie so zu benennen und nicht mit Ideologien zu verbinden. Wenn ein Gefühl jedoch schon mit einer Ideologie verbunden ist, wie in diesem Fall, was mache ich dann?
Meine Eltern haben sich dem DDR-Regime nicht widersetzt und es auch nicht offen hinterfragt. Durch ihren Konformismus fehlten mir Informationen über viele Realitäten. Ich hatte außer dem sehr einseitig dargestellten bundesdeutschen Staat keine vergleichbaren Aspekte und Sichtweisen. Das Sicherheits-Verhalten hatten meine Eltern in der NS-Zeit erlernt. Ich habe es übernommen und kann ihnen das nicht verübeln. Auch ich bin mit dem Schweigen und mit einseitigen Darstellungen über verschiedene Lebensweisen aufgewachsen, die ich später entdecken und selbst bewerten wollte.
Ich habe mich 1981 taufen lassen, bin der ev.-luth. Kirche beigetreten. Doch bin ich auch hier nicht zufriedenstellend angekommen. Bis zur Wende 1989 war Kirche für mich hilfreich, danach schien sich in der Institution Kirche alles ums Geld zu drehen. Beliebte engagierte Kirchenvertreter/innen gingen weg. Ich fühlte mich nicht mehr wohl, denn das bekannte Engagement war nicht mehr da. Predigten hatten keinen Esprit mehr. Das Problem „Selbstwahrnehmung und Selbstannahme als Voraussetzung für Nächstenliebe“ war damals in unseren Kirchen noch nicht angekommen. Die Probleme von Frauen waren noch kein Thema. Immerhin hatte ich es Anfang der 90er Jahre zweimal durch Gespräche mit dem jeweiligen Pfarrer geschafft, dass in einer Dresdner Kirche in die Fürbittgebete von Eltern misshandelte Kinder

bzw. - beim zweiten Mal - vergewaltigte und in der Ehe misshandelte Frauen mit aufgenommen wurden.
Ich versuchte kurz nach der Wende, mit Frauen in feministischen Kreisen Fuß zu fassen, dazuzugehören, was mir auch gelang. Hier habe ich erfahren, dass das Bedürfnis jeder Frau unabhängig von ihrem Status und ihrer Rolle gleichwertig behandelt wird. Von hier geht ein neuer Impuls aus für Mitmenschlichkeit und eine neue Sichtweise, die unsere Einbindung in die Natur und unsere Wertschätzung von Müttern und Töchtern als grundlegend betrachtet. Ich konnte und kann mich hier frei bewegen und verwirklichen, Ideen entwickeln und mein Leben gestalten. Hier werde ich jedoch auch damit konfrontiert, meine Mutter wertschätzen zu sollen oder es wenigstens zu versuchen.
Mein persönlicher Versuch in diesem Zusammenhang, meine zweifelhaften Gefühle bezüglich Ausländern und Juden los zu werden, indem ich sagte, „die Männer sind schuld, denn die machen den Krieg und die haben auch den Nationalsozialismus zu verantworten", hat nicht funktioniert. Das war nur ein erneuter Versuch, meine unerwünschten Gefühle und Gedanken auf Andere zu projizieren.
Ein Weg, mich selbst besser kennen lernen und annehmen zu können, war der, mich mit meiner Beziehung zu meiner Mutter zu beschäftigen. Ich versuche, eine gute Beziehung zu ihr zu ermöglichen, indem ich sie als meine Mutter wertschätze und ihr wertschätzend begegne. Dazu war hilfreich, auch die Rollen der Frauen in meiner Familie überhaupt anzuschauen und sie neu zu beschreiben und wertzuschätzen. Meine familiären, sozialen und emotionalen Wurzeln zu erkennen, anzunehmen und zu

stärken bildet eine gute Grundlage, um mich als die Frau, die ich bin, anzunehmen, selbstbewusst aktiv sowie selbstbestimmt zu leben. Die zumindest von mir vermutete These lautet: Wertschätzung der Mutter ermöglicht Selbstwertschätzung.

Ich ging diesen Weg - und fand die Not meiner Mutter. Sie erzählte als 80 jährige, was für sie Krieg und KZ war:

> *„1939 erfuhr ich: Jetzt ist Krieg. Ich konnte damit überhaupt nichts anfangen. Konnte mir nichts vorstellen darunter. Alles lief doch weiter wie vorher. Erst später, da waren diese Bombenalarme und dann waren wir ausgebombt, und dann kam ja die Hungerszeit. Da wusste ich, was Krieg ist.*
>
> *KZs habe ich nicht gekannt, sie nie gesehen, auch keine KZ-Häftlinge. Ich hatte von KZs nur durch meinen Vater erfahren. Er hatte oft zu mir und meiner Mutter gesagt: „Sag das nicht so laut, sonst kommen wir alle ins KZ." Aber ich konnte mir nichts darunter vorstellen, was ein KZ ist. Ich dachte, das ist ein Lager, wo man sich konzentrieren muss. Gleich 1945, als die KZs befreit worden waren, erfuhr ich auch von den Menschenvernichtungen. Aber die Überlebenden sind ja dann gleich in die neue Regierung gekommen und haben über uns bestimmt. Das waren doch Kriminelle, die die KZs überlebt haben, das können keine Politischen gewesen sein, die Politischen hatte man doch alle umgebracht. Die hätte man auf keinen Fall leben lassen. Wir sind in der DDR von Kriminellen regiert worden."*

Was sie über KZ-Häftlinge sagte, empfand ich als empörend, beschämend, fremd. Ich fühlte die Ohnmacht. Es erschien mir wie eine Rechtfertigung, um die Ohnmacht nicht als Makel zu empfinden. Das jeweils herrschende System konnte sie nicht ändern, also passte sie ihre Interpretationen ihren jeweiligen Gefühlen an.
Ich müsste meine Mutter noch viel mehr befragen, wenn ich verstehen wollte, was in unserer Familie und mit ihr in der NS-Zeit passiert ist.

7 - Sozialistische Geschichtsschreibung

Für mein eigenes Geschichtsbewusstsein ist wohl entscheidend, wie wir durch unsere Lehrer Geschichte vermittelt bekommen und verstanden haben. Von Dörte v. Westernhagen habe ich Tagebuchausschnitte ihres Großvaters Max v. Westernhagen aus den Jahren 1899 bis 1941 gelesen. Ich fand sie sehr erhellend und hilfreich beim Verstehen jener Zeit durch die Schilderung des Erlebens eines Mannes, der diese Jahre bewusst erlebt und ausschnittweise, beispielhaft aufgezeichnet hat. Ich gehe davon aus, dass sich äußere Ereignisse wie Regierungswechsel, Inflationszeiten und Naturkatastrophen etwa so zugetragen haben, wie sie in dem Buch beschrieben werden. Alles andere betrachte ich als individuelle Erlebnisse, die genauso, aber auch ganz anders erlebt worden sein können.
Neu war für mich beim Lesen der Tagebuchaufzeichnungen zunächst die Sichtweise, dass Engländer den I. Weltkrieg entfacht hätten. Das hatte ich so nicht gelernt. Mir war beigebracht worden, dass Deutschland den I. Weltkrieg entfacht hätte, genauso wie den II. Weltkrieg. Nicht ganz neu, aber nochmal hinschauenswert war für

mich auch die in den Aufzeichnungen festgestellte Gleichsetzung von Juden und Bolschewisten im Denken von vielen deutschen Menschen.
Mir wurden also in meiner DDR-Schule andere Interpretationen beigebracht, andere Zusammenhänge dargestellt, als ich nun las. Mit dieser DDR-Auffassung bin ich aufgewachsen, sie hat mich geprägt. Wie gehe ich nun damit um, nachdem alles anders gewesen sein soll, vielleicht auch wirklich war? Über den I. Weltkrieg habe ich gelernt, dass er von Deutschen ausgegangen ist. Nichts anderes war mir bisher vorstellbar. Und nun lese ich von Mitbeteiligung und Mitschuld Deutschlands. Ich lese im Internet nach und erfahre, wie verwickelt die Konflikte zwischen Deutschland, England, Frankreich und Russland sowie zwischen Serbien, Bosnien und Österreich-Ungarn tatsächlich waren, dass letztlich keinem Land die alleinige Schuld am Ausbrechen des Krieges zugeordnet werden kann. Es ist also nochmal anders gewesen als in den Tagebuch-Aufzeichnungen von Max v. Westernhagen. Ich erkenne, dass ich eine sehr vereinfachende Erklärung gelehrt bekommen habe. Haben meine Eltern und Großeltern das alles gewusst? Mussten sie sich und ihre Erkenntnisse, Erfahrungen zurückhalten? Mussten sie sich selbst verleugnen, um nicht mit der Ideologie der DDR und damit dem System in Konflikt zu geraten? Und ich bin nicht sicher, ob ich meinem Großvater etwas anderes geglaubt hätte als das, was ich in der Schule hörte. Eine Selbstverleugnung habe ich damals jedenfalls bei meinen Angehörigen nicht bemerkt.
Die Gleichsetzung von Juden und Bolschewisten hatte ich gelernt, als Teil der Nazi-Ideologie zu betrachten. In der DDR-Wirklichkeit sollten Bolschewisten vor allem

Arbeiter und Bauern gewesen sein, während Juden als Geschäftsleute und Unternehmer vorwiegend der Klasse der Ausbeuter angehörten. Schon deshalb sei eine Gleichsetzung, wie sie die Nazis betrieben hatten, völlig irrational gewesen. Natürlich seien nicht alle Juden Ausbeuter gewesen und es sei natürlich ein Verbrechen gewesen, Juden um ihrer Herkunft willen zu ermorden. Doch die Konsequenz dieser Lesart im Sozialismus war, dass wir Juden vor allem als Opfer des Holocaust wahrgenommen haben, nicht als Menschen, denen man im Alltag begegnen konnte. Es war also ein Rest an Diskriminierung jüdischer Menschen in unserem Alltagshandeln geblieben, ohne dass wir das bewusst wahrgenommen hätten.

Für mich persönlich bedeutet das zu merken, dass ich Bildung in einem beschämend engen Horizont erfahren habe. Und ich spüre erst jetzt den Antisemitismus in unseren damaligen Denkweisen. Mich empört diese Abwertung von Menschen, ohne sie überhaupt gesehen und mit ihnen gesprochen zu haben.

Dies aufzuschreiben bereitet mir Angst und Scham. Dennoch halte ich es für wichtig, diese Dinge zu sagen, weil sie unausgesprochen nur destruktiv in mir weiterwirken.

8 - Eine persönliche Wende im Leben meiner Mutter und was ich davon mit bekam

Ich hatte im Zusammenhang mit meinem Großvater ein sehr markantes schwieriges Erlebnis mit meiner Mutter, das zu meinem Mangel an Vertrauen zu ihr empfindlich beitrug. Das Erlebnis bekam für mich erst Jahrzehnte später eine nachhaltig neue Bedeutung, als meine Mutter dazu ihr eigenes, ihr Leben grundlegend veränderndes

Ereignis mitteilte. Ich will es erzählen, weil es mich noch heute sehr bewegt. Es hat mit dem Umgang mit Verantwortung für das eigene Leben und das der eigenen Familie zu tun.
Als kleines Kind ging ich gerne zu meinem Großvater, denn er hatte einen Fernseher und eine Süßigkeitenkiste. Nicht nur zu Weihnachten stellte er eine aufzuziehende Eisenbahn auf seinen runden Tisch und wir spielten zusammen damit. Er wandte sich mir stets länger und intensiver zu als meine Mutter das tat. Nur kann ich mich nicht erinnern, dass er mich jemals dabei angeschaut hätte. Einen Vertrauensbruch gab es, als ich ihn fragte, ob ich nach seinem Tod seine Süßigkeitenkiste haben könne. Ich war ungefähr sechs Jahre alt und ging von der praktischen Seite aus. Der Tod interessierte mich als Phänomen, dass plötzlich jemand nicht mehr da ist. Jemand musste sich ja dann um seine Sachen kümmern, die noch da waren, auch wenn er tot ist. Ich wollte mich um die Süßigkeiten und die Eisenbahn kümmern. Opa hatte dies aber wohl falsch verstanden und informierte umgehend meine Mutter über diese von mir angestellte Ungeheuerlichkeit. Sie warf mir vor, ich würde doch wohl nicht meinem Großvater den Tod wünschen. Ich war zutiefst beschämt, niemals wäre ich auf so einen Gedanken gekommen. Noch über Jahrzehnte thematisierte meine Mutter diese Geschichte, und bis heute hat sie nicht in Erwägung gezogen, dass ihre kleine Tochter etwas ganz anderes ausdrücken wollte als das, was ihr gesagt worden war. Was aber fast noch schlimmer wirkte als diese Beschämung war die Unmöglichkeit, meiner Mutter zu erklären, was ich gemeint hatte. Es war aber auch nicht wieder gut zu machen, was ich scheinbar angestellt hatte.

So habe ich gelernt: Die fremde Interpretation einer meiner Aussagen oder eines Gefühls von mir entwickelte sich, sobald ausgesprochen, zur unumstößlichen Wahrheit. Das war dann nicht mehr zu ändern. Alles Danebenliegende wurde als falsch und dumm, als unerhört und frech bewertet. Diese Einschätzung wurde zum Gesetz.
Bei meinem Vater schien das anders zu sein, doch der unterwarf sich in diesen Dingen meiner Mutter. Es gab nur eine Person, die ein solches „Gesetz" ändern konnte, wann immer es ihr gefiel: Das war meine Mutter selbst. Nie war ich sicher, dass das, was meine Mutter sagte, für mehr als eine Stunde galt. Denn wenn ich sie mit ihrer eigenen Aussage konfrontierte, sagte sie, das habe sie niemals gesagt oder ich hätte das falsch verstanden und ich sei ja schon immer so ein Dummchen. Ich habe unendlich darunter gelitten.
Erst Jahrzehnte später begriff ich, dass meine Mutter wohl ständig um das Überleben in einer wirren, durcheinander geratenen Welt kämpfte und immer noch kämpft. In ihr hat die Nachkriegszeit ab Sommer 1945 nie aufgehört, wirksam zu sein. Immer noch scheint sie mit Brennnesseln zu kämpfen, um ihnen Nahrung zu entlocken. Immer noch scheint sie zu lügen, um nicht beim Essen oder Kohlenklauen erwischt zu werden. Noch immer scheint sie für alle zu entscheiden, was jetzt richtig ist. Sie führt noch immer einen eher aussichtslosen Kampf gegen das Verhungern, gegen die Selbstaufgabe ihrer Eltern und gegen die eigene Verzweiflung.
Wie banal scheint daneben das Begehren eines kleinen Kindes zu sein, den Tod begreifen und Süßigkeiten retten zu wollen? Für meine Mutter war dies einfach unanständig. Für mich war es ein Grund für jahrelangen Zwei-

fel an mir selbst, für Angst und Misstrauen sowie für meine jetzige Unfähigkeit, mit meinen Eltern über „die letzten Dinge" zu sprechen.

Rund 50 Jahre später erzählte mir meine Mutter eine Begebenheit, die sehr einschneidend für sie war, ihr ganzes Leben veränderte. Die Kenntnis dieses Ereignisses erlaubte es mir nun, besser zu verstehen, was damals in ihr vorgegangen sein mag, als ich den irgendwann zu erwartenden unvermeidlichen Tod ihres Vaters ansprach.

Das Erlebnis meiner Mutter, das ihr Leben radikal veränderte, war folgendes:

Im April 1944 war die Wohnung der Familie in Berlin ausgebombt worden. Da alle evakuiert waren, war niemand persönlich zu Schaden gekommen. Die Familie meiner Mutter war, als sie aus Schlesien zurückkehrte, bei einer Schwester meiner Oma in einem kleinen Ort nahe Berlin einquartiert worden. Danach, aber noch im selben Jahr, war die Deutsche Bank ebenfalls bombardiert und getroffen worden, *„vom Feind geschädigt"* wie es damals hieß.

Mein Großvater hatte größte Anstrengungen unternommen, um noch etwas vom Besitz zu retten: Aus dem Keller des zerbombten Wohnhauses hatte er noch alles Brauchbare herausgesucht und zu Fuß in das neue Quartier getragen. Dabei zog er sich ein schmerzhaftes Rückenleiden zu. In der neuen Bleibe, bei den Verwandten, war es sicher sehr schwer, auf so engem Raum mit so vielen Menschen zu leben.

Eines Tages, kurz nach Kriegsende, teilte eine Tante meiner Mutter aufgeregt mit, dass der Vater, mein Opa, gerade seine Pistole wieder ausgegraben hätte (damals war vieles Wertvolle durch Vergraben vor den Russen versteckt worden) und dass er nun Frau, Tochter und sich selbst erschießen wolle. In ihrer Angst und Geistesgegenwart lief meine Mutter sofort zu ihrem Vater, riss ihm die Pistole aus der Hand und stellte ihn zur Rede: Er solle das lassen, sie wolle leben!

Von da an war meine Mutter offensichtlich diejenige, die in der Familie bestimmte, was geschah. Fortan schlief sie im Bett und ihre Mutter bekam von ihr den Liegestuhl zugewiesen, auf dem sie vorher selbst schlafen musste. Viele kleine spätere Szenen erzählten mir davon, wie sie über andere Familienangehörige, vor allem über ihre Mutter herrschte. Aber sie ernährte auch die Familie in der Hungerszeit, schaffte das Essen und die Brennnesseln her, stahl Kartoffeln und bereitete sie zu. Meine Mutter war 1945 gerade 15 Jahre alt. Sie konnte es auch später nicht ertragen, wenn ihre Mutter über ihr Dasein klagte. Doch nie hat meine Mutter über ihre Todesangst gesprochen.

In meiner Kindheit konnte ich mir nicht erklären, weshalb ich solche starken Ängste vor meiner Mutter hatte, wusste nur: Ich habe Angst, dass sie mich umbringt, wenn ich ihr nicht gehorche. Als Jugendliche habe ich über einen Zeitraum von ca. sieben Jahren viele Nächte damit zugebracht zu überlegen, was ich noch tun könnte, um mich mit meiner Mutter besser zu verstehen. Doch vor dem Hintergrund ihrer eigenen latenten Todesangst konnte es dafür keine Lösung geben, da diese Ängste völlig unabhängig von mir und meinem Verhalten waren. Als Erwachsene habe ich zudem noch gemerkt, dass meine Mutter auch (Todes-)Angst vor mir hatte. Ich hatte meine Urangst, ein Ur-Misstrauen, anscheinend direkt von ihr übernommen. Hatte dies als normale, zum Leben da-

zugehörige Emotion erlebt, ohne zu ahnen, dass viele andere Menschen dem Leben grundlegend mehr vertrauten als ich.
Inzwischen konnte ich diese Ängste weitgehend los werden. Nur die Schlafstörungen, die mich bis heute begleiten, künden von einem anhaltenden Brodeln im Unterbewusstsein.

9 - Sie schweigen oder sie lügen - doch wer hat die Verantwortung?

Einer der schlimmsten Momente in der Zeit meiner Aufarbeitung war für mich der, als mir im tiefsten Inneren klar wurde, dass mein Großvater während der Nazizeit nicht aktiv in der SPD gewesen sein kann, wie ich immer geglaubt hatte. Ich erinnere mich. Ich saß mit meinem Lebenspartner in einem kleinen Café auf der tschechischen Seite des Elbsandsteingebirges. Es war ein schöner, noch kühler Frühlingstag mit viel Grün und Vogelgesang. Ich erzählte A. von meinen Nachforschungen über die Arbeit von Bankbeamten im Dritten Reich, mit denen ich herausfinden wollte, welche Aufgaben ein Revisor hatte und welche Folgen es gehabt hätte, wenn mein Großvater die Freigabe von Krediten aus moralischen und humanistischen Gründen abgelehnt hätte. Ich hatte im Internet gelesen, dass die Deutsche Bank damals ihre Angestellten selbst ausbildete. Es wurden junge Abiturienten im Alter von 18 bis 20 Jahren angenommen, die noch keine Ausbildung und kein Studium absolviert hatten. Bei meinem Großvater muss das zwischen 1911 und 1913 gewesen sein. Die gesamte Ausbildung hatte damals noch unter Kaiser Wilhelm, von dem mein Großvater so gern schwärmte, die Bank selbst übernommen. Dies bedeutete, dass auch der Umgang mit politischen Entscheidungen vermittelt wurde; dem Alter entsprechend wurden die jungen Menschen von der Bank selbst vermutlich in jeder Hinsicht erzogen. Meinen Ausführungen im Café folgte ein Moment der Stille - ich hing meinen Gedanken nach, dass mein Großvater dann auch nie die innere Freiheit hatte, anders zu denken und zu handeln als nach Vorschrift. Da hörte ich A. sagen, dass ich ihm doch mal erzählt hätte, mein Großvater sei in der SPD gewesen, ob ich sicher sei, dass er nicht erst nach Kriegsende eingetreten ist. Ich bejahte dies. Und ich hörte, das könne doch nicht gewesen sein, ohne dass die Bank das mitbekommen hätte. Mit Sicherheit wäre er daraufhin entlassen worden. Ich merkte, wie ich innerlich rot wurde und sich eine tiefe Scham in mir auszubreiten begann. Ja, sagte ich.

Danach fragte ich meine Mutter noch einmal, wann mein Großvater in die SPD eingetreten sei. Sie bestätigte ohne Umschweife, dass das 1945 war. Ich schämte mich zutiefst für meinen Großvater. Allerdings ist die Antwort meiner Mutter auch nicht sicher, so wie alles nicht sicher ist, was sie sagt.

Zu diesem Zeitpunkt in diesem kleinen Café war ich 53 Jahre alt. So lange habe ich mit falschen Vorstellungen und einer Lüge gelebt, wobei sich nicht mehr feststellen lässt, ob mir das so erzählt worden war oder ich den Fakt in mir verschönt habe, weil es mir schlechterdings nicht möglich war zu glauben, er könne schuldhaft mit den Morden an so vielen Menschen zu tun haben. Nun konnte ich auch in mein Bewusstsein dringen lassen, dass mein Großvater nicht nur irgendwelche Kredite freigegeben hatte, sondern konkret Kredite für Rüstungsbetriebe und

KZs. In jener Nacht weinte ich lange. Unaufhörlich liefen mir die Tränen bei dem Spüren dieser tiefen Schuld und dem Leid der Millionen von Menschen.
Doch ich kann es nicht wieder gut machen. Ich schlief irgendwann kraftlos geworden ein.
Ich erkannte: Ich bin belogen worden. Mein Großvater hat geschwiegen. Meine Mutter hat für ihn gesprochen. Was bedeutet das? Ein Aspekt, der eigentlich gar nicht so auffiel, war: Mein Großvater beantwortete nie solche heiklen Fragen, dies übernahm seine Tochter. Ich glaube, dass mich das auch geprägt hat. Sehr bereitwillig übernehme ich immer wieder die Verantwortung von anderen Menschen.
Doch wie gehe ich mit meiner Verantwortung für mich selbst um?
Es war sehr schwer, fühlend meiner Vorstellung zu folgen, wie ein Mann, dessen Enkelin ich bin, mein Vorfahre, den Weg zu diesem ungeheuren Blutvergießen von Millionen Menschen mit frei geschaufelt hat. Wissend, dass der Krieg kommt, ahnend, was in den KZs geschehen wird. Er hat sich damit immer hervorgetan, schon in den 30er Jahren gewusst zu haben, dass der Krieg unvermeidlich bevorsteht. Er hat anscheinend nichts getan, um wenigstens einen Pflasterstein auf den Weg, einen Kieselstein ins Getriebe zu werfen, um diese Entwicklung aufzuhalten. Statt dessen hat er offensichtlich den Weg dahin per Verwaltungsbescheid geöffnet, freigeräumt. Er hat eine Arbeitsaufgabe erfüllt. Es steht mir jedoch nicht zu, ihn zu verurteilen.
Nein, er hat sich nicht als Opfer präsentiert, aber auch nicht als verantwortlicher Täter oder Mittäter, sondern als einer, der immer wusste, wie man sich dem jeweiligen

Regime und/oder anderen Menschen überlegen darstellt. Er hat über seine Arbeit als Bankbeamter nie erzählt. Er versteckte sich vielleicht auch hinter seiner Schweigepflicht. Er war Geheimnisträger im Dritten Reich. Weshalb schwieg er danach weiter? Ich denke, das war seine Überlebensstrategie. Man entschied, man schwieg darüber oder man log. Schuld kam in diesem Lebensentwurf nicht vor. An die Stelle von Schuld und Verantwortung wurde das Schweigen gesetzt. Auch die Geschichte über seine Eltern und deren Scheidung erfuhr ich nicht von ihm selbst! Diese Aufgabe hatte seine Tochter, meine Mutter, übernommen. Verantwortlich zeigte er sich für sich und seine Gesundheit. Die Verantwortung für seine Familie hatte er irgendwann abgegeben. Verantwortung für die Auswirkungen seines Handelns schien ihm völlig unbekannt zu sein. Ich hingegen hatte schon als kleines Kind von allen Seiten gelernt, dass ich immer darauf achten müsse, welche Auswirkungen mein Handeln für Andere habe und dass ich dafür auch die Verantwortung trage.
Natürlich hielt ich das für allgemeines Gedankengut und eine allseits gültige Norm. Ist es das? Was ist Schuld? Welches war die tatsächliche Verantwortung meines Großvaters? Welche Verantwortung habe ich? Welche Folgen hat das Leben meiner Eltern und Großeltern für mich selbst? Bin ich dafür verantwortlich? Sie sind es jedenfalls nicht. Wofür genau bin ich verantwortlich? Muss ich mich nur um mich selbst kümmern? Muss ich Geschichte wieder gut machen - oder gar heilen? Was ist selbstbezogen? Und was nicht? Bin ich selbst Täterin? Opfer? Sind das taugliche Kriterien?
Ich will mich nicht mehr als Opfer sehen wie früher. Als Kind habe ich gelitten unter der fehlenden Zuwendung,

unter Zurückweisungen meiner Mutter. Ich holte mir Zuwendung an anderen Orten wie zum Beispiel in der Schule bei Lehrern und Klassenkamerad/innen. Ich wurde ein Kollektiv-Mensch. Unzählige Verletzungen habe ich mir in meinem persönlichen Leben zugezogen und ausgeteilt, häufig ohne es zu wissen. Dennoch: Ich will mich auch nicht mehr als Täterin fühlen.
Dieses Wissen, diese Belanglosigkeit dessen, was so intensive Gefühle hervorrief, das Böse, wie ich es erlebt habe, hilft mir aus der Täter-Opfer-Spirale heraus. Es sagt mir: Das ist nichts Besonderes, du brauchst dich nicht damit hervorzutun, dass du der Geschichte deiner Vorfahren nachgehst. Es ist nichts Besonderes, was du tust. Es war auch nichts Besonderes, was deine Vorfahren getan haben. Es ist banal. Das Böse, das du erlebt hast, gehört zu dir und zur Geschichte deiner Vorfahren. Du kannst es loslassen. Es gehört zum Menschsein. Gut und Böse gehören dazu. Wichtiger ist, du kümmerst dich um die Öffnung deiner Gefühle für dich und andere, suchst neue Werte für dich und überprüfst deinen Umgang mit deinen Bedürfnissen. Vielleicht musst du nichts Besonderes tun, um lebendig und zufrieden zu sein.

Doch birgt dieses Denken nicht die Gefahr, in Tatenlosigkeit zu verharren?

10 - Meine Gedanken und Schlussfolgerungen

Es ist ein typisches Merkmal von Täter/innen im Dritten Reich, auch von anderen Gewalt-Täter/innen, auch von Neonazis, dass sie keine Verantwortung für ihre Gefühle übernehmen wollen. In einem solchen Klima bin ich aufgewachsen.

Mein Großvater war vom Schreibtisch aus beteiligt an der Vorbereitung des Krieges und des Holocaust. Welche Rolle er nach 1939 genau gespielt hat, ist mir bisher nicht zugänglich geworden. Auf meine Bitte an das Bundesarchiv um nähere Angaben habe ich die Information bekommen, dass über ihn nichts zu finden sei.
Seine Haltung zum Nazi-System war eher unklar, distanzierend, heimlich abwehrend, immer eine Bedrohung erwartend. Sein sich wie ein mythisches Gebilde wiederholender Satz „Ich habe es allen gezeigt" hat sich für mich mit Leben gefüllt, auch wenn ich nur vermuten und phantasieren kann. Der Slang, in dem er das sagte, und die Haltung, die er dabei einnahm, erinnern mich an die Ausführungen von Dörte von Westernhagen: „Es war für Männer (und Frauen?) wichtig."[11] Er erlebte wohl dabei die „lustvolle Bestätigung seines überlegenen Daseins"[12] und zwar ohne jemanden zu töten. Im Gegenteil: Er betonte dabei sein Ressentiment gegenüber Hitler und später gegenüber dem SED-Staat. Wenn ich der Frage weiter nachgehe, welche Rolle dabei sein Vater spielte, und wenn ich den Gedanken von Dörte von Westernhagen einbeziehe, dass „ein Mensch in seinem kindlichen Stande den Vater nicht nur zärtlich liebt, sondern ihn auch als grausame Gottheit fürchtet"[13], komme ich zu folgenden Gedanken: Sein Vater schien ein lebenslustiger Mensch gewesen zu sein, dem möglicherweise seine Frauengeschichten vergeben wurden. Ihm konnte mein Großvater wohl nie ebenbürtig werden. Der Urgroßvater löste

[11] Westernhagen, S. 87
[12] a.a.O.
[13] a.a.O., S.76

sich anscheinend von seiner Frau, der Mutter meines Großvaters, indem er seine tatsächliche Überlegenheit als Mann ausspielte, sie diskreditierte und den Mythos in die Welt setzte, sie habe sich nicht um die Kinder gekümmert. Die mir vorliegende Scheidungsurkunde enthält keinen Schuldspruch. Die Kinder wurden ihm zugesprochen, wie es damals üblich war. Da mein Großvater nie darüber hinweg gekommen zu sein schien, dass seine Mutter „nichts von ihm wissen wollte", gehe ich davon aus, dass er wohl keine Kenntnis über die Zusammenhänge des Scheidungsverfahrens hatte. Der Vater erhielt vermutlich schon dadurch eine besonders machtvolle Position, dass der Sohn kaum wusste, was in der Ehe seiner Eltern und mit ihm selbst geschah. In der Regel löst solche Unkenntnis bei Kindern Ängste aus, die latent wirksam bleiben.

Der Vater meines Großvaters liebte die Musik, das hatten sie beide gemeinsam. Hier lag die starke emotionale Verbindung zwischen beiden. Doch der „zärtlich geliebte Vater" begeht eine Grausamkeit am Sohn, die dieser nicht als Angriff erlebt, die aber doch möglicherweise als von der „grausam gefürchteten Gottheit" kommend wirksam wird.[14] Sein innigster Wunsch, Musiker zu werden, wurde ihm verwehrt. Stattdessen wurde er zur Bank geschickt und musste Finanzangestellter werden. Möglicherweise wollte er seinem Vater gefallen und wurde ein besonders gewissenhafter, kompetenter und akribisch genauer Bankangestellter. Das wird belegt durch folgende Geschichte, die immer wieder erzählt wurde: 1929, in der Inflationszeit war mein Großvater stolz darauf, dass

[14] a.a.O.

er beim Zählen von ganzen Geldsäcken (ein Brot kostete damals 2 Billionen Mark) immer genau auf den Pfennig richtig gezählt hatte. Meine Mutter erzählte zudem, dass er von seiner Bank regelmäßig zur Börse geschickt wurde, weil er besonders gut spekulieren konnte. Auf meine Frage, ob er auch für sich selbst Anlagen gekauft und spekuliert hatte, sagte sie: „Nein, das hat er niemals getan. Privat hatte er nur sein Gehalt und das war so hoch, dass er mit seiner Frau jedes Jahr eine Urlaubsreise machen konnte.“ Das spricht für den Diensteifer meines Großvaters, nicht jedoch für eine Nähe zur Nazi-Ideologie.

Seine Lust bestand nicht darin, jemand anderen zu diffamieren und auszuschalten, sondern seine Lust bestand darin, sich selbst zu disziplinieren bis zur Selbstaufgabe. Dass er dennoch oder gerade deshalb zum (Mit-)Täter geworden ist, wird ihm vielleicht nicht bewusst geworden sein. Aus seiner Sicht ist er möglicherweise seiner Verantwortung gerecht geworden, indem er seine Arbeitsaufgabe erfüllt hat. Auch meine Mutter hat ihn nie als (Mit-) Täter wahrgenommen. Ich meine, dass mein Großvater eine distanzierte, doch pflichtbewusste Haltung hatte und jede Verantwortung für die Auswirkungen dessen, was er im Dienst tat, ablehnte. Das war einerseits das typische Verhalten jener Zeit. Andererseits führten eben gerade Pflichtbewusstsein und Gehorsam gegenüber den Vorgesetzten (korrespondierend mit der Angst, die Erwerbsmöglichkeit zu verlieren) dazu, dass der Holocaust überhaupt hatte statt finden können. Diese psychischen Voraussetzungen wiederum fand ich auch bei mir vor: die Lust zur besonders hervorragenden Erfüllung vorgegebener Aufgaben, die Angst davor, Gesichts-

verlust zu erleiden, wenn ich das nicht schaffe oder gar verweigere.
Gegenüber seiner Tochter war mein Großvater ein distanzierter bis abweisender Vater gewesen. Seine Fröhlichkeit beim Musizieren konnte er anscheinend an sie nicht weitergeben, denn bei meiner Mutter nahm ich in ihrer eigenen musikalischen Betätigung eher ein pflichtbewusstes Verhalten wahr. Freude habe ich bei ihr diesbezüglich nie erlebt. So hätten unsere Hausmusik-Konzerte wunderschön sein und Spaß machen können, wenn nicht immer dieser abweisende, distanzierte Umgang damit jeden aufkommenden Keim von Lust und Freude zunichte gemacht hätte. Ich selbst hatte bis zum Alter von 35 Jahren beim Geigenspielen stets das Gefühl, elf Jahre alt zu sein. Erst eine Psychotherapie konnte mich zum Musizieren frei machen und in die Gegenwart holen.
Meine Großmutter war nach Aussage meiner Mutter von Hitler begeistert. Daraus erklärt sich, dass mein Großvater seine (distanzierte) Sichtweise auf das Nazi-System zu Hause nicht thematisierte. Es wurde nicht darüber gesprochen. Und wenn ich meine Mutter richtig verstehe, dann hat sie ohnehin nicht mit ihren Eltern gesprochen bzw. die Eltern nicht mit ihr. Hier scheint mir im Denken meiner Mutter wieder diese Verkehrung der Realität wirksam zu sein. Ihr Glaube, sie hätte selbst das Schweigen verursacht, weist auf eine sehr extreme Zurückweisung jeglicher Verantwortung der Eltern für ihr eigenes Tun hin. Auch das kenne ich von mir: den Hang, in unklaren Situationen mich schuldig zu fühlen und deshalb nach Lösungen zu suchen, auch wenn mich das eigentlich nichts angeht.

Zusammenfassend ist mir folgende Erkenntnis wichtig geworden: Auch ohne Täter des NS-Regimes gewesen zu sein, wurden das Klima, die Verhaltensstrukturen, die im Dritten Reich vorherrschend waren, emotional mit erlebt und sicher sehr oft verinnerlicht und an uns Nachkommen weitergegeben. Welche Werte wir aus unserem Erleben heraus entwickeln und leben, liegt allein in unserer von uns selbst zu verantwortenden Entscheidung. Die Freiheit zur Verwirklichung unserer Werte müssen wir uns im täglichen Leben erarbeiten.
Ruth Cohn sagte einmal: *Unser Maß an Freiheit ist, wenn wir gesund, intelligent, materiell gesichert und geistig gereift sind, größer als wenn wir krank, beschränkt oder arm sind und unter Gewalt und mangelnder Reife leiden. Bewusstsein unserer universellen Interdependenz*[15] *ist die Grundlage humaner Verantwortung.*[16]
Deutlich ist mir nun, dass Bedürfnisse eines Einzelnen in der Wahrnehmung unserer Familie über mehrere Generationen keine Rolle gespielt haben bzw. spielen durften. Sie hatten nicht zu existieren, wurden nicht benannt oder gezeigt. So kam es zu schwierigen, eher destruktiven Strategien, um auf Umwegen dennoch wenigstens die intensivsten Bedürfnisse zu stillen.

Meine Ehe ist daran gescheitert, dass wir nicht in der Lage waren, uns über unsere Bedürfnisse zu verständigen. Wir waren gar nicht auf die Idee gekommen, dass

---

[15] Interdependenz - sich wechselseitig beeinflussen, aufeinander angewiesen sein
[16] Ruth C. Cohn: Von der Psychoanalyse zur themenzentrierten Interaktion; Stuttgart 1990, S. 120

das hilfreich sein könnte. Unseren Kindern haben wir kaum beibringen können, wie Verantwortung für das eigene Selbst übernommen und umgesetzt werden kann. Doch wir haben ihnen jederzeit Achtung und Anerkennung geschenkt. Wir können ihnen heute unser Zutrauen schenken, dass sie immer wieder Wege und Lösungen für sich finden.

Wahrhaftig zu sein, sich authentisch auszudrücken und Gefühle zu zeigen war in unserer Familie eine Schwierigkeit, weil die Erziehungsgrundsätze, denen wir ausgesetzt waren, von Missachtung geprägt waren. Das Sprechen während der Nazi-Herrschaft konnte gefährlich sein. Im Sozialismus war Anpassung die grundlegende Erwartung an das Bürgerverhalten. In den Familienbeziehungen spielten zudem permanente Überforderungen eine Rolle. Das übertrug sich. Wir erlebten alle viel Unaussprechbares.

Als meine Aufgabe sehe ich es, mich in dem entstandenen Beziehungsgefüge zurecht zu finden, es zu entwirren, Wahrheit von Unwahrheit zu unterscheiden, Lügen aufzudecken, das Schweigen zu beenden, nach Verantwortung für Gefühle, Bedürfnisse und Handlungen zu fragen – und meine Antworten darauf zu finden.

11

Stille. Sanftheit liegt in der Luft.

Wir schreiben das Jahr 2012.

Ich schreibe. Ich schreibe, was ich fühle.

Ich fühle mich ganz in meinem Körper. Musik klingt in mir, wenn ich ganz leise bin.

Ich schreibe, was ich denke.

Mein Großvater ist seit 35 Jahren tot.

Ich habe nie sein Grab besucht. Es war mir nicht wichtig. Ich habe ein Bild von ihm auf dem Totenbett in mir: bleich, entspannt, zufrieden.
Es gibt zwei Dinge, die ich mit ihm gemeinsam habe: Das Erste ist die Fähigkeit, Gefühle in Klängen auszudrücken. Er spielte fröhlich, bewegt und liebevoll die Violine und das Klavier. Ich liebe es, mit Freundinnen und Freunden zu singen und gemeinsam mit Anderen zu musizieren.
Das Zweite ist die Schwierigkeit, unseren Müttern gefühlvoll, liebevoll und offen zu begegnen - denn sie sind uns fremd geblieben.
Am Ende verbindet uns im großen Eins-Sein: Der Klang der Stille.
Ich wache auf und singe.

12

Neulich war ich beim Schulanfang unserer Enkelin. Emilia ist die Tochter der Tochter meines Lebenspartners und eines jungen Mannes aus Togo.
In der Klasse von Emilia sind viele Kinder, die nicht unsere Hautfarbe haben. Ich dachte: „Oh, das sind aber viele Migrant/innenkinder!"
Die Direktorin sprach im ersten Satz nach der Begrüßung davon, dass es wichtig für alle Kinder sei, die deutsche Sprache richtig zu lernen. Dann wurden alle Kinder einzeln nach vorn zur persönlichen Begrüßung aufgerufen. Und da wurde auch meine Emilia aufgerufen. Ich dachte: eine Deutsche. Aber mit *der* Hautfarbe? Ich fühle: Unsere Emilia ist deutsch. Ich denke: „mit Migrationshintergrund." Und die anderen Kinder? Ausländer, Deutsche, Migrant/innen? Was fühlt sich anders an? Was ist

wichtig dabei? Ich kam völlig durcheinander mit den Klassifizierungen - und ließ sie los.

Nachtrag

Nachdem der vorliegende Text fertig war, sind grundlegende Prozesse in Gang gekommen:

Ich war an einem Wochenende mit A. bei meinen 83jährigen Eltern im Schwarzwald. Sie waren offener und besorgter als sonst. Mein Vater war im Krankenhaus zur Kopf-OP gewesen. Zudem ist sein Bruder im Januar gestorben - so ist er noch der einzige Lebende von seinen Geschwistern. Meine Mutter hatte wahrscheinlich schwere Stunden und Tage verbracht. Zum ersten Mal war es uns möglich, mit ihnen darüber zu sprechen, wie es weiter gehen kann, wenn sie Hilfe brauchen. Es ist also etwas Grundlegendes passiert mit ihnen.

So kam es auch dazu, dass meine Mutter ganz unvermittelt über ihre Kindheit und Jugend sprach und wie das alles war für sie. Die Wende 1989 war für sie wie ein Anknüpfungspunkt an 1945 gewesen. Sie erlebte das so, als ginge nun, in dem neuen alten System, ihre Kindheit weiter. Unvermittelt hatte sie sich zurückversetzt gefühlt in ihre Zeit als Fünfzehnjährige.

Uns erzählte sie nun von früheren Einkaufsgewohnheiten bis 1945. Plötzlich sprach sie auch über ihr frühes Schweigen und die Gründe dafür. Sie zeichnete auch ihren beruflichen Werdegang von 1950 bis 1960 nach, berichtete, wo sie überall gearbeitet hat. In diesem Zusammenhang ging es auch nochmal darum, bei welcher Bank mein Großvater vor 1945 gearbeitet hatte und wo er nach 1945 war. Darauf kam sie, weil auch sie bei einer Bank gelernt und gearbeitet hatte.

Neu ist für mich, dass die Bank, bei der mein Opa war, eine Privatbank ist und nichts mit der Reichsbank zu tun hatte. Die Deutsche Bank wird im Internet aufgrund einer Studie eindeutig als mitschuldig an Auschwitz dargestellt.[17] Meine Mutter sagt nun, dass mein Opa froh war, als '45 alles vorbei war, und er sei „mit wehenden Fahnen" in die Partei eingetreten. Er glaubte, dass nun alles anders und besser würde. Nach 1945 arbeitete er in F. beim Rat der Stadt als Abteilungsleiter für Finanzen.

Ja, er war Mit-Täter. Er hat gewusst, was er tat. Und er hat zu Hause nur wenig von dem erzählt, was „da draußen" passierte. Er hat seine Familie zum Schweigen angehalten.

Was meine Mutter an diesem Wochenende von sich erzählte, das hat mich doch sehr getroffen: Sie habe nicht erst mit fünf Jahren gesprochen (was 50 Jahre meine Grundüberzeugung gewesen war), sondern sie hätte

---

[17] http://de.wikipedia.org/wiki/Deutsche_Bank: Infolge der Besetzung Europas durch das nationalsozialistische Regime expandierte auch die Deutsche Bank. Sie übernahm u. a. 1938 zuerst im Sudetenland und später auch in Böhmen und Mähren die Böhmische Union-Bank sowie in Österreich bis 1942 mehrheitlich die Creditanstalt-Bankverein in Wien. Insbesondere die späteren Geschäfte der Böhmischen Union-Bank waren geprägt durch den Kauf arisierter (also letztendlich enteigneter) Unternehmungen in Osteuropa und den Verkauf vor allem an die Reichswerke Hermann Göring oder an das Wirtschaftsimperium der SS. Auch die Deutsche Bank verdiente zumindest indirekt am Handel mit dem Gold ermordeter Juden sowie an der Finanzierung von Unternehmen, die in Auschwitz auf der Baustelle Buna-Werke der I.G. Farben oder für die dortige SS tätig waren. Nach dem Historiker Manfred Pohl dokumentierten Aktenfunde der Deutschen Bank in Hannover eine „Mitschuld [sc. der DB] an den Leichen des NS-Terrors." Die Deutsche Bank habe demnach „mit Krediten für Bauunternehmen an Auschwitz mitgebaut." [Ludolf Herbst, Thomas Weihe, Detlef Krause: Die Commerzbank und die Juden – 1933-1945;C.H.Beck, 2004; S.272]

zunächst wie alle Kinder sprechen gelernt, aber dann wieder geschwiegen. Sie erzählte, wie sie bloß gestellt und ausgelacht worden war (beispielsweise wurde sie immer wieder zum Amüsement der anderen - Kinder? Erwachsenen? - spöttisch gefragt, wie sie heiße und wo sie ihre Sachen gekauft habe. Wenn sie geantwortet hat, wurde sie ausgelacht. Sie hat nicht verstanden (bis heute nicht[18]), warum das geschah. Sie hatte damals ihre Mutter danach gefragt, aber die hatte nur abgewinkt. Daraufhin hatte sie sich entschieden zu schweigen. Sie sprach mit keinem Erwachsenen mehr, insbesondere dann nicht, wenn ihre Mutter dabei war. Die Eltern hätten oft versucht, sie mit Strafandrohungen zum Reden zu bringen. So hätte sie sich auch einmal trotz Aufforderung der Mutter nicht bedankt, als sie von ihrer Tante etwas geschenkt bekam. Kurz danach sei die Tante gestorben[19] und die Mutter hätte ihr vorgeworfen, dass sie Schuld daran sei, weil sie nicht danke gesagt hatte. Von da an sei ihr alles egal gewesen, sagt sie, weil sowieso alles falsch war, was sie machte. In der Schule (ab 1937) hätte sie dann allerdings sprechen müssen. Doch nie hätte sie in Gegenwart ihrer Eltern mit Dritten gesprochen.

---

[18] Meine Vermutung ist, dass bei den spottenden Leuten Neid und Häme eine Rolle gespielt hatte, weil meine Großeltern einerseits ein sicheres Einkommen hatten, andererseits nicht standesgemäß einkaufen gingen. Wenn ich meine Mutter von dem Kaufhaus erzählen höre, dann spüre ich tiefen Stolz bei ihr, wenn ich mich aber im Internet informiere, dann erfahre ich, dass es sich um ein Billigkaufhaus handel te.

[19] Das muss die Tante Martha mit dem Schokoladengeschäft gewesen sein. Sie starb an einem Krebs wie alle vier (jüngeren) Schwestern meiner Oma.

Für mich ist das schwer nachvollziehbar. Anscheinend hat meine Mutter zunächst nur mit den Eltern gesprochen, wenn sie mit ihnen allein war. Mit Beginn der Schulzeit hat sie wohl mit anderen Menschen auch gesprochen, aber nur, wenn die Eltern nicht dabei waren. Dies galt scheinbar bis zu der Zeit in Schlesien, in der sich so vieles änderte. Was aber war passiert? Kann diese Erfahrung von Beschämung einem kleinen Mädchen so den Mund verschließen? Hat sich das Schweigegebot meines Großvaters mit ihrem bewussten leidvollen Erleben als Kind vermischt? Oder hat dieses kleine Mädchen damals ein weiteres, noch erschreckenderes Erlebnis getroffen, welches die alt gewordene Frau von heute noch immer belastet?

Als meine Mutter erzählte, fühlte ich mich ein in sie, ich hatte Kontakt zu ihren Gefühlen, zu ihrer Ohnmacht, ihrer Verzweiflung und ihrer Not. Sie tat mir unendlich leid, doch es fühlte sich zum ersten Mal lebendig an. Eine kleine innere Verbindung war da, durch die etwas von mir zu ihr fließen konnte und umgekehrt. Es war - ein kostbarer Augenblick.

So geht der lebendige Prozess immer weiter. Für mich war das zu erleben sehr bewegend. Ein klein wenig habe ich von meiner Mutter spüren können. Wir haben, wenn wir Glück haben, noch etwas Zeit, um zueinander zu finden.

Mein Text ist ein Fragment und eine Augenblicksaufnahme. Er zeigt auf, welche Folgen der Nationalsozialismus für uns (meine Mutter und mich) als Nachkommen, für unsere Einstellungen zu uns selbst und zum Leben hatte, wie ich dies im Jahr 2012 beschrieben habe und was ich darüber zu diesem Zeitpunkt gedacht habe. Was hier fehlt, sind die familiären Seiten meines Vaters und die Themen, die sich mit dem Überleben und Ge-

stalten meines Lebens, meiner Familie, meinen Kindern und meiner Liebe sowie dem Mitgestalten der jeweiligen Gesellschaft, in der ich lebte und lebe, befassen. Zu erzählen wäre auch von zwei stärkenden Mädchen- und Frauenfreundschaften, die seit 44 bzw. 50 Jahren andauern oder auch meine kontinuierlichen Musizierererfahrungen über 30 Jahre in demselben Orchester. Was mich getragen hat, darüber habe ich nicht geschrieben. Aufgeschrieben habe ich einen Ausschnitt meines Lebens, in dem meine Herkunftsfamilie, meine Suchbewegungen und mein Selbstverständnis im Betrachtungspunkt standen. Zu mir gehört jedoch sehr viel mehr.
Interessant für mich selbst ist zu erkennen, dass sich diese Geschichte, auch dieser Teil meiner Geschichte, bei jedem neuen Erzählen verändert und weiter verändern wird. Wie wir unsere Vergangenheit wahrnehmen, hängt auch im großen Maß davon ab, was heute unsere Werte sind und wie unsere innere Einstellung zu uns selbst ist. Gleichzeitig verändert das Erzählen auch wieder unser Selbstbild und unser Gefühl für Selbstsicherheit. Das Erzählen führt in meinem Fall zum Überwinden des Schweigegebots, das ab 1933 immer wieder erteilt worden ist - eine gelungene Öffnung 80 Jahre später. Eine Chance für meine Mutter und mich.

So kann die Freude wieder Flügel bekommen und ihre Kraft in unsere Herzen legen.[20]

---

[20] nach Cambra Skadè, siehe Vorwort

DANKE

Wir Autorinnen bedanken uns bei allen Frauen der Interkulturellen Frauen Netzwerk Universität, die uns begleitet haben.

Wir danken unseren Familien, unseren Partnerinnen und Partnern.

Unser Dank geht auch an Barbara Feichtinger, die Leiterin des Frauenbildungshauses.